教育部人文社会科学研究规划基金项目（10YJA730007）

佛教比喻经典丛书

# 法句譬喻经注译与辨析

荆三隆 邵之茜 ● 著

中国社会科学出版社

## 图书在版编目（CIP）数据

法句譬喻经注译与辨析／荆三隆、邵之茜著 . —北京：中国社会科学出版社，2013.5

ISBN 978 - 7 - 5161 - 2407 - 9

Ⅰ. ①法… Ⅱ. ①荆… ②邵… Ⅲ. ①佛经②《法句比喻经》—注释③《法句比喻经》—研究 Ⅳ. ①B942

中国版本图书馆 CIP 数据核字（2013）第 071621 号

| | |
|---|---|
| 出 版 人 | 赵剑英 |
| 责任编辑 | 蔺　虹 |
| 责任校对 | 石春梅 |
| 责任印制 | 王　超 |

| | |
|---|---|
| 出　　版 | 中国社会科学出版社 |
| 社　　址 | 北京鼓楼西大街甲 158 号（邮编100720） |
| 网　　址 | http：//www.csspw.cn |
| | 中文域名：中国社科网　010 - 64070619 |
| 发 行 部 | 010 - 84083685 |
| 门 市 部 | 010 - 84029450 |
| 经　　销 | 新华书店及其他书店 |
| 印刷装订 | 三河市君旺印装厂 |
| 版　　次 | 2013 年 5 月第 1 版 |
| 印　　次 | 2013 年 5 月第 1 次印刷 |
| 开　　本 | 710 × 1000　1/16 |
| 印　　张 | 22.5 |
| 插　　页 | 2 |
| 字　　数 | 303 千字 |
| 定　　价 | 59.00 元 |

凡购买中国社会科学出版社图书，如有质量问题请与本社联系调换
电话：010 - 64009791
**版权所有　侵权必究**

# 目　录

导言 …………………………………………………………（1）

一　无常品…………………………………………………（1）
二　教学品(上)……………………………………………（19）
　　护戒品(下)……………………………………………（29）
三　多闻品…………………………………………………（34）
四　笃信品…………………………………………………（50）
五　戒慎品…………………………………………………（58）
六　惟念品…………………………………………………（62）
七　慈仁品…………………………………………………（68）
八　言语品…………………………………………………（78）
九　双要品…………………………………………………（83）
十　放逸品…………………………………………………（97）
十一　心意品………………………………………………（102）
十二　华香品(上)…………………………………………（106）
　　　喻华香品(下)………………………………………（112）
十三　愚闇品………………………………………………（121）
十四　明哲品………………………………………………（131）

| 十五 | 罗汉品 | （142） |
|---|---|---|
| 十六 | 述千品 | （148） |
| 十七 | 恶行品 | （161） |
| 十八 | 刀仗品 | （170） |
| 十九 | 喻老耄品 | （180） |
| 二十 | 爱身品 | （188） |
| 二十一 | 世俗品 | （195） |
| 二十二 | 述佛品 | （200） |
| 二十三 | 安宁品 | （205） |
| 二十四 | 好喜品 | （213） |
| 二十五 | 忿怒品 | （219） |
| 二十六 | 尘垢品 | （225） |
| 二十七 | 奉持品 | （230） |
| 二十八 | 道行品 | （236） |
| 二十九 | 广衍品 | （243） |
| 三十 | 地狱品 | （248） |
| 三十一 | 象品 | （258） |
| 三十二 | 爱欲品（上） | （267） |
|  | 喻爱欲品（下） | （276） |
| 三十三 | 利养品 | （290） |
| 三十四 | 沙门品 | （298） |
| 三十五 | 梵志品 | （303） |
| 三十六 | 泥洹品 | （309） |
| 三十七 | 生死品 | （314） |
| 三十八 | 道利品 | （321） |
| 三十九 | 吉祥品 | （339） |

后记……（348）

# 导　言

佛教发轫于古天竺，在长期的发展和演化过程中形成了十分庞大而精密的体系。佛教典籍目前在全球范围内只有汉译本保存得最多、最完整，其中汉译《大藏经》以其所收集的历史文化资料之广博而著称，是其他典籍不能比拟的。佛教经典涉及哲学、历史、文学、艺术、天文、历算、医药、建筑等诸多领域，是包罗宏富的宗教文化古籍，对中国和世界文明都曾产生过极为深远的影响。在成千上万的佛典经卷中，许多经典，如《维摩经》、《法华经》、《佛所行赞》、《百喻经》等，本身就是瑰丽的文学作品，在历史上曾被译为多种文字，其中的比喻故事为人们广为传颂。佛教文学不仅丰富了中国古典小说的创作，其俗讲、变文对后世的平话、戏曲文学的形成，也产生了巨大的影响，为汉语言文学的发展提供了丰富的文化资源。

## 一　佛教比喻经典的思想内容与特征

佛教比喻经典，无论是对历史还是现实生活，都产生过广泛而深远的影响。发掘其思想文化资源，有助于促进社会的祥和安定，使人们在处理各种纷扰的利益关系时，保持互谅和睦；在解决各种社会矛盾时，做到圆融会通。佛教比喻经典内容博大宏赡、系统致密，在千百年的传播中，已经浸润在人们的心灵中，体现在社会生活的各个方面。它不仅展示了广阔的理论空间，同时也构成了一整套修身的独特思想方式，对于为人处世、社会交往具有重要的指导意义，成为人们知行兼备、定慧双运的实践和体验，对中国历代文人以及社会文化心理都产生了深刻的影响。通过对佛教比喻经典的整理，使我们对《大藏经》中所展示的佛教比喻故事有一个整体的、全面的了解。通过系统的注疏和白话文的翻译，可以加深广大读者对佛教比喻经典的理解和认识，弘扬佛教文化中的优秀内涵，繁荣社会主义的文化内容。尤其是通过对佛教比喻故事中精彩纷呈的生活画面的分析评论，全面展示了佛教故事中所蕴涵的丰富社会生活内容，这些内容既涵盖了当代社会精神文明建设中的各个方面，也有利于开阔人们的视野。

笔者认为，佛教比喻经典研究在构建和谐社会中的作用体现在方方面面，诸如修身思想与当代社会的关系；对无情有性、珍爱自然的认识与当代的环境保护意识；循循善诱、开悟心识的教化方式；精喻妙比的证理法门；佛教文学作品中的语言特色；比喻中的佛教义理及当代启示；佛教比喻中的典故、成语探究；佛教经典汉译与中国化的演变；释门比喻文学与因缘文学作品的相关讨论；佛教比喻经典与中国古代文学作品的相互联系以及禅思、佛理在当代文化建设中的表现和作用。这种系统性、整体性的研究是我们的主要创新之处，对个案和具体内容的分析及特异性研究是我们力求的独特之处。

佛教比喻经典尽管卷帙浩繁、形式多样，但仍有规律可循。其突出的特点可以概括为四个字："人""物""事""理"。

"人"是指通过生动的人物形象表现佛教的基本教义，化抽象为具体，使佛教的义理贯彻体现在日常生活的衣食住行之中。

"物"是说以小见大，用我们习以为常的动物、植物以及自然界的一切事物做比喻，从而凸显佛教的伦理思想。它把人生伦理的业力果报与因果轮回学说联系在一起，以达到扬善去恶的目的。其中"三世两重因果论"将人际伦理和自然伦理相互融合，并将其提升到一个极为宽广的时空坐标中加以审视，不仅要求协调好人际关系，还体现了万物平等、代际公平的思想理念，这些思想对于当代社会伦理和社会道德建设可以起到促进作用。

"事"谓之生活常识、社会公理。衣食住行、婚丧嫁娶、爱恨情仇、生老病死，生活中的一切，都可以入喻。喻语是佛家（因语、果语、因果语、喻语、不应说语、世流布语、如意语）七语之一。佛教以简短有趣的寓言故事、因缘故事弘扬佛法，用通俗而生动的生活语言、生活故事来表现佛教的智慧，往往发人深省、耐人寻味。

"理"意在通过精湛致密的论述方式，用百态纷呈的比喻故事，表现出睿智超妙的思想特征。佛门的喻世伦理巧妙细腻、精彩动人，化深奥的玄机为人皆可知的义理，从而达到寄浅训深的效果。佛经在长期的传播中，极大地丰富了汉语的表现能力。大量的佛教比喻经典都十分注重概念的辨析，形成了系统的各种概念和名相。尤其是条分缕析、层层推进的表现手法，以及注重因果，注重过去、现在、未来相互联系的逻辑方式，对中国文学、史学、哲学的论述方法和表达方式都产生了重大的影响。

## 二　佛教比喻经典的概况与类型

比喻，从文学上说，是一种"借彼喻此"的修辞方法。佛典中大量运用了比喻的手法来论述和阐发佛教义理。在大藏经中，比喻经典主要集中在三个部分：

第一部分，阿含部中的六卷单篇的比喻经典，即《咸水喻经》、《箭喻经》、《蚁喻经》、《五阴譬喻经》、《佛说马有八态譬人经》、

《佛说月喻经》各一卷。

第二部分，本缘部中的比喻经。这一部分比较复杂，大体上分为以下三个类型：

一是佛陀本生类，以佛陀前世修行故事构成。如《六度集经》八卷，共九十一篇，其中有八十二篇是关于佛陀的比喻故事；《佛本行经》七卷；《佛所行赞》五卷。

二是佛教因缘类，以佛教因果故事为主题。如《撰集百缘经》十卷，《大庄严论经》十五卷，《贤愚经》十三卷，《杂宝藏经》十卷。

三是阐发佛教义理的比喻类。这一类经的形式又可以分为四种：

（一）《旧杂譬喻经》一部两卷，《杂譬喻经》三部四卷，《众经撰杂譬喻》一部两卷，共五部八卷。

（二）由九十八个比喻故事合集的《百喻经》四卷。

（三）由偈言，即诗句组成的比喻经，有《法句譬喻经》四卷。此外，还有与其相似的《出曜经》三十卷，"出曜"梵文意为"譬喻"，全经以阐发佛义为要。

（四）比喻经类的六卷单篇经典。分别是：《猘狗经》、《群牛譬喻经》、《大鱼事经》、《譬喻经》、《灌顶王喻经》、《医喻经》各一卷。

第三部分，经集部中的两卷，即《慈氏菩萨所说大乘缘生稻秆喻经》一卷（《大正藏》第十六册，第八一九页上至八二一页中）、《佛说旧城喻经》一卷（《大正藏》第十六册，第八二九页上至八三〇页中）。

史传部中的《天尊说阿育王譬喻经》一卷（《大正藏》第五十册，第一七〇页上至一七二页上）。

以上三个部分，共计一百二十九卷。

此外，佛典中的比喻层出不穷，如用"空华"、"水月"、"恒沙"来比喻"幻有"、"妄见"、"无量"等抽象概念；喻词迭出，仅以"法"构成的喻词如"法海"、"法云"、"法船"、"法雨"等，就有一百七十余个之多；《圆觉经》中"动目摇湛水"、"定眼回转火"、"云驶月运"、"舟行岸移"的比喻更是脍炙人口；《金刚经》六喻以"梦、幻、泡、影、露、电"的连喻妙譬来说明一切事物的妄有形态。不仅如此，譬喻还是佛典分类的一个组成部分，是佛说十二部之一（契经、应颂、授记、讽颂、自说、因缘、譬喻、本事、本生、方广、希比、论议）。佛典中《维摩经》、《法华经》中的比喻故事也是公认的文学珍品。

## 三 本丛书的内容、体例

本套丛书是我们承担的"教育部人文社会科学研究规划基金一般项目""佛教比喻经典整理、注译、评介与研究"的成果。

丛书内容包括《月喻六经》六卷、《旧杂譬喻经》两卷、《杂譬喻经》四卷、《众经撰杂譬喻与医喻九经》十一卷、《法句譬喻经》四卷，共五部书二十七卷佛典的注译、评析与研究。根据我们工作和出版的实际情况，还会有适当的调整。应当指出的是，我们的工作是在前期研究的基础上展开的，借鉴了笔者的已有成果，包括：《佛家名言阐释》、《佛教起源论》、《中国古代文化论稿》、《白话楞伽经》、《白话楞严经》、《印度哲学与佛学》、《儒佛道三家名言品鉴》、《儒释思想比较研究》、《金刚经新注与全译》、《百喻经注释与辨析》、《圆觉经新解》、《佛蕴禅思》、《印度佛学与中国佛学文集》等十三本著述中的相关内容。同时，对于业已出版的本丛书各书之间的内容也会相互参照。

我们以《大正藏》作为工作底本，参校其他版本。在体例上，每一篇佛经故事，都有"题解"，然后再按"经文"、"注释"、"译文"、"辨析"的顺序依次进行。因此，每一篇经典或故事，都是以"题解"发端,以"辨析"收尾。

"经文"部分,若过长,则分段标点、注译。对于经文中的异体字、讹字、组合字,一律按原文录出,以保持原貌,并在注释里校正、说明。

"注释"中,对于一词多义、同词别指、异词同义的佛教概念、名相,则予以复注,同一书中已注出的名词、义理,原则上不予复注。第一部书的注释会略为详尽。

"译文"部分,以直译为主,在专有名词已经注释的前提下,兼采意译,以方便阅读。

"辨析"是笔者对佛典的思想与表现形式的解读和心得。

需要说明的是,在注释和辨析部分,笔者不恪守于旧注、旧说,会注重早期佛教的特点,特别是印度文化的特点予以评说。本书谓之著者,意在于此。这套丛书是笔者从事佛教文化研究以来对佛教经典的又一次整理和研究的成果,谬误、疏漏乃至偏颇之处,敬请读者指正。在此,衷心期望这套佛教譬喻经典能够得到读者的喜爱。

荆三隆

2011年2月于西安

# 无 常 品

【题解】

无常学说是佛教的基本教义"三法印",即"诸行无常,诸法无我,一切皆苦"的内容之一。佛教认为,一切事物都由因缘和合而成,缘聚则生,缘散则灭,并无一个独立的实体,而且成、住、异、灭,流转相续,故曰无常。无常又借指死亡,也常用作喻词,如无常海、无常鬼等。

【经文】

## 无常品第一

昔者天帝释[1]五德离身,自知命尽,当下生世间,在陶作家,受驴胞胎。何谓五德?一者身上光灭,二者头上华萎,三者不乐本坐,四者腋下汗臭,五者尘土著身。以此五事自知福尽,甚大愁忧。自念三界[2]之中,济人苦厄唯有佛耳,于是奔驰往到佛所。

时佛在耆阇崛山[3]石室中,坐禅入普济三昧[4]。天帝见佛,稽首作礼伏地,至心三自归命佛法圣众,未起之间其命忽出,便至陶家驴母腹中作子。时驴自解，走瓦坏间破坏，坏器。其主打之，寻时伤胎，其神即还入故身中。五德还备，复为天帝。佛三昧觉，赞言："善哉，天帝。能于殒命之际，归命三尊，罪对已毕，不更勤苦。"

尔时世尊以偈颂曰：

> 所行非常，谓兴衰法。
> 夫生辄死，此灭为乐。
> 譬如陶家，埏埴作器。
> 一切要坏，人命亦然。

帝释闻偈，知无常之要，达罪福之变，解兴衰之本，遵寂灭之行，欢喜奉受，得须陀洹道[5]。

昔佛在舍卫国精舍[6]中，为诸天人、龙、鬼[7]说法。时国王波斯匿[8]大夫人，年过九十，卒得重病，医药望差，遂便丧亡。王及国臣如法葬送，迁神坟墓。葬送毕讫，还过佛所，脱服跣袜前礼佛足。佛命令坐而问之曰："王所从来，衣粗形异，何所施为也？"王稽首曰："国大夫人年过九十，间得重病，奄便丧亡。遣送灵柩，迁葬坟墓。今始来还，过觐圣尊。"

佛告王曰："自古至今，大畏有四：生则老枯、病无光泽、死则神去、亲属别离。是谓为四，不与人期。万物无常，难得久居。一日过去，人命亦然。如五河流[9]昼夜无息，人命驶疾，亦复如是。"

于是世尊即说偈言：

> 如河驶流，往而不返。
> 人命如是，逝者不还。

佛告大王:"世皆有是,无长存者,皆当归死,无有脱者。往昔国王、诸佛真人、五通[10]仙士,亦皆过去,无能住者。空为悲感,以殒躯形。夫为孝子,哀愍亡者,为福为德,以归流之,福祐往追,如饷远人。"

佛说是时,王及群臣,莫不欢喜,忘忧除患,诸来一切,皆得道迹。

昔佛在罗阅祇竹园[11]中,与诸弟子入城受请,说法毕讫,晡时[12]出城。道逢一人,驱大群牛,放还入城。肥饱、跳腾,转相抵触。

于是世尊即说偈言:

> 譬人操杖,行牧食牛。
> 老死犹然,亦养命去。
> 千百非一,族姓男女。
> 贮聚财产,无不衰丧。
> 生者日夜,命自攻削。
> 寿之消尽,如[榮—木巾][雨/井][13]水。

佛到竹林,洗足却坐,阿难即前稽首问言:"世尊,向者道中说此三偈,不审其义,愿蒙开化。"

佛告阿难:"汝见有人驱放群牛不?""唯然见之。"佛告阿难:"此屠家群牛,本有千头,屠儿日日遣人出城,求好水草养令肥长,择取肥者日牵杀之。杀之死者过半,而余者不觉,方相抵兴跳腾鸣吼,伤其无智故说偈耳。"佛语阿难:"何但此牛,世人亦尔。计于吾我不知非常。饕餮五欲,养育其身,快心极意,更相残贼。无常宿对,卒至无期,矇矇不觉,何异于此也?"

时坐中有贪养比丘二百人,闻法自励,逮六神通,得阿罗汉。

众坐悲喜，为佛作礼。

**【注释】**

[1] 天帝释：指"欲界天"中的天王，即"帝释天"。

[2] 三界：指欲界、色界、无色界。欲界又分为地狱、饿鬼、畜生三恶道和天、人、阿修罗三善道。色界位于欲界之上，为离欲众生所住的世界，有十八天。无色界在色界之上，包括四无色天。

[3] 耆阇崛山：耆阇崛，梵文音译，意译为灵鹫山、灵山。位于中印度摩揭陀国首都王舍城东北侧，为著名的佛陀说法之地。其山名，一说以山顶形状类似于鹫鸟，或说因山顶栖息众多鹫鸟，故称。摩揭陀国频婆娑罗王曾在此大兴土木，今有石为阶，自山腰直至山顶。山顶有佛陀昔日说法台，今仅存红砖墙基。

[4] 三昧：又称三摩地、三摩提，意为正心行处、专注于一境，定念止观、心不散乱的状态。

[5] 须陀洹道：梵语音译，汉译为入流，又名逆流，即声闻四果（小乘佛教关于修道的四个阶位）中的初果。谓断三界妄有见解，迷惑尽除，初入圣道法流，故名入流；所谓逆流，谓去迷渐悟，已经开始背离生死之流。声闻四果中的其余三果为：

斯陀含，梵语音译，汉译为一来，即第二果。谓于欲界九品中，断除前六品，后三品犹在，如果还须再来欲界一次的人、天，仍有一番受生，故名一来或一往来。

阿那含，梵语音译，汉译为不来，即第三果。谓断除欲界一切烦恼，永不来欲界受生，故名不来。早在古代印度的《奥义书》中，就有彻底认识了真理的人不再来此世间的说法。

阿罗汉，梵语音译，汉译为无学，即第四果，是声闻四果的最后一果。谓通过修行，疑惑尽除，已出三界，无法可学，故名无学。又译为杀贼、应供，因已断尽三界一切烦恼，故称杀贼；又因应受人、天供养，故称应供。阿罗汉原是印度各宗派对有德修行者的通称。直到今天，耆那教仍把其创始人大雄称为阿罗汉。小乘佛教时期，把修行达到的最高境界称为阿罗汉。

[6] 舍卫国精舍：即舍卫城祇树给孤独园。祇树给孤独园，即祇园，又称祇园精舍。祇树，是舍卫国太子祇陀的林园，故简称为祇树或祇林。给孤独，是舍卫国的一位富有的长者，因其乐善好施，哀恤孤独，扶危济困，故被人尊称为给孤独。后来他皈依了佛教，花重金买下了祇林，并建精舍献给了佛陀，因此称舍卫国精舍或祇树给孤独园。

[7] 诸天人、龙、鬼：佛教的护法神。包括：梵天，又称帝释天；龙神；夜叉，即勇健的神；乾达婆，因吸香气为食，是香神或乐神；阿修罗，斗神；迦楼罗，金翅鸟神；紧那罗，歌神；摩呼罗迦，蟒神，也叫地龙，共八部，故称天龙八部。前两者为八部众的上首，还有十万大力鬼神，皆为佛教的护法。

[8] 波斯匿：波斯匿王，即憍萨罗国国王，国都为舍卫城。憍萨罗国与摩揭陀国同为佛陀时代的两个大国。波斯匿王后来皈依了佛陀，成为佛教的大护法。

[9] 五河流：古代印度的"旁遮普"，意为"五河之地"，因印度河的五条支流（杰赫勒姆河、杰纳布河、拉维河、比亚斯河、萨特莱杰河）皆流经于此而得名。

[10] 五通：佛教名词，简称"通"，指自在无碍的能力。是修道者们通过修行得到的不可思议的神异力量。佛教认为一般的修行者可以得到以下五种神通：

宿命通，亦称宿住随念智证通、宿住智通、识宿命通。指能知晓自己和他人宿世前生之往事的特异功能。

天眼通，亦称天眼智证通、天眼智通。指具有特殊视觉功能，能超越肉眼局限，见人之所不能见，透视世间各种形态。

天耳通，亦称天耳智证通、天耳智通。指具有特殊的听觉功能，能超越耳朵局限，闻人所不能闻的极远、极小之声，以及其他

物类的声音

他心通，亦称他心智证通、他心智通、知他心通。指具有感知和洞悉他人心念的功能。

身如意通，亦称神境智证通、神境通、神足通、如意通、身通。即能随意到达任何地方，上天入地，变化自在。

佛教认为以上五通凡、圣皆可达到，另有第六种即漏尽通，则只有圣者可通，是佛教学人中的极致。所谓漏尽，是指断尽一切人间烦恼而无碍者。

[11] 罗阅祇竹园：罗阅祇，梵文音译，即北印摩揭陀国，都城为王舍城。晚年佛陀在摩揭陀王舍城的竹林（又称竹园）和憍萨罗舍卫城的祇园两处道场为信众传法。

[12] 晡（bū）时：下午三时至五时。

[13] [榮一木巾][雨/井]：这两个字为……皆无的异体字。意为生命的消失如同雨水落入井中一样。

【译文】

# 第一章　一切无常的喻理

## 一　天王皈依三宝的比喻故事

从前欲界天王帝释天身上具有的五种福德消散，他知道自己生命将尽，死后会往生到人世间一户制作陶器的人家，成为一头母驴腹中的胞胎。什么是五种福德消散呢？一是身上的光环消失，二是头上的花饰枯萎，三是在坐席上不开心，四是腋下散发出汗臭，五是尘土落在身上。因为帝释天知道自己的这五种福德在天界将要结束，心中十分忧愁。想到三界之中，能救苦救难的只有佛陀了，于是就飞奔到佛陀的住所拜见佛陀。

这时佛陀在摩揭陀国首都王舍城东北侧的灵鹫山石室中，专注于禅境，定念止观。帝释天王五体投地拜见佛陀，诚心皈依佛、法、僧，还没等他起身，瞬间心识忽然出窍，就到了制陶人家母驴的腹中。这时只见母驴自己解开绳索，走到瓦器间，碰坏了制作好的陶器。主人追打母驴时，伤了其腹中的胎儿，帝释天王的心识随即又回到了原来的身体之中。五种福德恢复，又成为天王。佛陀通过禅观察觉后，称赞说："很好，帝释天王。你能在命终之际，皈依佛、法、僧三宝，消弭了罪业，不再受苦难了。"

这时佛陀又用诗句说：

世事皆无常，此谓兴衰法。
有生就有死，灭此即为乐。
好比制陶人，用泥作器皿。
终究皆毁坏，生命亦如此。

帝释天王听后，懂得了无常要义，通达罪业福德的变化，了知兴衰的根本，遵循佛法修行，欢喜无比，从而证得了佛果。

## 二　王后去世的比喻故事

从前佛陀在侨萨罗国都舍卫城的住所，为各位天神、龙神、鬼神解说佛法。当时波斯匿国的王后，已年过九十，得了重病，没有药能够治愈她的病，不久就去世了。国王及大臣为她举行了隆重的葬礼，将其神识迁往墓地。葬礼结束后，回宫的路上经过佛陀的住所，国王便去拜见佛陀，他脱去礼服和鞋袜向佛陀顶礼膜拜。

佛陀请国王坐下，然后问道："国王从何处来，为何衣冠不整，容颜憔悴？"国王礼拜佛陀后说："王后年过九十，忽然得了重病，很快就去世了。我们将王后的灵柩，送到墓地安葬，正准备回宫，路过这里来拜见您。"

佛陀对国王说："从古至今，人最畏惧的事情有四种：生命会衰老、疾病使人失去神采、死亡心识消失、亲人生离死别。这四种事，不以人的意志为转移。万物无常，难得永久。每过一天，人的生命就会减少一天，如同印度河的五条支流一样，昼夜奔腾不息。人的生命流逝，也是如此。"

于是佛陀用诗句归纳说：

　　如同江河水，一去不复返。
　　生命也如此，逝去不回还。

佛陀对国王说："世间之人皆是如此，不能永世长存。人人终有一死，没有谁能够逃脱。往日的国王、佛、证悟者、有五神通的修行者，等等，都已逝去，无一永存。无谓的悲痛，只会劳神伤身。懂得孝悌之道的人，哀悼亡灵，可以修福积德，以自然之理，追思故人，福佑来者。"

佛陀讲了这样的道理后，国王及大臣都心中欢喜，忘却了忧伤，认识了一切无常的道理，证得了佛果。

### 三　以牛喻人的故事

从前佛陀在王舍城的竹林时，受到邀请，便和弟子一起去王舍城中讲说佛法，讲完之后下午从城中返回寺院，路上遇见一个人，驱赶着一大群牛，来到城中。只见这群牛膘肥体壮，它们欢腾跳跃，相互顶角嬉戏。

佛陀随即用诗句说：

　　　　（一）
　　好比牧人手持杖，牧养牛群为宰杀。
　　生老病死也如此，生命至盛则衰亡。

（二）
纷繁世间千万种，无论种族和男女。
积聚财产和宝物，最终无不丧失尽。
（三）
人在世间昼与夜，分分秒秒在消损。
寿命消亡如细雨，融入井水看不见。

佛陀回到竹林精舍洗足坐定后，阿难便上前礼佛，然后问道："世人尊敬的佛陀，刚才您在路上说的三首诗，我不能领悟其中的道理，期望得到您的开示。"

佛陀告诉阿难说："你看见那群被人驱赶牧养的牛了吗？"阿难回答："看见了。"佛陀对阿难说："这是一户屠夫家牧养的一群牛，本来有一千头，屠夫每天派人赶牛出城，到水草丰美的地方放牧，然后将长得肥壮的牛牵回宰杀，杀死的牛超过了一半，而余下的牛并不察觉，仍然相互顶角嬉戏，欢腾跳跃，我为牛群的愚昧而感伤，才吟了三首诗。"佛陀对阿难说："岂止是牛呢？世人也是如此。斤斤计较个人的利益而不知生命无常，贪恋色、声、香、味、触五欲，为的是养育身心，称心快意，而不知其中的祸患，对无常的悄然而至浑然不觉，又与这一群牛有什么区别呢？"

当时在座的有二百位贪图利养的出家修行者，听到佛法后自我反省，自我勉励，于是得到了六神通，证得阿罗汉果位。大家百感交集，纷纷礼拜佛陀。

**【经文】**

昔佛在舍卫国祇树给孤独园，为诸弟子说法。时有梵志[1]女，年十四五，端正聪辩，父甚怜爱。卒得重病，即便丧亡；田有熟麦为野火所烧，梵志得此，忧恼愁愦、失意恍惚，譬如狂人不能自解。传闻人说佛为大圣、天人之师，演说经道，忘忧除患。于是梵志往到佛所，作礼长跪白佛言："素少子息，唯有一女，爱以忘忧，卒得重病，舍我丧亡，天性悼愍，情不自胜。唯愿世尊垂神开化，释我忧结。"

佛告梵志："世有四事，不可得久。何谓为四？一者有常必无常，二者富贵必贫贱，三者合会必别离，四者强健必当死。"

于是世尊即说偈言：

常者皆尽，高者必堕。
合会有离，生者有死。

梵志闻偈，心即开解，愿作比丘[2]，须发自堕，即成比丘，重惟非常，得罗汉道。

昔佛在罗阅祇耆阇崛山中，时城内有淫女人，名曰莲华。姿容端正国中无双，大臣子弟莫不寻敬。尔时莲华，善心自生，欲弃世事，作比丘尼，即诣山中就到佛所。未至中道，有流泉水，莲华饮水澡手，自见面像，容色红辉，头发绀青，形貌方正，挺特无比，心自悔曰："人生于世形体如此，云何自弃行作沙门？且当顺时快我私情。"念已便还。

佛知莲华应当化[3]度，化作一妇人端正绝世，复胜莲华数千万倍，寻路逆来。莲华见之心甚爱敬，即问化人："从何所来？夫主儿子、父兄中外，皆在何许，云何独行而无将从？"化人答言："从城中来，欲还归家。虽不相识宁可共还，到泉水上坐息共语不？"莲华言："善。"二人相将还到水上，陈意委曲。化人睡来，枕莲华膝眠，须臾之顷，忽然命绝，膖胀臭烂、腹溃虫出，齿落发堕、肢体解散，莲华见之，心大惊怖："云何好人，忽便无常？此人尚尔，我岂久存？故当诣佛，精进学道。"即至佛所，五体投地，作礼已讫，具以所见向佛说之。

佛告莲华："人有四事不可恃怙。何谓为四？一者少壮会当归老，二者强健会当归死，三者六亲聚欢娱乐，会当别离，四者财宝积聚，要当分散。"

于是世尊即说偈言：

老则色衰，所病自坏。
形败腐朽，命终其然。
是身何用？洹漏臭处。
为病所困，有老死患。
嗜欲自恣，非法是增。
不见闻变，寿命无常。
非有子恃，亦非父兄。
为死所迫，无亲可怙。

莲华闻法，欣然解释，观身如化，命不久停。唯有道德，泥洹[4]永安。即前白佛："愿为比丘尼。"

佛言："善哉。"头发自堕，即成比丘尼。思惟止观，即得罗汉。诸在坐者闻佛所说，莫不欢喜。

昔佛在王舍城竹园中说法。时有梵志兄弟四人，各得五通，却后七日皆当命尽，自共议言："五通之力，反覆天地、手扪日月、移山住流，靡所不能，宁当不能避此死对？"一人言："吾入大海，上不出现、下不至底，正处其中，无常杀鬼安知我处？"一人言："吾入须弥山中，还合其表令无际现，无常杀鬼安知吾处？"一人言："吾当轻举隐虚空中，无常杀鬼安知吾处？"一人言："吾当藏入大市之中，无常杀鬼趣得一人，何必求吾也？"四人议讫相将辞王："吾等寿算余有七日，今欲逃命冀当得脱，还乃觐省唯愿进德。"于是别去，各到所在。七日期满，各以命终，犹果熟落。市监白王："有一梵志卒死市中。"王乃悟曰："四人避对，一人已死，其余三人岂得独免？"王即严驾往至佛所，作礼却坐，王白佛言："近有梵志兄弟四人，各获五通，自知命尽皆共避之，不审今者皆能得脱不？"

佛告大王："人有四事，不可得离。何谓为四？一者在中阴[5]中，不得不受生。二者已生，不得不受老。三者已老，不得不受病。四者已病，不得不受死。"

于是世尊即说偈言：

非空非海中，非入山石间。
无有地方所，脱之不受死。
是务是吾作，当作令致是。
人为此躁扰，履践老死忧。
知此能自静，如是见生尽。
比丘厌魔兵，从生死得度。

王闻佛言叹曰："善哉，诚如尊教。四人避对，一人已死，禄命有分，余复然矣。"群臣从官，莫不信受。

【注释】

[1] 梵志：这里指古代印度婆罗门教的信奉者。

[2] 比丘：佛陀四众弟子之一，即比丘（男性出家者，俗称和尚）、比丘尼（女性出家者，俗称尼姑）、优婆塞（在家修行的男信众）、优婆尼（在家修行的女信众）。后两者也称居士。

[3] 化：指化身。佛陀三身之一，即法身、报身和化身。法身佛，常用明镜、明月为喻，意为清净无瑕；报身佛，意为功德圆满；化身佛，意指变化身，是为教化众生而呈现的一切形象。

[4] 泥洹：指涅槃，即证得不再轮回的寂静境地。有《般泥

洹经》。

[5] 中阴：佛教名词，又称中有。指人死后至再生前的一段过渡时期，共有四十九天。大乘佛教不同宗派对此虽有不同的解释，但都是围绕因果报应的教义而来的。

【译文】

### 四　佛陀为婆罗门讲无常的故事

从前佛陀在舍卫城那座给孤独长老送的园林里，为弟子们解说佛法。当时有一位婆罗门信徒，他的女儿大约十四五岁，长得端庄且聪明伶俐，他对女儿十分疼爱。但女儿突然间得了重病，随即死亡。他的田里已经成熟的麦子又被野火烧尽，这位婆罗门信徒受此打击，悲痛欲绝，神情恍惚，如同发狂一般，一直无法抑制悲伤。他听人说佛陀是大圣人，被尊为天界和人间的导师，为人们解说佛法，能使人化解忧愁。于是他来到佛陀的住所，礼拜佛陀说："我没有儿子，只有一个女儿，疼爱有加，但她突然间得了重病，舍我而去，我天性多愁悲悯，无法抑制自己的悲哀，愿世人尊敬的佛陀为我开示，化解我心中的忧郁。"

佛对婆罗门说："世上有四种事不能长久，随时变化。哪四种事呢？一是有存在必然有消亡，二是有富贵必然会有贫贱，三是有相会必然会有别离，四是强健之身必然会死亡。"

佛陀随即又用诗句说：

存者皆会亡，高者必当落。
聚合有分离，有生则有死。

婆罗门听了之后，心结打开，随即开悟，想要成为佛弟子，只见他的胡须和头发自然脱落，当即出家修行，证悟了一切无常的教义，证得罗汉道果。

## 五 佛陀度化莲花女的故事

从前佛陀在摩揭陀国都王舍城东北方的灵鹫山中，当时城内有一个淫荡的女人，名叫莲花。她姿态万千，容颜如花，举国无双，王公大臣，纨绔子弟莫不以得到她的芳心为骄傲。后来她善心萌生，想抛弃尘世浮华，出家做佛弟子。于是当即来到山中，想要去佛陀的住所。在途中看见一泓流淌的泉水，莲花喝了几口泉水，然后又洗了手，低头看见水中自己的影像，花容月貌，秀发如云，相貌端正，姣好无比，心中暗悔："我有如此的美貌，为什么要自弃而出家修行呢？我应当及时行乐，恣情快意。"想到这里，立刻就要返回城中。

佛陀心知应当度化莲花为出家人，就变成成一位美艳绝世、姿色胜过莲花何止千万倍的妇人，沿着道路迎面而来。莲花看见后，心中顿生无限敬仰，随即上前问这位妇人："您从哪里来？丈夫和儿子、父亲和兄长都在何处？为什么独自出行没人同行？"妇人回答说："我从城里来，要回家里去。我们虽不相识但可以结伴同行，到泉水边休息一会，聊一聊行吗？"莲花说："好啊。"于是两人一起来到泉水边，娓娓而谈。一会，妇人感到困了，就枕着莲花的膝睡下，顷刻之间，忽然而死。只见她身体腐烂恶臭，腹部溃烂，蛆虫爬出，头发牙齿掉落，肢体分解散乱。莲花见此情景，惊恐不已，心想："为什么好好的一个人，忽然间就死去溃烂了呢？这位高贵的妇人尚且如此，我的生命又怎能长久呢？我还是应当拜见佛陀，精勤勇进，修学佛法。"随即到佛陀的住所，五体投地，礼拜佛陀，然后将自己所见向佛陀请教。

佛陀告诉莲花："人生有四种事不可回避。哪四种事呢？一是少年会衰老；二是强健者终会死亡；三是亲人欢聚，终会有生离和死别；四是积聚的财富珍宝，终归要散尽。"

佛陀随即用诗句说：

年老容颜衰，病体自朽坏。
形神皆残败，生命自然终。
形身有何用？腐烂泄臭味。
疾病所困扰，老死为忧患。
恣情且纵欲，徒然增烦恼。
世事常变迁，生命不长久。
子女不能助，父兄无法帮。
为死所逼迫，无亲可依托。

莲花听了佛法，欣然释怀，观想此身如幻，生命不能长久。只有修道积德，才能永远清净平安。于是上前对佛陀说："愿出家为尼。"

佛陀回答："很好。"莲花的头发自然脱落，随即成为出家修行者。修行止观禅法，证得佛果。其他坐在一旁听佛陀解说佛法的人们，也都心中欢喜。

### 六　兄弟四人躲避无常鬼的故事

从前佛陀在王舍城竹园中解说佛法，当时有婆罗门修行者兄弟四人，各自都已证得五神通，但他们知道自己七天之后将会死去，于是共同商议说："我们有五神通之力，可以翻天覆地、手触日月、移山倒海，无所不能，为什么不能逃避死亡呢？"其中一人说："我潜入大海，上不露头、下不至底，处在海水之中，索命的无常鬼怎么能知道我在何处？"另一人说："我藏身到须弥山中，不露出身体，无常鬼怎么能知道我在何处？"还有一人说："我隐身在空中，索命的无常鬼怎么能知道我在何处？"第四个人说："我藏身闹市之中，无常鬼只是要索取一个人的性命，何必非要找我呢？"兄弟四人商议后，向国王告辞说："我们的阳寿只有七天了，现在要逃命，希望躲过此难，等回来后再觐见国王，报答恩德。"于是分别离去，到各自想好的地方躲避。

七天期满，兄弟四人都死去了，犹如瓜熟蒂落一样。监管闹市的大臣报告国王："有一位婆罗门猝死在闹市之中。"国王醒悟说："四人避难，一人已死，其余三人又怎能避免？"国王立即驾车前往佛陀的住所，礼拜后坐下，对佛陀说："有婆罗门修行者兄弟四人，都证得五神通，当知道自己生命要结束，就四处躲避，不知道他们能得以逃脱不？"

佛陀告诉国王："人有四种事，不可逃脱。哪四种事呢？一是在死后，不得不往生。二是已经出生者，不得不衰老。三是已经衰老者，不得不承受疾病的困扰。四是已经患病者，不得不面对死亡。"

于是佛陀随即用诗句归纳说：

> 天空和大海，深山与巨石。
> 无有一处所，可以逃脱死。
> 生命由此兴，必然要回归。
> 人为此困扰，老死成忧患。
> 知此能清静，人生之真谛。

国王听了佛陀的话后感叹说："是的，正如您所教诲的。兄弟四人想躲避死亡，其中一人已死，宿命如此，其余三人也会这样。"随从的大臣们，对此都深信不疑。

【辨析】

人生有限，岁月无情，无常学说是佛教对于自然规律的理性认知，也是从自然法则的角度对人生苦难的深刻解读。不仅如此，佛陀在《遗教经》等经典中，还深入剖析了世事无常给人生带来的种种苦难，提出了人生二十难，以及出家十八难等，这一系列有关人生苦难的论述，表现出佛陀对世事人生的深切体察，以及从自然和社会两个方面对产生人生苦难的原因进行思考和探寻。

本篇由六个阐发人生无常的比喻故事构成，同一题旨，却从六个不同的角度展开喻证，视阈开阔，相互印证。采用连比叠喻，一气呵成，且又环环相扣，意脉相连，既令人信服，又趣味无穷。

第一个是"天王无常"。作为欲界天王的天神，享受着天界的福德，但随着身上五种瑞相的消失，而知道自己寿命将尽，将会往生到欲界，成为母驴腹中的胎儿。故事运用了强烈的对比，以"天神"变"驴儿"的预知，造成读者认知上的巨大反差。继而以制作的陶器随时都会毁坏，阐明世事无常，生命不能长久的喻理。故事打破了人、神、畜的界限，描绘出各个生命体之间的联系，充满了丰富的想象。

第二个是"王后无常"。故事以流逝的河水一去不复返，说明生命的无常，无论尊贵卑贱，任何人都无法逃避死亡。所谓"王侯将相今安在，野外荒丘一坟茔"。

第三个是"生命无常"。以"群牛不知命将终，无忧无虑嬉戏闹"之情景，比喻世人的"苟且名利逐一生，到头一场总是空"的结局。

第四个是"世事无常"。女儿的不幸早夭，使深爱女儿的父亲遭受了巨大的打击，悲痛欲绝。"白发人送黑发人"的残酷现实，隐喻"人生冥冥天注定，生老病死不由人"。

第五个是"美色无常"。莲花女的娇艳妩媚，惜身爱美的留恋之情，与妇人"雍容华贵风流态，化作腐败恶臭身"的对比，写尽了青春不常在，富贵若浮云的人生况味。

第六个是"索命无常"。四兄弟以四种神通之力可以"潜入大海"、"藏进深山"、"隐身天际"、"遁入闹市",然而无论他们藏身何处,结果都无法躲避"索命无常"的光顾,最终都免不了死亡的命运。故事借此比喻只有证悟佛理,才是度脱生死劫难的唯一出路。

在这六个比喻故事中,佛陀反复强调了人生无法避免生老病死,**既**揭示出不可抗拒的自然法则,也充分体现了佛教"一切无常"的义理。但在本篇故事中,对"一切无常"仍是总体论说,并未涉及人们生、老、病、死过程中的差异性问题。

# 二

# 教学品（上）

【题解】

持守戒、定、慧三学，精勤勇进，进而教化世俗，救赎人心，这是佛教对修行者的基本要求。佛陀身体力行，教化众生不知疲倦，呕心沥血，是一位伟大的践行者和伟大的教育家，今天有许多我们耳熟能详的有关学与教的名词概念，都是来自佛经的，如"导师"、"教授"、"弟子"等。所不同的是，佛教的教化目的不是为了攫取利禄功名，获得现实利益，而是为人们开启智慧，超越现实、超越自我，达到无我无欲的清净境界。

【经文】

## 教学品第二

昔佛在舍卫国祇树精舍。佛告诸比丘："当勤修道，除弃阴盖。心明神定，可免众苦。"有一比丘，志不明达。饱食入室闭房静眠，爱身快意，不观非常，冥冥懈怠，无复昼夜，却后七日，其命将终。佛愍伤之，惧堕恶道[1]，即入其室，弹指觉曰：

咄起何为寐？蜎螺蚌蠹类[2]。
隐蔽以不净，迷惑计为身。
焉有被斫疮，心如婴病痛。
遘于众厄难，而反为用眠。
思而不放逸，为仁学仁迹。
从是无有忧，常念自灭意。
正见学务增，是为世间明。
所生福千倍，终不堕恶道。

比丘闻偈即便惊寤，见佛亲诲，加敬悚息。即起稽首为佛作礼。佛告比丘："汝宁自识本宿命不？"比丘对曰："阴盖所覆，实不自识也。"

佛告比丘："昔维卫佛时，汝曾出家，贪身利养，不念经戒，饱食却眠不念非常，命终魂神生蜎虫中，积五万岁。寿尽复为螺、蚌之虫、树中蠹虫，各五万岁。此四品虫生长冥中，贪身爱命乐处幽隐，以冥为家不喜光明，一眠之时百岁乃觉，缠绵罪网不求出要。今始罪毕得为沙门，如何睡眠不知厌足？"于是比丘重闻宿缘，惭怖自责，五盖[3]云除，即得罗汉。

昔佛在舍卫国祇树给孤独园，与诸天人、四辈说法。时有一年少比丘，为人顽愚、质直疏野，未解道要。情意兴盛思想于欲，阳气隆盛不能自制。以此为恼，不获度世。坐自思惟："有根断者，然后清净，可得道迹。"即至檀越[4]家从之借斧，还房闭户脱去衣服，坐木板上欲自斫阴："正坐此阴令我勤苦，经历生死无央数劫[5]，三涂六趣[6]皆由色欲，不断此者无缘得道。"

佛知其意，愚痴乃尔，道从制心，心是根源。不知当死，自害堕罪，长受苦痛。于是世尊往入其房，即问比丘："欲作何等？"放斧着衣礼佛自陈："学道日久，未解法门，每坐禅定垂当得道，为欲所盖，阳气隆盛，意惑目冥，不觉天地。谛自责念：事皆由此，是以借斧欲断制之。"

佛告比丘："卿何愚痴，不解道理？欲求道者，先断其痴，然后制心。心者善恶之根源，欲断根者，先制其心。心定意解，然后得道。"

于是世尊即说偈言：

学先断母，率君二臣。
废诸营从，是上道人。

佛告比丘："十二因缘[7]，以痴为本。痴者众罪之源，智者众行之本。先当断痴，然后意定。"佛说是已，比丘惭愧，即自责言："我为愚痴，迷惑来久，不解古典，使如此耳。今佛所说，甚为妙哉。"内思正定，安般守意，制心伏情，杜闭诸欲，即得定意。在于佛前，逮得应真。

昔佛在罗阅祇国灵鹫山中，为诸天人、国王大臣，说甘露法。有一比丘刚猛勇健，佛知其意。遣至山后鬼神谷中，令树下坐数息求定，知息长短安般守意，断求灭苦可得泥洹。

比丘受教，往至谷中欲坐定意。但闻山中，鬼神语声，不见其形，但有音声，悚息怖惧，不能自宁。意欲悔还，即自念言："居家大富宗族，又强出家学道，独见安处鬼神深山，既无伴侣又无行人，但有诸鬼数来怖人。"思惟如是，未去之间，于是世尊往到其边，坐一树下而问之曰："汝独在此，将无怖惧耶？"比丘稽首白言："初未曾入山，在此实忧。"须臾之间有一野象王来在边，倚一树卧，心独欢喜，远离诸象一何快哉？佛知象意，告比丘曰："汝宁知是象，所由来不？"对曰："不审。"

佛告比丘："此象眷属大小五百余头，厌患小象舍来至此，倚树而卧。自念：得离恩爱牢狱，一何快哉。象是畜生，犹思闲静，况汝舍家欲求度世，方以独自欲求伴侣？愚冥伴侣，多所伤败，独住无对亦无谋议，宁独修道不用愚伴。"

于是世尊即说偈言：

> 学无朋类，不得善友。
> 宁独守善，不与愚偕。
> 乐戒学行，奚用伴为。
> 独善无忧，如空野象。

佛说是时，比丘意解。内思圣教，即得应真。谷中鬼神，亦皆闻解，为佛弟子。受誓诫敕，不复侵民。佛与比丘，共还精舍。

【注释】

[1] 恶道：指地狱、饿鬼、畜生三恶道。

[2] 蜦（wēng）螺蚌蠹类：蜦，寄生于牛马身上的虫类；螺，可以缩入壳中得以保护的腹足类软体动物；蚌，生活在淡水里的一种有壳的软体动物，即贝类；蠹，蛀蚀器物的虫类。

[3] 五盖：佛教名词，指五种遮蔽众生心识，从而不能明了正道的烦恼，即贪欲盖、瞋恚盖、昏沉睡眠盖、掉举恶作盖、疑盖。

[4] 檀越：即施主。

[5] 劫：劫是印度古代最长的计时单位，又译为劫波。通常把世界从形成、发展到灭亡的整个过程称为一劫。佛教把成、住、坏、灭，称为一大劫，这四个时期各包括二十中劫，一中劫由一增、一减两小劫构成。

[6] 三涂六趣：三途即三恶道。六趣指众生因业受报的六种去处，亦名六道，即地狱、畜生、饿鬼、阿修罗、人、天。其中前三种又称三恶道，后三种称三善道。

[7] 十二因缘：佛教教义，指人生苦难过程中的十二个彼此互为条件和因果的环节，即无明、行、识、名色、六入、触、受、爱、取、有、生、老死，其前后相续，辗转生发。

【译文】

## 第二章　教与学的喻理（上）

### 七　勤修佛理的故事

从前佛陀在舍卫国祇树寺院时，对弟子们说："应当勤修佛法，除去贪欲、瞋恚、昏睡、恶念、痴疑五种心中的烦恼。这样可以使得心神安定，免除苦恼。"有一位弟子，修行的目的不明确。吃饱饭就回到房中关上门昏昏地睡起觉来，放松身心，心安理得地享受，不以无常教义进行禅观，修行懈怠，从早到晚日日昏睡，直到他的生命还剩七天就要终结。佛陀因此而怜悯他，担心他堕入恶道之中，随即来到他的房间，立刻用诗句提醒他说：

　　为何还在昏寐睡？如同螺蚌蠹虫类。
　　隐身壳内不净处，迷惑一生成此身。
　　遭受砍斫致伤病，心中伤痛苦难耐。
　　危难厄运悄然至，反以昏眠来蒙昧。
　　思考人生不放逸，为学义理循仁行。
　　如此解脱无忧虑，常想自身寂灭意。
　　勤勉修学以正见，此乃明灯照世间。
　　所生福德千万倍，终不堕入三恶道。

弟子听见诗句当即惊醒，看见佛陀亲自前来教诲自己，更加敬畏无比。马上起身稽首礼拜佛陀。佛陀对弟子说："你知道自己原来的宿命吗？"比丘对曰："弟子被愚痴所遮蔽，实在不知道。"

佛陀告诉弟子："从前在过去佛的时候，你曾出家修行，因贪图供养，不念经持戒，饱食终日，无所用心。终日沉沉昏睡，不思无常义理。生命终结后转生为牛马身上的寄生虫，经过了漫长的五万年，寿命结束后成为水螺、河蚌、蠹虫，又各为五万年。这四种虫类生长在幽冥之中，贪生惜命，安于幽暗隐蔽的环境，处于黑暗，不喜欢光明，一觉睡去百年方醒，被罪业的网罗缠绕而不能解脱。罪业结束后今世成为出家人，为什么还要如此贪睡，无休无止呢？"弟子听到自己过去的因缘后，十分惭愧，反省自责，于是心中的五种烦恼（贪欲、瞋恚、昏睡、恶念、痴疑）尽除，随即证得佛果。

## 八　除欲先清心的故事

从前佛陀在舍卫国祇树寺院这座由给孤独长老献给他的园林中，给天神、弟子们解说佛法。当时有一位年轻的和尚，为人固执愚昧，做事率性粗疏，不了解佛理。情欲炽盛，常思淫欲，不能自制。他自己也因此而苦恼，仍无法克制世俗的欲望。他静坐思考："只有断了根本，才能得到清净，证得佛果。"于是就到施主家借了一把斧子，回到房间把门关上，脱去衣服，坐在木板上准备除去自己的阴囊，他想："正是这阴囊让我痛苦烦恼，经历生死和无数劫波。堕入三恶道，轮回于六道之中，都是由色欲所致，不斩断这个根本就无缘证得道果。"

佛陀知道了这事，这个小和尚之所以产生这种愚昧无知的想法，是由于不知道欲从心生，心是欲望之根源的道理。更不知道自我伤害，也是一种罪业，会令人遭受无尽的痛苦。于是佛陀就来到了小和尚的房间，问他："你要干什么？"弟子放下斧子穿好衣服，礼拜佛陀后说："我学佛很长时间了，却不了解法门。应当坐禅证得道果，我却常为欲念所烦恼，欲望强烈，意乱神迷，不能觉悟。

自我思量：欲望就是由此产生，所以借斧子以断除。"

佛陀对弟子说："你怎么这样愚昧无知，不懂得佛理？想要求得佛果，应先断除愚痴，改变对人生的错误认识，然后修心。心才是善恶之根源，要断除欲望的根本，首先要修正其心。心念定止，然后才能证得佛果。"

于是佛陀随即用诗句说：

学道必先断无明，以心为君欲为臣。
心地清净无烦恼，才是证悟得道者。

佛陀对弟子说："在十二因缘之中，以愚痴的无明为根本。无明是罪业之源，只有弃痴转智，才能认识佛理和按照正道修行。所以应当先断除对佛理的无知，然后修证禅定。"佛陀说完之后，弟子心生惭愧，立即自责说："我实在是太愚昧无知了，心中的迷惑由来已久，未能通晓佛理，才会做出这样的事来。今天能够听到佛陀的解说，真是十分难得。"于是这个小和尚开始进行禅定思维，返观内照，调心定性，除去了心中的各种欲望，随即证得禅定真谛。在佛陀的教诲下，证得罗汉果位。

## 九　出家人静修的故事

从前佛陀在中印度摩揭陀国首都王舍城东北侧的灵鹫山中，为天神、国王和大臣们解说如甘泉雨露般滋润人间的佛法。当时有一位佛弟子，性格刚健勇猛，佛陀知道了他内心的想法，便派遣他到山后的鬼神谷中，坐在树下，修习禅定，希望通过这种调节自己呼吸的方法安守心意，断灭苦恼，以证得佛果。

佛弟子接受教诲后，就来到鬼神出没的山谷中修习禅定。在山中他听到了鬼神的话语声，但是并没有看见其身影形状。当听到声音时，他屏住呼吸，感到十分恐惧，心绪烦乱，无法平静。他非常后悔来到这里，起身要返回，就自言自语地说："我出身富贵人家，又何必非要出家修行，一个人在这鬼神出没的深山中，既无伴侣又无行人，只有吓人的鬼神。"想到这里，准备立刻离开。这时，佛陀来到他的身边，也坐在一棵树下，问他："你独自一个人在这里，难道不感到害怕？"弟子礼拜佛陀后说："以前没有到过山中，如今在这里我的心中充满担忧。"忽然之间有一头野象王来到他的身边，象王倚着一棵大树卧下，远离象群，独自欢喜，独自清静，看起来是那样地愉快。佛陀知道大象的意图，告诉弟子说："你可知道这头大象的来由不？"佛弟子回答："不知道。"

佛陀告诉弟子说："这头大象率领着一群象，大小有五百多头，它厌烦了群象的喧闹打扰才来到这里，倚树而卧。它在心中想：能够离开群象的束缚，这是何等愉快的事啊！象是畜生，都能甘于寂寞，懂得享受安闲清静，何况你出家以求度脱世俗，这样独自静修又何必要伴侣呢？愚昧无知的伴侣，大多只会徒然增加烦恼，不如独自一人修行深思，不求议论。所以宁可独自修道也不能与愚昧之人相伴。"

佛陀随即用诗句说：

> 学道若无同参辈，未得善友共精进。
> 宁可独自守善道，不与愚昧相偕居。
> 喜乐戒守菩提行，何需俗人伴左右。
> 独善其身无所忧，如同山谷野象王。

佛陀解说后，弟子领悟了义理。根据教义返观内照，随即证得了罗汉果位。山谷中的鬼神，这时也闻法觉悟，接受了佛教戒律，成为佛弟子，不再侵扰百姓。随后佛陀与弟子一起回到了寺院。

**【辨析】**

这一篇由三个比喻故事构成，讲的是佛陀如何引导弟子依法修行，是从教与学两个方面来展开的。每篇故事都具有很强的针对性，佛陀对佛弟子修行过程中的种种不良状态和错误的方法进行剖析并给与指导和纠正。

第一个故事说的是修学中的嗜睡和懒惰状态。这里作者采用了通过追索前缘来解释现状的手法，让人耳目一新。其实，饱食终日，不思进取也是普通人生活中普遍存在的问题。故事中的小和尚，吃完了就睡，而且倒头即能睡着，不管白天与黑夜，一觉睡到日三竿，其形象给人留下了十分深刻的印象。

佛陀的开示，可谓一语惊醒梦中人。根据业力果报，佛陀指出了他的前世今生。由于他前世曾是螺蚌和虫类，长期蜗居在壳中，所以今生整日昏昏欲睡的表现就明显地带有前世习性的烙印。

第二个故事讲的是修学中如何对治情欲的困扰。所谓温饱思淫欲，然而故事中的人物并没有像人们所想象的那样：或追逐声色，或色胆包天，危及他人和社会，而是由向外的追求，转向对自我的审视。年轻的出家人，认为自己之所以欲火中烧、难以克制，其根本原因在于自己的男性器官。因此，他准备自断其根以解除自己的痛苦。佛陀的教诲，及时阻止了他愚昧无知的自残行为，并为其指出修炼心性，才是消除欲望的根本方法。在这个故事中人们也看到了小和尚断除欲念的决心。我们知道，性欲是随着人的生理成熟而产生，随着人的衰老而减弱的。进行正确的性教育是现代社会文明的标志。但是，世俗生活对人的情欲的认知与需求，以及解决的方法和佛教有着本质的区别。一般说来，世俗社会对人的欲望，采用了在道德伦理、法律制度制约下的追求和实现，佛教采取的是在主观认知上的扬弃，是信仰对人本性的超越。佛教的这种超越，表现了人的一种本质的力量，反映出宗教所具有的崇高理念，这就是对世俗人心的收摄和改造。

第三个故事讲的是在修学中如何忍受孤独和寂寞。事实上，战胜孤独、耐住寂寞，就是一种战胜自我的过程。禅修、安居、闭关都是佛教"思维修"的独特方式，由观想人生和现实世界开始，进而参悟佛理，本身就是一种超越自我的实践。所谓"古来圣贤皆寂寞"，若没有在菩提树下四十九天的入定观想，恐怕佛陀也不会完成佛教基本教义的创立。居里夫人若没有在实验室废寝忘食的艰苦求索，也不会有放射性元素镭的发现。不能忍受孤独和寂寞，不能在人类精神和物质世界的探索中独自前行的人，也永远不可能到达光辉的顶峰。

故事中的象王比喻"悟道者"，鬼神隐喻"心魔"，出家人的"独修"暗喻超越自我的"求索"力量。

# 护戒品（下）

【题解】

持戒与否是界定佛弟子的根本标志，也是判断信仰是否真实的"试金石"。这不仅因为"以戒为师"是佛陀的遗教，而且戒是为"三学"（戒、定、慧）之首，是佛弟子超脱世俗的重要修行实践。通常汉地把持戒修行、躬身亲历叫学佛，研习佛典称佛学。

【经文】

## 护戒品第二

昔佛在舍卫国祇桓精舍，为诸天人宣演经法。时罗阅祇国，有二新学比丘，欲往见佛。二国中间旷无人民，于时旱热泉水枯竭，二人饥渴热喝[1]呼吸，故泉之中有升余水，而有细虫不可得饮。二人相对曰："故从远来，欲望见佛，不图今日没命于此也。"一人言曰："且当饮水，以济吾命，进前见佛，焉知其余也。"一人答曰："佛之明戒，仁慈为首，残生自活见佛无益。宁守戒而死，不犯戒而生也。"

一人即起,极意快饮,于是进路。一人不饮,遂致殒命,即生第二忉利天[2]上。思惟自省:即识宿命,持戒不犯,今来生此。信哉福报,其不远矣。即持华香下到佛所,为佛作礼却住一面。其饮水者道路疲顿,经日乃达,见佛神德至尊巍巍,稽首礼毕,涕泣自陈:"我伴一人于彼命终,感其不达,愿佛知之。"佛言:"吾已明矣。"佛以手指曰:"今此天人则汝伴也,全戒生天又先至矣。"于是世尊披胸示之:"汝观我形,不奉我戒,虽云见我,我不见汝也。去我万里,奉行经戒,此人则为在我目前。"

于是世尊即说偈言:

学而多闻,持戒不失。
两世见誉,所愿者得。
学而寡闻,持戒不完。
两世受痛,丧其本愿。
夫学有二,常亲多闻。
安谛解义,虽困不耶。

于是比丘闻偈惭怖,稽首悔过,嘿思[3]所行;天人闻偈心意欣悦,逮得法眼,天人众会莫不奉行。

【注释】

[1] 热暍(yē):中暑。

[2] 第二忉利天:佛教将三界(欲界、色界、无色界)之欲界分为六重天界:四王天、忉利天、夜摩天、四兜率天、化乐天、他化自在天。第二层忉利天处在须弥山顶,中央为帝释天所居,四面各有八天,总共三十三天,故又称忉利天为三十三天。

[3] 嘿(hēi)思:嘿,象声词,形容笑声;也用作叹词,表示惊异、赞叹。本文指反思自己的行为。

【译文】

## 第二章 持守戒律的喻理（下）

### 十 佛弟子守戒与犯戒的故事

从前佛陀在憍萨罗舍卫城的祇树寺院，为天神和弟子们宣讲佛经。这时摩揭陀国的二位新修学的出家人，想来拜见佛陀。从憍萨罗到摩揭陀，两国之间是一片荒无人烟的旷野，当时正值大旱，天气炎热，泉水枯竭，这两位出家人走在路上，又饥又渴，酷暑难耐因而中暑。看到有一泉中只剩一升左右的水，而且里面还有许多小虫子，不可饮用。两位出家人商议说："我们从遥远的地方来，想去拜见佛陀，不想今日会丧命于此地。"其中一个人说："应当喝这泉水以保住性命，前去拜见佛陀，其余的事就不能顾忌了。"另一个人回答："佛陀制定了明确的戒律，以仁慈为首，为了自己活命而残害生灵，这样去见佛陀毫无益处。我宁可守戒而死，也不犯戒而生。"

第一个人随即起身，痛痛快快地喝了泉水，接着继续上路。另一个出家人为了不伤害水中的生灵就没有喝，最后渴死了。死后随即往生到欲界中的第二重忉利天界。这位出家人自省其行，心想：我立刻就认识到了自己的宿命，正是由于没有犯戒，如法守律，所以我才能往生到天界。于是更加笃信，福报对修行者来说并非遥不可及的事。随即手捧香郁的天花来到佛陀的住所，礼拜佛陀后静候在一边。另一位喝了泉水的出家人，一路疲惫困顿，几天后也到达了佛陀住所，见到佛陀威德至高，无与伦比，礼拜之后，哭泣着向佛说道："我的另一位同伴在途中死了，他不能来到这里，我为他感到难过，愿佛陀知道这件事。"佛陀说："我已经知道了。"并用手指向那个天神，对他说："这位天神就是你的那个同伴，他严守戒律往生天界，已经先到这里了。"于是佛陀敞开胸襟开示说："你只看到了我的外形，不能奉行我的戒律，虽然见到了我，我却不愿见你。犯戒者离我犹如万里之遥，持守戒律者，则近在我的眼前。"

于是佛陀随即用诗句说：

> 博学又多闻，持戒不相失。
> 两世受赞誉，所愿亦俱得。
> 浅学而寡闻，持戒不坚守。
> 两世遭痛苦，丧失其本愿。
> 修学有二种，亲近多闻者。
> 理解真谛义，虽困不动摇。

这位出家人听了佛陀的教诲后，心中惭愧，礼拜佛陀，深表悔过，反思自己的修行。天神听了佛陀的教诲后，心中无比喜悦，也证得佛法真谛。所有与会的天神和信众无不虔诚信奉，持戒修行。

【辨析】

这篇比喻故事情节简单，寓意明了。由同一件事，同一个心愿，同一个目标，两个和尚，两种选择，两种结局而构成本篇的内容。

故事成功地运用了三重对比，彰显了佛教戒律的伦理高度：

一是在饥渴难耐而又酷热交加，生命难保的困境之中，面对聚满生灵的一汪泉水，两位和尚的两种选择形成了强烈的对比。一位喝了水，保住了性命，见到了佛陀。另一位慈悲为怀，为了小虫子的生命，坚持不饮泉水，"我宁可守戒而死，也不犯戒而生"，这是"生"与"死"的选择。故事通过这样的对比，将佛教徒视持戒重于生命的情操充分地展现给了读者，具有摄服人心的力量。

二是两种结局的对比。那位没饮水者，死后往生到天界，为了感恩，手捧天花，又来到人间拜见佛陀；而那位饮水者，历经磨难见到了佛陀，哭诉了自己的经历。一者飘然而至，一者历尽艰辛，一喜，一悲，两种形象，两种心境，两种场景，通过对比，高下立判。

三是佛陀对这两种选择和两种结局的立场与态度："犯戒者离我犹如万里之遥，持守戒律者，则近在我的眼前。"以此形成"犯戒虽近犹远"和"持戒虽远实近"的鲜明对比。

这三重对比凸显了维护佛教戒律胜于生命的主题。尽管在世人看来，这似乎不合情理，但正是这种对世俗伦理观的超越，向人们昭示出佛教所具有的神圣性、崇高性特征。

# 三

# 多闻品

【题解】

　　博学多闻是佛陀自创教之初提出的对出家修行的佛弟子的要求，这是因为佛教倡导的是自我心灵的觉悟，是一种引导众生脱离人间苦难的实践活动。要对治人生的一切烦恼，就必须要了解各种现象产生的自然和社会根源，找寻解决的办法。为此，就必须努力修学。如不能洞察世事，不能深入体察法相万种，不了解世情人心，那么教化众生则成妄语。佛陀对自己"学而不厌"，对他人"诲而不倦"，从本质上看，佛教的修行就是一个不断提升自我、不断战胜自我的过程。

【经文】

## 多闻品第三

　　昔舍卫国有一贫家，夫妇悭恶不信道德。佛愍其愚，现为贫凡沙门诣门分卫。时夫不在，其妇骂詈[1]无有道理。沙门语曰："吾为道士乞丐自居，不得骂詈，唯望一食耳。"主人妇曰："若汝立死,食尚叵[2]得,况今平健,欲望我食。但稽留时节,不如早去。"

于是沙门住立其前,戴眼抒气,便现死相。身体膀胀,鼻口虫出,腹溃肠烂,不净流漫。其妇见此恐怖失声,弃而舍走。

于是道人忽然舍去,去舍数里,坐树下息。其夫来归,道中见妇,怪其惊怖。其妇语夫:"有一沙门见怖如此。"夫大瞋怒问:"为所在?"妇曰:"已去,想亦未远。"夫即执弓带刀,寻迹往逐。张弓拔刀,奔走直前,欲斫道人。

道人即化作琉璃[3]小城,以自围绕。其人绕城数匝,不能得入,即问道人:"何不开门?"道人曰:"欲使开门,弃汝弓刀。"其人自念:"当随其语,若当得入,手拳加之。"寻弃弓刀,门故不开,复语道人:"已弃弓刀,门何不开?"道人曰:"吾使汝弃心中恶意弓刀耳,非谓手中弓刀也。"于是其人心惊体悸:"道人神圣,乃知我心。"即便叩头悔过,稽首道人曰:"我有弊妻不识真人,使我兴恶,愿小垂慈,莫便见舍,今欲将来劝令修道。"即起还归,其妻问曰:"沙门所在?"其夫具说神变之德:"今者在彼,卿自宜往改悔灭罪。"

于是夫妻至道人所,五体悔过愿为弟子,长跪问曰:"道人神变圣达乃尔,有琉璃城坚固难逾,志明意定,永无忧患,行何道德致此神妙?"道人答曰:"吾博学无厌,奉法不懈;精进持戒,慧不放逸。缘是得道自致泥洹。"[4]

于是道人因说偈言:

多闻能持故,奉法为垣墙。
精进难逾毁,从是戒慧成。
多闻令志明,已明智慧增。
智则博解义,见义行法安。
多闻能除忧,能以定为欢。
善说甘露法,自致得泥洹。

闻为知法律，解疑亦见正。
从闻舍非法，行到不死处。

道人说偈已，现佛光相，洪晖赫奕，照曜天地。夫妻惊愕，精神战惧，改恶洗心，头脑打地，坏二十亿恶，得须陀洹道。

昔佛在拘睒尼国[5]美音精舍，与诸四辈广说大法。有一梵志道士，智博通达，众经备举，无事不贯。贡高自誉，天下无比，求敌而行，无敢应者。昼日执炬，行城市中，人问之曰："何以昼日执炬而行？"梵志答曰："世皆愚冥，目无所见，是以执炬以照之耳。"观察世间，无敢言者。

佛知梵志宿福应度，而行贡高，求胜名誉，不计无常，自恃憍恣。如是当堕太山地狱，无央数劫求出甚难。佛即化作一贤者，居肆上坐，即呼梵志："何为作此？"梵志答曰："以众人冥，昼夜不见明，故执炬火而照之耳。"贤者重问梵志："经中有四明法，为知之不？"对曰："不审，何谓四明法？""一者明于天文地理，和调四时；二者明于星宿，分别五行；三者明于治国，绥化有方；四者明于将兵，固而无失。卿为梵志，有此四明法以不？"梵志惭愧，弃炬叉手，有不及心。佛知其意即还复身，光明炳然，晃照天地，便持梵声，为梵志说偈言：

若多少有闻，自大以憍人。
是如盲执烛，照彼不自明。

佛说偈已，告梵志曰："冥中之甚，无过于汝，而昼执炬，行入大国。如卿所知，何如一尘。"梵志闻之，有惭愧色，即便叩头，愿为弟子。佛即受之，令作沙门，意解妄止，即得应真[6]。

昔舍卫国有大长者，名曰须达，得须陀洹。有亲友长者，名曰好施。不信佛道及诸医术，时得重病，痿顿着床。宗亲知友皆就省问，劝令治病，至死不肯。答众人言："吾事日月，忠孝君父，毕命于此，终不改志。"须达语曰："吾所事师，号曰为佛，神德广被，见者得福，可试请来说经咒愿。听其所说，言行进趣何如余道，事之与不，随卿所志。以卿病久，不时除差，劝卿请佛，冀蒙其福。"好施曰："佳，卿便为吾请佛及众弟子。"

须达即便请佛及僧，往诣其门。佛放光明，内外通彻，长者见光欣然身轻。佛前就坐，慰问长者："所病何如，昔事何神，作何疗治？"长者白佛："奉事日月，君长先人，恭敬斋戒，祈请万端。得病经时，未蒙恩祐。医药针灸，居门所忌；经戒福德，素所不知。先人以来，守死于此。"

佛告长者："人生世间，横死有三：有病不治，为一横死；治而不慎，为二横死；憍恣自用，不达逆顺，为三横死。如此病者，非日月天地，先人君父所能除遣。当以明道，随时安济。一者，四大[7]寒热，当须医药；二者，众邪恶鬼，当须经戒；三者，奉事贤圣，矜济穷厄。德威神祇，福祐群生，以大智慧消去阴盖[8]。奉行如此，现世安吉，终无抂[9]横；戒、慧清净，世世常安。"

于是世尊即说偈言：

事日为明故，事父为恩故。
事君以力故，闻故事道人。
人为命事医，欲胜依豪强。
法在智慧处，福行世世明。
察友在为务，别伴在急时。
观妻在房乐，欲知智在说。
为能师见道，解疑令学明。
亦与清净本，能奉持法藏。

闻能今世利，妻子昆弟友。
亦致后世福，积闻成圣智。
能摄为解义，解则戒不穿。
受法猗法者，从是疾得安。
是能散忧恚，亦除不祥衰。
欲得安隐吉，当事多闻者。

于是长者闻佛说法，心意疑结，霍[10]然云除。良医进疗，委心道德，四大安静，众患消除。如饮甘露，中外怡怿[11]身安心定，得须陀洹道。宗室国人，莫不敬奉。

昔罗阅祇国南有大山，去城二百里，南土诸国，路由此山。山道深邃，有五百贼依险劫人。后遂纵横，所害狼藉，众贾被毒，王路不通。国王追讨，不能擒获。

时佛在国，哀愍群生。念："彼贼辈，不知罪福。世有如来而目不睹。法鼓日震而耳不闻。吾不往度，如石沉渊。"化作一人，着好衣服，乘马带剑，手执弓矢，鞍勒严饰，金银庄校。以明月珠，垂络马体，跨马鸣弦，往入山中。群贼见之，以为成事。作贼积年，未有此便，卵之投石，与此何异？群贼齐头，住前围绕，挽弓拔刀，诤欲剥脱。于是化人举弓一发，使五百贼各被一箭，以刀指拟各被一疮，疮重箭深即皆颠倒。五百群贼，宛转卧地叩头归降。"为是何神，威力乃尔？乞蒙原赦，以活微命。愿时拔箭，使疮除愈，今者疮痛，不可堪忍。"化人答曰："是疮不痛，箭不为深；天下疮重，莫过于忧；残害之甚，莫过于愚。汝怀贪得之忧，残杀之愚，刀疮毒箭，终不可愈。此二事者，根本深固，勇力壮士所不能拔。唯有经戒，多闻慧义，以此明道，疗治心病，拔除忧爱、愚痴、贡高；制伏刚强、豪富、贪欲，积德学慧乃可得除，长获安隐。"

于是化人即现佛身，相好挺特，金颜英妙，即说偈言：

斫疮无过忧，射箭无过愚。
是壮莫能拔，唯从多闻除。
盲者从得眼，闇者从得烛。
示导世间人，如目将无目。
是故可舍痴，离慢豪富乐。
务学事闻者，是名积聚德。

于是五百人，见佛光相，重闻此偈，叩头归命，克心悔过。刀疮毒箭，自然除愈；欢喜心开，即受五戒[12]；国界安宁，莫不欢喜。

## 【注释】

［1］骂詈（li）：责骂。直面斥责为骂，侧击旁及为詈。

［2］叵得（pǒ）：不可得。

［3］琉璃：一种有色半透明的玉石，也是中国古代对玻璃的称呼，佛教七宝之一。七宝在佛典中有不同说法，一般指金、银、琉璃、砗磲、玛瑙、琥珀、珊瑚。

［4］泥洹（huán）：即涅槃，佛教永寂的境界。

［5］拘睒（shàn）尼国：古代中印国名。

［6］应真：即罗汉，又称阿罗汉、应供、不生等，是小乘佛教证悟四果中的最高果位。另外三种果位是须陀洹，四果中的初位；斯陀含，是二果；阿那含为三果。

［7］四大：指地、水、火、风。

［8］阴盖：指被五阴（色、受、想、行、识）遮蔽所形成的烦恼。

［9］抂（wǎng）：同"枉"。

[10] 霍：原文为古今皆无的异体字，根据文义改之。意为突然明白、豁然开朗。

[11] 怿（yì）：愉悦、快乐。

[12] 五戒：即不杀生、不偷盗、不邪淫、不妄语、不饮酒，其作用侧重于止恶；另有十善，则侧重于行善，即不杀生、不偷盗、不邪淫、不妄语、不绮语、不两舌、不恶口、不悭贪、不瞋恚、不邪见。

【译文】

## 第三章　博学多闻的喻理

### 十一　佛陀教化一对夫妻的故事

从前在憍萨罗国都舍卫城有一户贫苦人家，夫妻二人吝啬凶恶不守道德。佛陀怜悯他们的愚昧，扮成一位普通的出家人，来到他们家乞食。当时丈夫不在家，他的妻子见到出家人就大声责骂。出家人说："我出家修行来乞食，你不应该如此责骂，我只是希望乞讨一点食物。"这家主妇说："你就是马上要饿死了，我也不会给你食物，何况你现在还平安健康，别指望我给你食物。不要再在这里耽误时间了，不如早早离去。"

这时出家人走到她的面前，闭上眼出了一口长气，立刻呈现出死人的样子，只见他身体肿胀，蛆虫从鼻中、口中爬出，肠子从溃烂的腹部脱出，屎尿污物流淌。主妇看见这种恐怖的状况失声惊叫，吓得弃家而逃。

这时出家人忽然离去，到了距主妇家数里路的地方，坐在树下休息。主妇的丈夫回家，在路上看见妻子，对她惊恐的样子感到很奇怪。妻子对丈夫说："有一位出家人使我见了后吓成这样的。"她丈夫怒气冲冲地问："出家人在哪？"妻子回答："已离去了，但想来并未走远。"丈夫随即拿起弓箭带上刀剑,朝着出家人走的方向追去。他张开弓拔出刀,跑步向前,想伤害出家人。

出家人这时变化出一座小琉璃城,围绕着自己。主妇的丈夫绕城好几圈,也无法进入,就问出家人:"为什么不开城门?"出家人说:"要想城门打开,你必须放下弓箭和手中的刀。"主妇的丈夫心想:"那就按出家人说的做,如果能进城,可以用拳脚打他。"就放下弓箭和刀,但城门仍不开,他又对出家人说:"我已放下了弓箭和刀,城门为什么还不开呢?"出家人人回答:"我指的是放弃你心中恶意的弓箭和刀,不是指你手中的弓箭和刀。"主妇的丈夫听了后心惊肉跳,心想:"出家人圣明,能够知道我心里所想。"随即叩头表示悔过,礼拜出家人说:"我的妻子没有看到出家人的本质,也使我产生了恶念,希望你发慈悲,不要因此舍弃了我们,今天要让她一起来修行佛法。"他当即起身回到家里,妻子问他:"出家人在哪里?"丈夫就说了原委:"今天他还在那里,你自己应当前去表示忏悔,灭除罪业。"

于是夫妻二人一起来到佛陀的住所,五体投地礼拜后表示悔过,愿意成为佛弟子。跪拜问:"出家人神通变化,圣明通达才能这样,有坚固的琉璃城环绕难以逾越,志向明确,意志坚定,永无忧患,修行什么能成就这样神奇美妙的功德?"出家人回答说:"我广博修学,从不厌倦;奉行佛法,永不松懈;精勤勇进,持守戒律;智慧觉悟,从不放逸,因此得以证得清净的涅槃境界。"

这时出家人用诗句说:

奉行博学与多闻,持受佛法为护城。
精进修行难诋毁,从而戒律心智成。
多闻使得心志明,已明教义智慧增。
智则博学解法义,见识义理修行安。
多闻能除人忧虑,能以禅定为欢乐。

善说法义如甘露，自觉证悟得涅槃。
博闻是为知律法，化解疑惑见正觉。
从中了知灭烦恼，修行直到清净处。

出家人说完诗句后，现出佛祖光明的形象，庄严宏大，神采奕奕，照耀天地之间。夫妻二人惊愕之余，心灵受到巨大震撼。发愿改恶从善，洗心革面，从此彻底断除了一切恶念，证得了佛法的初果。

## 十二　佛陀教化婆罗门修行者的故事

从前佛陀在中印拘睒尼国的美音寺院，为佛教四众弟子解说佛法。当时有一位婆罗门修行者，智慧、博学、通达，对古代印度的吠陀经典皆了熟于心，融会贯通。他自高自大，以为天下无比，为寻求论敌而行走各地，一时竟没有人敢和他应答论辩。他白天手持火炬，行走在闹市之中，有人问他说："为什么在白天手拿火把行走在闹市之中呢？"婆罗门修行者回答说："世上之人愚昧无知，一无所见，如同处于黑暗之中，所以手执火炬以照亮。"然后观察世间的人们，竟然没有人敢驳斥他。

佛陀知道根据这位婆罗门修行者曾有的福报，应当得到度脱和教化。婆罗门高傲自大，追求殊胜的名誉，不通无常之理，恣情纵意，为所欲为，这样会堕入无边地狱，永世不得解脱。佛陀随即变成一位贤明之人，坐在集市中，对婆罗门修行者说："你为什么这样做呢？"婆罗门修行者回答："因为众人愚昧，无论白天和黑夜都看不见光明，所以手执火炬照亮黑暗。"贤明之人又问婆罗门修行者："吠陀经典中有四种明确的法理，你知道不？"回答说："不清楚，什么是四种明确的法理？"贤明之人说："一是明了天文地理，一年四季的变化交替；二是明白日月星辰的运行，区别金、木、水、火、土五行；三是明确治国之术，教化之方略；四是明了领兵率将，捍卫国土不受侵犯。你作为婆罗门的修行者，掌握了这四种方法和道理了吗？"婆罗门修行者听了之后，心中惭愧，放下了手中的火炬，双手合什表示歉意。佛陀知道了他心中所想，随即恢复了原貌，光芒闪耀，照亮天地。用诗句对婆罗门宣讲佛法说：

多学所闻有多少，自高自大以傲人。
正如盲人执蜡烛，照亮他人自不明。

佛陀说完诗句后，对婆罗门修行者说："最愚昧的人，莫过于你，白天手持火炬，行走于大国闹市中，而你所知道的，还不如一粒微尘呢。"婆罗门修行者听后，十分惭愧，当即便礼拜佛陀，表示愿意作为佛弟子。佛陀随即接受了他的请求，让他做了佛教修行者，消除了虚妄自大，随后证得了罗汉果位。

## 十三　佛陀治愈长者疾病的故事

从前在憍萨罗国都舍卫城有一位德高望重的人，名字叫须达，已证得了佛教声闻四果中的初果。他有一位年长的亲友，名字叫好施。好施不相信佛法及医术，当时身患重病，卧床不起。他的亲属和朋友们前来慰问和探望时，都劝其请医生治病，但他却死活不肯。回答大家说："我信奉日月神灵，忠孝君王父母，即使生命到此结束，也不改心志。"须达对他说："我所信奉的导师，称作佛陀，其神通恩德广被众生，看见的人都可以得到福报，可以尝试请他来诵经和祈愿。听一听他所说的义理与其他教派有何区别，接受或不接受，随你所愿。由于你病得很久了，一时无法治愈，劝你恭请佛陀，期望能够得到福德。"好施回答："好，请你为我请佛陀以及弟子们来。"

须达当即便去请来佛陀以及弟子，来到好施家。一进门佛陀就大放光明，室内外通彻明亮，长者好施一看见光明立即觉得身体轻快不少。佛陀向前就座后，慰问好施说："得的什么病？有何症状？以前信奉哪种神灵？怎么治疗的呢？"长者好施回答佛陀说："我信奉日月神灵，崇敬君王、师长、祖先，恭敬持受斋戒，祈福万物。但得了病，没有得到恩泽和保佑。医药和针灸，是我一直以来所忌用的；佛经戒律和福报恩德，我向来不了解，世世代代，一直如此，未曾改变。"

佛陀告诉长者好施说："人生在世，死于非命有三种情形：有病不治，为第一种；治疗而不慎重，为第二种；刚愎自用，有违自然之理，为第三种。这三种病，不是天地日月，祖先君王所能消除的。应当明白下面的道理，才能随时平安。一是身体发冷发热，应当求医治疗；二是各种邪恶的心理疾病，应当以佛经和戒律对治；三是信奉圣明贤德之人，救济穷困。以令神灵敬畏的恩威，福泽和保佑众生，以大智慧消除一切烦恼。如果这样做，可以平安吉祥，不会死于非命；持守戒律，智慧清净，世世代代平安。"

这时佛陀随即用诗句说：

> 拜祭日月为光明，亲孝父母为恩德。
> 尊奉君王治国力，礼敬博学多闻者。
> 人为生命遵医嘱，欲胜他人依豪强。
> 佛法在于智慧处，福报善行世事明。
> 明察友人在务实，考辨友情危难中。
> 观察妻子在家中，认知心智听言语。
> 为能从师见佛道，解除疑惑修学明。
> 清净本心自己身，能够奉持法宝藏。
> 听闻佛法利今世，妻子兄弟亲友睦。
> 能使后世得福报，闻听佛理成圣智。
> 笃信佛陀解说义，释惑则可不犯戒。
> 接受法义信奉者，从而去病得平安。

消散忧虑和怨怒，除掉不祥和烦恼。

要得安泰与吉祥，应当效法多闻者。

长者好施听了佛陀的解说后，疑惑消除，心中豁然开朗。得良医的诊治，感念佛法恩德，于是身体安泰，病患消除，如饮甘露，身心愉悦，证得了佛法的初果。全家老少、家族和国人，都恭敬信奉了佛教。

### 十四　佛陀教化五百强盗的故事

从前北印摩揭陀国都城王舍城南有一座大山，离城二百多里，南印各国，交通往来都要经过这座大山。山路幽深崎岖，有五百强盗依据天险打劫过路之人。他们出没于山林，横行霸道，为非作歹，所到之处一片狼藉，来往的商客时遭杀害，南北各国之间不能通行。国王下令追捕和讨伐，也未能擒获强盗。

当时佛陀在这个国家，怜悯众生所受之苦。心想："这些强盗，不辨罪恶与福德。世上有如来而不睹，法鼓日震而不闻。我不去度化他们，就如石沉深渊而不知。"于是佛陀变成一个富人，穿着华美的衣服，乘着马拿上宝剑，带着弓箭，装饰鞍马，佩戴金银，用明月宝珠，垂挂在马的身上，跨马扬鞭，来到山中。这群强盗看见后，以为送上门的好事来了。行盗贼多年，也没有遇上这样的好事，认为这次的行动，对对方来说简直是以卵击石。强盗们聚在一起，共同进攻，上前围住来者，挽起弓箭拔出刀剑来，要夺下来人的财物。这时这位富人挽起弓箭一发，五百强盗都被射中一箭，又每人各刺一剑，剑刺得重而箭射得深，当即都跌倒在地。五百强盗，扑倒在地叩头投降，喊着："这是什么神灵，威力为什么这样大？我们乞求饶恕，以保全性命。愿您拔出箭来，使我们伤口愈合，现在伤痛无比，不能忍受。"富人回答说："这伤口不痛，箭也射得不深；天下最重的伤，莫过于忧愁；残害人最厉害的，莫过于愚昧。你们贪心的忧愁，残杀百姓的愚昧，所带来的剑刺和箭伤，是不可能愈合的，因为这种剑刺和箭伤，伤及的是根本，顽固深入，强壮的勇士也不能拔出箭来。只有诵习佛经，持守戒律，修行智慧的义理，从此明了佛法，治疗心病。去除忧愁和爱欲、愚昧无知、自以为是；制服心中的刚烈强暴、豪取抢夺财富、贪婪和欲望。只有积德修福，修学佛法智慧，才可以除掉剑刺和箭伤，获得长久平安。"

这时富人随即恢复了佛陀的原貌，形象极其美好，金色的容颜，妙不可言，当即用诗句说：

> 伤痛最重莫过忧，箭伤再深不及愚。
> 此乃壮士不能拔，只有多闻修学除。
> 盲人从中得眼明，黑暗从中得火烛。
> 教导世间所有人，有眼不睁似无目。
> 为此定要除愚痴，远离傲慢与享乐。
> 修学信奉多闻者，积聚善德以报人。

这时五百强盗，看见佛陀光明的形象，又听了开示的诗句，叩头拜谢，重新做了百姓，痛心疾首，悔过自新。刀口和箭伤，自然愈合。欢喜开心，随即接受了五戒；国家边界也从此安宁，百姓无不欢喜。

【辨析】

本篇由四个比喻故事构成。分别是佛陀对一对夫妻、一位婆罗门修行者、一位年长者和五百强盗所施的教化。以夫妻的吝啬、修行者的妄自尊大、年长者的得病拒医、强盗的抢掠，分别对应佛教教义的忍辱、多闻、除妄、舍欲。明喻只有皈依佛门，博学多闻，突破狭隘的自我认知的局限，才能了解丰富复杂的社会人生，从而证悟佛理；隐喻只有断除"我执"的烦恼，才能转恶向善，修福积德。

第一个比喻故事是通过对妻子的语言、丈夫的行为和心理描述来展开的，人物形象的刻画十分精彩，形神兼备、惟妙惟肖。故事一开始，先写佛陀化成一位普通的出家人，来到一户人家上门乞食的情景。这家的女主人不但没有施舍食物给他，反而恶言相向，大声责骂。为了赶走出家人，她进而说道："你就是马上要饿死了，我也不会给你饭食。"所谓"好话出口三冬暖，恶语出唇六月寒"，这种极端吝啬冷酷的话语，入木三分地刻画出女主人公尖酸刻薄、蛮横凶恶、冷漠吝啬的特点。按照常理推想，这样的人又怎能得到他人的信任和帮助呢？

然而，面对恶言辱骂，佛陀没有怨怒，没有愤然而去，而是怀着悲悯之心"忍辱前去"度化她，并巧用招数，因势利导，使得情节发展出人意料：既然你说饿死也不愿施舍，那么，我不妨死给你看。佛陀化作的出家人立刻就"戴眼抒气，便现死相。身体膀胀，鼻口虫出，腹溃肠烂，不净流漫"，如此惊怍可怖、骇人耳目的场面，吓得女主人魂飞魄散，直令她弃屋而逃。佛陀的随机应变，以及"石斧砸开千年锁，异象呈现化顽愚"的教化方法，令人叹为观止。

故事接着写丈夫听了妻子所言，怒火中烧，立刻持刀追杀出家人，这一情节安排也在情理之中，所以显得水到渠成。后来写丈夫与佛陀较量时的所见、所感、所悟，则着重于人物的行为和心理描写，不仅令故事情节更为跌宕起伏，引人入胜，而且以收摄人心的艺术效果突出了佛教义理的感化力量。

第二个比喻故事通过"梵志"刻意的行为和狂妄的语言刻画了他的形象。故事首先交代了他的学者身份，寥寥数语，已将其恃才自傲，盛气凌人之态表现得跃然纸上。随后以他"昼日执炬，行城市中"的怪异行为，表现他目空一切，公然向天下人挑战的极端自负，而且他对自己行为的解释是："世皆愚冥，目无所见，是以执炬以照之耳。"更是狂妄至极。其行为的结果是"观察世间，无敢言者"，即没有人敢迎战与他辩驳。故事对这一人物形象刻画得十分饱满、立体，给人留下了难忘的印象。

这篇故事有其深刻的历史背景。"梵志"，通常是指婆罗门教的修行者，婆罗门教所信奉的吠陀经典，产生于公元前二十世纪左右，是古代印度最早的宗教历史文献。当时的印度由婆罗门教掌握着神权和文化的话语权，因而婆罗门教也就占据着思想文化上的统治地位，这就是对于这位婆罗门修行者的行为人们敢怒而不敢言的根本原因。由此可知，佛陀要创立新的宗教，就必须向婆罗门教的权威进行挑战，这是不可回避的现实。

佛陀以"经中有四明法，为知之不"诘难"梵志"，使其哑口无言。因为所谓四明：一明天文地理，二明星宿，三明治国，四明将兵，是圣明君王才具有的特质，这对于曾为太子的佛陀来说，是必备的修学。从而佛陀的发问使"梵志惭愧，弃炬叉手，有不及心"。且佛陀对梵志所说"冥中之甚，无过于汝，而昼执炬，行入大国。如卿所知，何如一尘"，充满了奚落的口吻，而"梵志闻之，有惭愧色，即便叩头，愿为弟子"，使得这位婆罗门修行者皈依了佛陀，这充分表现了佛教向婆罗门教进行宣战的一次胜利。

第三个故事看似平淡，但却深含理趣。其中对古代印度自然主义哲学思想进行了巧妙的批判。佛陀认为当人遭遇病痛，应当及时求医诊治。佛教提倡人应当正视自己的身体和心理疾患，进行冷静、客观的分析，并积极寻求稳妥有效的治疗方法。在这个故事中，佛陀入情入理、循循善诱的教化方式，令人赞叹，令人折服。

第四个故事以丰富的想象来表达义理。对于手持利刃的强盗，以常规的方法和言语教化，无法使他们轻易地放下屠刀，立地成佛。于是故事通过描写佛陀面对强盗时以寡敌众，势不可挡，弓箭刀剑所到，敌人应声而落的情景，充分地展示了他的凛然正气和无比勇力。从而说明只有积德修福，修学佛法智慧，才可以拔掉所射之箭，愈合剑之创伤，得以长久平安。以此比喻佛法才是解除苦难的良方，也揭示了天下最重的伤痛，莫过于忧愁，对人最深的伤害，莫过于愚昧的喻理。

四个故事虽然情节各不相同，教化对象也不同，但正如千条江河终归大海，其向善去恶的美好结局却是一样的，而且皈依佛法皆成正果的喻理也是相同的。这既昭示了佛陀教化的神力，也为人们指出了光明的前景。

# 四

# 笃 信 品

【题解】

笃信，这里是指虔诚地信仰佛教，并对佛教教义持有忠实的态度。笃，意谓诚笃；信，是说信仰佛法僧三宝，矢志不渝，努力修行。这既是佛教对修行提出的要求，也是对信仰者的修为与素质的期许。其实，诚实笃信，同样是世人应当遵守的行为准则，是社会伦理道德的基本范畴。

【经文】

## 笃信品第四

昔者舍卫国东南有大江，水既深而广。有五百余家，居在岸边。未闻道德度世之行，习于刚强欺诈为务。贪利自恣，快心极意。世尊常念其应度者当往度之，知此诸家福应当度，于是世尊往至水边，坐一树下。村人见佛光相奇异，莫不惊肃，皆往礼敬，或拜或揖问讯起居。佛命令坐为说经法，众人闻之而心不信，习于欺怠不信真言。

佛便化作一人从江南来，足行水上，正没其踝，来至佛前，稽首礼佛。众人见之莫不惊怪，问化人曰："吾等先人以来居此江边，未曾闻人行水上者，卿是何人？有何道术履水不没？愿闻其意。"化人答曰："吾是江南愚直之人，闻佛在此贪乐道德，至南岸边不时得度。问彼岸人水为深浅？彼人见语：'水可齐踝，何不涉渡？'吾信其言，便尔来过，无他异术。"佛时赞言："善哉，善哉。夫执信诚谛，可度生死之渊，数里之江何足为奇？"

于是世尊即说偈言：

信能渡渊，摄为船师。
精进除苦，慧到彼岸。
士有信行，为圣所誉。
乐无为者，一切缚解。
信乃得道，法致灭度。
从闻得智，所到有明。
信之与戒，慧意能行。
健夫度慧，从是脱渊。

于是村人闻佛所说、见信之证，心开信坚，皆受五戒为清信士[1]，明信日修，法教普闻。

昔佛在世，时有大长者名修陀罗，财富无数，信向道德。自誓常以腊月八日[2]请佛及僧，终身子孙奉行不废。长者亡时嘱儿勿废。儿名比罗陀，后日渐贫，居无所有，腊月已至，无有供办，愁戚不乐。

佛遣目连[3]往问比罗陀："汝父直月欲至，当设何计？"比罗陀答言："亡父教令不敢违之，唯愿世尊勿见忽弃也。八日中时回光临盻[4]。"目连还白如是。比罗陀即将妻子至外家，质取百两金，还舍供办，一切具足。佛与千二百五十众僧，往诣其舍，坐毕行水下食，澡竟还于精舍。比罗陀欢喜，不敢悔恨。其日夜半诸故藏中，自然宝物悉满如故。比罗陀夫妇明旦见之，喜而且惧，惧官见问，所从得此？夫妻共议当往问佛。寻到佛所，具白如此。佛告比罗陀："安意快用，勿有疑难。汝之履信，不违父教；持戒惭愧，没命不二；闻施慧道七财[5]满具；福德所致，非为灾变。智者能行，不问男女，所生之处，福应自然。

于是世尊即说偈言：

信财戒财，惭愧亦财。
闻财施财，慧为七财。
从信守戒，常净观法。
慧而履行，奉教不忘。
生有此财，不问男女。
终已不贫，贤者识真。

比罗陀闻佛所说，益加笃信。稽首佛足欢喜还家，具宣佛教诲其妻子，遂相承继，皆得道迹。

**【注释】**

［1］清信士：受五戒在家修行的佛教男信众，即居士。

［2］腊月八日：农历的十二月（俗称腊月）的第八天，我国古代自先秦起，在此日祭祀祖先和神灵，祈求丰收和吉祥。南北朝开始演化成纪念佛祖释迦牟尼成道的宗教节日。腊八节，民间有喝腊八粥的习俗，产生于佛教信众感恩牧羊女给未成道时的佛陀施乳饭，遂以各种香米和果物煮粥供佛。喝腊八粥在民间还有许多不同的传说。

［3］目连：目犍连，或称摩诃目犍连、大目犍连，是佛陀十大

弟子之一，有"神通第一"的称誉。王舍城郊人，婆罗门种姓，侍佛左侧。其他弟子分别为：

"智慧第一"的舍利弗，又称鹙鹭子、舍利子，摩揭陀国王舍城人，婆罗门种姓，敏捷智慧，善讲佛法。

"多闻第一"的阿难，又作阿难陀，意译为欢喜、庆喜，据《佛本行集经》卷十一所记，佛陀成道回乡时，二十五岁的阿难即随佛出家。佛教第一次结集时，由他诵出经文。因其长于记忆，故称。阿难曾请佛陀接纳女性为僧，从此佛教始有僧尼二众。

"说法第一"的富楼那，全称富楼那弥多罗尼子，意译"满慈子"。迦毗罗卫国人，国师婆罗门之子。因善于讲解佛教义理，故称。

"解空第一"的须菩提，又作须浮提、苏补底，意译为善吉、善现等，拘萨罗国舍卫城人，婆罗门种姓。因深入领悟佛法性空，故称。

"密行第一"的罗睺罗，又译罗护罗，为佛陀在家时的夫人耶输陀罗所生。因其不毁禁戒，诵读不懈，密行超人，故称。又因罗睺罗十五岁出家，故为佛教"沙弥"即未满二十岁的出家人之始。

"持戒第一"的优婆离，又作优婆利、优波离，迦毗罗卫国人，首陀罗种姓。因其出家后奉持戒律，无所触犯，故称。佛教第一次结集时，由他阐述戒律。

"天眼第一"的阿那律，迦毗罗卫国人，甘露饭王之子，佛陀的堂弟。因其勤勉精进，得天眼通，能见天上地下六道之众生，故称。

"头陀第一"的大迦叶，摩揭陀国王舍城人，婆罗门种姓。少欲知足，常修"头陀行"，传佛心法，为佛教第一次结集的召集人。

[4] 临眄（miǎn）：眄，斜着眼看。临眄，这里是谦词，指请佛陀来供奉。

[5] 七财：指般若七财。般若，佛教指人生智慧。七财，即信

财、戒财、惭财、愧财、闻财、舍财、慧财。

【译文】

## 第四章　笃守诚信的喻理

### 十五　佛陀教化村民守信的故事

从前在舍卫城东南有一条大江，水不仅深而且广阔。有五百多户人家居住在江岸边。不遵守世间伦理道德和行为规范，向来恃强凌弱，欺诈行骗，谋取不义之财，而且蛮横无理。根据这些人家的福报应当得到度化，于是佛陀就来到江边，坐在一棵大树下。村里的人看见佛陀法相庄严，莫不称奇，都前往施礼，或跪拜或作揖问候起居。佛陀叫他们坐下来，开始为他们解说佛法，大家听了以后，心里并不相信，因为他们习惯于相互欺诈而不肯相信真实诚笃的话语。

于是，佛陀便变出一个人来，从江水南岸而来，他行走在水面上，水正好没其脚踝，来到佛陀的面前后，礼拜佛陀。人们看见后都十分惊诧，问这人说："我们世世代代居住在江边，从未曾听说过能够在水上行走的人，你是什么人？有什么法术可以在水上行走而不沉没？希望你快说给我们听听。"这个人回答说："我是江南岸一个愚昧的人，听说佛陀在这里弘法，便想过江来听佛陀说法，就问佛陀从南岸过江来水深吗？佛陀对我说：'江水只到你的脚踝，为什么不渡江过来呢？'我相信了佛陀的话，便过江而来，并没有任何其他的法术。"这时佛陀称赞说："很好，很好啊！持守诚信，就可以证悟人生真谛，度脱生死轮回的深渊，渡过区区几里宽的江面又有什么可奇怪的呢？"

佛陀随即用诗句说：

笃信能够渡深渊，收摄心识觉为舟。
精进消除人生苦，智慧证悟到彼岸。
做人坚持有信行，古来圣贤所称誉。
乐得清净无为者，一切烦恼得解脱。
信仰坚定得道果，修行法理渡苦海。
能从多闻得智慧，所以觉悟到光明。
正信守戒严律己，慧思定意能前行。
努力修习戒定慧，从此可以脱苦海。

村里的人们听了佛陀的解说，又见证了笃信的神力，心中开始产生了坚定的信念，都受戒成为佛教信众，明确了信仰而修行，普遍受到了佛法的教化。

### 十六　长者信守承诺的故事

从前佛陀在世时，有一位德高望重的长者，名叫修陀罗，其家非常富有，财宝无数，以信为德，崇奉佛教。他立下誓愿，每年腊月八日那天都要礼请佛陀和僧众，供奉他们，而且要他的子孙后代一直延续下去。这位长者在临终时嘱咐儿子不要忘记这件事。他的儿子名叫比罗陀，后来家境日渐贫穷，最终一无所有。眼看这年的腊月八日就要到了，家中没有钱财置办供奉的物品，为此他愁眉不展。佛陀派遣弟子目连前往询问比罗陀："你父亲生前礼佛的日子快要到了，你怎么安排的呢？"比罗陀回答："父亲的教诲不敢违背，希望佛陀不要见外，到腊月八日中午前来光临。"目连回去后转述了比罗陀的话。比罗陀让妻子回到娘家，借了一百两黄金，回来后操办供奉，把一切都准备好了。佛陀和一千二百五十位僧人如期来到他家，坐定后，比罗陀供奉了茶水饭食，洗漱完后佛陀等人就回到寺院。比罗陀内心欢喜满足，毫无吝惜后悔之意。当天夜里他家储藏东西的器物中，自然装满了和过去一样多的珍宝财物。天亮后比罗陀夫妇看到这种情形，既欢喜又害怕，害怕官府知道后追问他们是从哪里得到的财物。夫妻共同商议后决定前往佛陀那里请教。比罗陀来到佛陀的住所，据实说明了原委。佛陀告诉比罗陀："你们安心快意地使用吧，不需要有丝毫的担心。你信守了承诺，没有违背父亲的教诲；持守戒律没有二心；闻法布施，人生的七种财富智慧圆满具足。这是修福积德所带来的，不是灾难。智慧的人修行佛法，无论是男是女，在他的生活中，自然会得到福报。"

这时佛陀当即用诗句说：

诚信是财戒亦财，心存惭愧也是财。
多闻是财施亦财，般若智慧为七财。
遵从信念守戒律，常能观想清净法。
慧思履行不失信，信奉教义永不忘。
人生有此七财宝，不问是男还是女。
终此一生不贫困，贤者能悟此真谛。

比罗陀听了佛陀所讲的法理后，更加笃信佛法。礼拜佛陀后十分欢喜地回到家，把佛陀的教诲告诉了妻子，后来夫妇相继修行佛理，都证得佛果。

【辨析】

本篇的两个故事简约精粹，但读来却饶有兴味。第一个写的是佛陀教化江边村民，第二个写的是父子两代人供奉三宝。两个故事有一个共同的特征，都以灵异的思维和奇特的幻想，向人们展示了佛法的神奇力量。

一是"从江南来，足行水上"，一是"夜半诸故藏中，自然宝物悉满"。看起来似乎荒诞离奇，不合情理，不足取信于人，但仔细想来却各有其妙。

第一个故事中足行水上的异象，作者并没有把其归之于神通和法术，而以反向推理的方法加以论证，即"夫执信诚，谛可度生死之渊，数里之江何足为奇"？认为既然理解了佛教的义理，可以度脱人生苦海，那么渡过区区几千米的江面又何足为奇呢？使"渡江"和"度脱人生苦海"两个不同的概念巧妙转换，从而强调了"笃信"的重要性。以此说明在信仰者的眼里，只要信念诚笃，坚持不懈，就没有什么人间奇迹不可创造，过一江之水，何足道哉？也暗喻佛法无边，其神力不是世俗之人所能揣度的。

　　第二个故事中"宝物悉满"的福报，使得夫妻二人又喜又怕。喜的是财富如故，毫不减损；忧的是官府查问，从而招致殃祸。同样把"财宝"和"般若七财"这两个不同的概念进行了巧妙的转换，突出了"笃信"的主题。以财宝比喻般若七财，明喻信奉佛法，福报无量；隐喻智慧的财富，能让人的精神世界永远富足充实；暗喻世间人们所看重的物质财富，聚散无常，不可持久，缘聚则有，缘散则无。不仅财富随时都有被官府巧取豪夺的可能，也还会有诸多人所意想不到的天灾人祸，会令财物瞬间丧失殆尽。因而佛教提倡慈悲喜舍，广行布施，这是既能利他又能利己的善行，一方面为自己种下福田，另一方面在惠及他人的同时，自己也从中获得喜悦和安宁。这个故事充分体现了佛陀对财富和世事人生独到深刻的认识。

# 五

# 戒 慎 品

【题解】

佛教戒律有庞大的理论和实践体系，劝导人们奉行五戒十善，清净身、口、意是其核心内容，佛教徒要用一生来亲践履行。信守戒律实际上是用信仰代替人的客观需求的一种自觉行为，从这一点来看佛教信众是严于律己的楷模。其实慎思、慎言、慎行，不仅是佛教的戒律，也是世俗社会人们应该自觉遵守的道德规范。

【经文】

## 戒慎品第五

昔波罗奈国[1]有山，去城四五十里，有五沙门处山学道。晨旦出山人间乞食，食讫还山，晚暮乃到。往还疲极，不堪坐禅，思惟正定。历年如是，不能得道。

佛愍念之，劳而无获，化作一道人往到其所。问诸道人："隐居修道，得无劳倦？"诸沙门言："吾等在此去城既远，四大之身，当须饮食，日日供给，往还疲劳。经年历岁，勤苦竟已；昼日往返,暮辄疲顿。不暇复得修道,为当正尔,毕命而已。"道人语曰:"夫为道者,以戒为本,摄心为行;贱形贵真,捐弃躯命;食以支形,守意正定;内学止观,灭意得道。养身顺情,安得免苦?愿诸道人,明日莫行。吾当供养,使诸道人休息一日。"时五沙门意大欢喜,怪未曾有。安心定意,不复忧行。明日日中,此化道人送食而来。食讫安和,心意惔怕[2],于是化人为说偈言:

> 比丘立戒,守摄诸根[3]。
> 食知自节,寤意令应。
> 以戒降心,守意正定。
> 内学止观,无忘正智。
> 明哲守戒,内思正智。
> 行道如应,自净除苦。

化道人说此偈已,显现佛身光相之容,于是五沙门精神震叠,咸思惟戒,即得阿罗汉道。

**【注释】**

[1] 波罗奈国:旧称伽尸国,古印度的小国。佛法以小乘正量部为特征。

[2] 惔(dàn)怕:淡泊。

[3] 诸根:六根,即佛教认为眼、耳、鼻、舌、身、意六根,产生色、声、香、味、触、法六尘,生眼识、耳识、鼻识、舌识、身识、意识六识,总谓十八界。

【译文】

# 第五章　持戒慎行的喻理

## 十七　出家人持戒慎行的故事

从前波罗奈国有一座山，离城大约有四五十里路，当时有五位佛弟子在山中修道。每天早晨他们都要出山到城中乞食，天黑时才能回到山中。这样往返极为疲劳艰苦，回来后没有精力坐禅修习，正定观想。长年如此，多年后仍未证得佛果。

佛陀怜悯他们辛劳而无所获，便化作一位得道僧人，来到五位佛弟子的住所。问他们："你们隐居山中修行，没有证得佛果而且还很辛劳，是吗？"五位佛弟子说："我们这里离城很远，四大和合之身，每日必须饮水进食。每天为此要到城中乞食，往返十分辛苦。过了这么多年，实在感到辛苦不已；早去晚归往返奔波于途中，日暮归山后疲劳困顿，无暇修禅，只能认命，就这样直到终老了。"得道僧人说："修习佛法的人，以戒律为根本，收摄心识努力修行；轻贱形体珍贵真谛，乃至于舍去生命；乞食以支撑形体，守住意念正定思维；内学止观禅修，灭妄得道，养身以调顺心情，否则怎么能脱离苦海？希望你们明天不要去城里了，我来供养大家，让你们得以休息一天。"五位修行者听后心中十分高兴，未曾有过这样的事，因此他们感到惊奇。于是五位弟子都安心禅修，不再操心出行乞食。第二天正午，僧人送来了饭食。饭后，他们安宁平静，心中恬淡，于是僧人用诗句说：

　　　　持戒而慎行，意守摄六根。
　　　　乞食知自制，证悟求解脱。
　　　　以戒降妄心，守意定念法。
　　　　修学止观禅，除妄得智慧。

保身守戒行，内思悟真谛。
修行应如此，清净除苦难。

僧人说完诗句后，现出佛陀光明的本身，于是五位佛弟子精神为之大振，一同正念定止，都证得阿罗汉佛果。

**【辨析】**

这篇故事是佛陀对长年修习苦行而不能悟道的佛弟子的开示。篇幅短小，叙事简单，虽不以情节的曲折和描写的细致取胜，但佛陀善施教化的特点仍然体现得鲜明突出。从故事的叙述之中，我们看不到佛陀对弟子居高临下般的贬低与斥责，看到的是他发自内心的怜悯和真诚的帮助。

故事写五位佛弟子因每日乞食途中往返疲惫劳顿而无暇禅修，虽长年辛劳苦修却不得佛果，以此揭示佛教无禅不成道，无戒不悟果的喻理，同时表明了佛陀对于修行的三种认识：

一是对"渐修"和"顿悟"法门之间相互关系的认识。如果说五位弟子长年在山中苦修，日日乞食，一年往返数万里的辛劳为"渐修"，那么，佛陀的一朝开悟就是"顿悟"。

二是对苦行和禅定关系的认识。修习苦行，如果缺少返观内照的禅定智慧，则终不成佛果。说明了佛法"知行合一"，理论与实践不能偏废的喻理。

三是对于修行途径和方法的认识。不同的对象，其修行方法也不尽相同。佛陀非常善于因才施教，对于缺乏禅定思维和智慧的修行者，没有盲目指责，漠然视之，而是体谅其苦衷，为他们提供方便，给以加持，通过善化引导，使其成就佛果。

# 六

# 惟念品

【题解】

惟念是佛教理论范畴之一，既指思考、心识的观想活动，又有记忆、别境的内涵。禅修中的观想是认识妄有心、执著心的方法，同时也是除妄归真、由浊至清、由迷转悟的过程。从心绪万种，到万念俱寂，再到一念成佛，是证悟者的一种体验。因此，惟念静心方成正果。

本篇讲的是要信守正念。

【经文】

## 惟念品第六

昔佛在世时，弗加沙王与瓶沙王[1]亲友。弗加沙王未知佛道，作七宝华以遗瓶沙，瓶沙王得之，转奉上佛。白佛言："弗加沙王与我为友，遗我此华，今已上佛，愿令彼王心开意解，见佛闻法，奉敬圣众。当以何物，以报所遗？"

佛告瓶沙："写十二因缘经，送持与之。彼王得经，心必信解。"即写经卷，别书文曰："卿以宝华见遗，今以法华相上，详思其义，果报深美，到便诵习，以同道味。"弗加沙王得经读之，寻省反覆，亘然信解。喟然叹曰："道化真妙，精义安神国荣，五欲忧恼之元。累劫习迷，始今乃寤；顾视流俗，无可贪乐。"即召群臣，国付太子，便自剃头，行作沙门。法服持钵，诣罗阅祇城外，在陶家窑中寄宿。明日当入城分卫，食讫当至佛所，奉受经戒。

佛以神通知弗加沙明日食时，其命将终，故从远来不得见佛，又不闻经，甚可怜愍。于是世尊化作沙门，往至陶家，欲求寄宿。陶家语曰："向有一沙门在彼窑中，可往共止宿也。"把草入窑，坐于一面，问弗加沙："从何所来，师为是谁，以何因缘行作沙门，为见佛未？"弗加沙言："吾未见佛，闻十二因缘便作沙门，明日入城乃分卫已，当往见佛耳。"化沙门言："人命危脆，朝夕有变；无常宿对，卒至无期。但当观身，四大所由，合成散灭，各还其本。思惟觉意，空净无想。专念三尊，布施戒德。能知无常，见佛无异。方念明日，种无益想。"

时化沙门即说偈言：

夫人得善利，乃来自归佛。
是故当昼夜，常念佛法众。
已知自觉意，是为佛弟子。
常当昼夜念，佛与法及众。
念身念非常，念戒布施德。
空不愿无想，昼夜当念是。

时化沙门在于窑中，为弗加沙王说非常之要。弗加沙王思惟意定，即得阿那含道。

佛知已解，为现佛身光明相好。弗加沙王惊喜踊跃，稽首作礼。佛重告之曰："罪对无常，毕故莫恐。"弗加沙王言："敬奉尊教。"忽然别去。明日食时,弗加沙王入城分卫,于城门中逢新产犊牛[2]护犊,抵杀弗加沙王,溃腹命终,即生阿那含天。佛遣诸弟子耶旬[3]起塔,佛语诸弟子:"罪对之根,不可不慎。"

**【注释】**

[1] 弗加沙王与瓶沙王:弗加沙王,为古代中印大国的国王。瓶沙王,摩揭陀国历史上第一个著名的国王,信奉佛教,名频毗沙罗,约公元前五四四至前四九三年在位。

[2] 犊(zì)牛:犊,雌性牲畜。犊牛,母牛。

[3] 耶旬:指焚烧、火化。

**【译文】**

## 第六章 信守正念的喻理

### 十八 国王信奉佛教义理的故事

从前佛陀在世的时候,中印度的国王弗加沙王与摩揭陀国的瓶沙王关系亲密,十分友好。弗加沙王未曾听闻佛法,一天,他把用金、银、琉璃、水晶、砗磲、珊瑚、琥珀七宝制作的花送给瓶沙王,瓶沙王得到后将花供奉给佛陀。瓶沙王对佛陀说:"弗加沙王是我的好友,他送我这样珍贵的七宝花,现在我供奉给佛陀,希望能使弗加沙王心开意解,听闻佛法,供奉和尊敬僧人。我应当用什么物品,回报他的馈赠呢?"

佛陀对瓶沙王说:"你就抄写一部十二因缘经送给他,弗加沙王得到此经,必会有收获,从而理解和信奉佛法。"瓶沙王随即抄写了经卷,又附了一封信说:"您以七宝花送我,我用佛法之花回赠,请认真思考其中的义理,明了佛果之报的深邃美好,期待您接到佛经后,尽快诵念修习,以便我们可以一同体味佛法的真谛。"

弗加沙王得到佛经后，认真阅读反复思考，当下就领悟理解，并信奉了佛法。他赞叹说："佛法的教理真是美妙精微，能够令人心定神安、国家繁荣昌盛。而人们贪执爱的色、声、香、味、触五欲之乐，就是忧虑烦恼产生的根本。长久以来我积于陋习而痴迷不悟，直到今天才醒悟。看看世间的一切，并没有什么值得贪恋享乐的。"随即招来群臣，宣布将国家交给太子，自己剃须落发，出家修行去了。他拿着饭钵，穿着袈裟，一路走到摩揭陀国都王舍城外，在一家制陶作坊的瓦窑中寄宿。准备第二天进城乞食后，到佛陀的住所，奉行和接受佛教的戒律和经典。

佛陀以其神通知道弗加沙王第二天进城乞食时，正是他的生命终结之时。因此，弗加沙王从远处赶来却无缘见到佛陀，更不可能听到佛陀讲经说法了。佛陀心生悲悯，于是化身为一位普通出家人，前往制陶人家，要求住宿。制陶人家的主人说："已有一位出家人寄宿在瓦窑中，你可去和他住在一起。"于是佛陀抱了铺草来到瓦窑，坐在弗加沙王的对面，问弗加沙王："请问你从哪里来？你的师父是谁？什么原因使你出家修行？见过佛陀吗？"弗加沙王回答："我从未见过佛陀，只是因为学了十二因缘经的教义便出家修行了，明天进城托钵乞食后，我就前去拜见佛陀。"佛陀说："人的生命短暂而又脆弱。早晚之间就会发生变故。面对无常的随时降临，我们应当观想自己的身体是由地、水、火、风四大和合而成的，聚合离散，皆由因缘，一旦缘散而灭，就会还其本来面目。要有思维觉悟，远离妄想。专心定念佛、法、僧三宝，多做布施，守戒积德。若能了知一切无常，则如亲眼见到佛陀一样。一心想着明日之事，并无益处。"

这时佛陀随即用诗句说：

人若行善得福报，自觉皈依佛法僧。
日以继夜勤修持，心中常念出家人。

自觉证悟心意定，真正成为佛弟子。
日夜念诵经律论，信奉佛法敬僧众。
观想人身本无常，持戒布施积福德。
空观不能有妄想，人法二空心念中。

这时化身的出家人于瓦窑中，为弗加沙王解说人生无常之理。弗加沙王正定思维，摄心入定，即证得断除欲界一切烦恼的阿那含果。

佛陀心知弗加沙王已悟解法理，为他现出了光明美好、庄严无比的本来的佛身。弗加沙王惊喜雀跃，顶礼膜拜佛陀。佛陀语重心长地叮嘱他："当无常来临时，坦然面对，千万不要恐慌。"弗加沙王说："我将恭敬地信奉您的教诲。"佛陀随即瞬间消失。

第二天，弗加沙王进王舍城乞食，在城门中遇到一头刚生了牛犊的母牛，由于护犊而用牛角刺撞到弗加沙王的腹部，弗加沙王因此而身亡。死后当即往生至断除烦恼的天界。佛派弟子火葬了弗加沙王，并为他建造了舍利塔，佛陀对弟子们说："罪业是果报的根本原因，人们不可以不慎言、慎行。"

【辨析】

这篇故事篇幅虽然不长，却娓娓道来，引人入胜，而且题旨鲜明，寓意深刻。以弗加沙王送给瓶沙王珍贵的七宝之花为开端，然后通过瓶沙王回赠的礼物引出"您以七宝之花送我，我用佛法之花回赠"，说明佛法之花是人间最美的心花，它可以使接受者"详思其义，果报深美"。其中所隐喻的是七宝之花只是财富和权势的象征，而佛法之花则是智慧和觉悟的表现；暗喻诵读经书，心谙十二因缘的法理，可以了知和证得来世的妙果。

这种启悟式的情节设计，一方面在宝花和佛花的对比映衬之中表现出信守正念的主旨，另一方面又把信奉佛法，认识一切无常，以及人生难逃罪业的教义，在主人公弗加沙王命运的辗转变化中进行充分揭示。

  从整体上看，故事的发展舒缓有致，弗加沙从国王到出家人的身份转换也自然从容；厄运的降临和佛陀的"罪对之根，不可不慎"的告诫，都使读者在叹息之中，各有心得。

# 七

# 慈仁品

【题解】

无缘大慈、同体大悲是大乘佛教菩萨行的思想基础，表现了佛教对生命的关爱和尊重。佛教的慈悲与仁爱，并不仅仅局限于人，还包括一切生灵。从当代生命伦理的视阈考察，可以说，佛教的慈悲观，具有十分丰富的思想内涵。

【经文】

## 慈仁品第七

昔佛在罗阅祇，去国五百里有山，山中有一家，有百二十二人。生长山薮[1]，杀猎为业。衣皮食肉，初不田作。奉事鬼神，不识三尊。佛以圣智，明其应度，往诣其家，坐一树下。男子行猎，唯有妇女在，见佛光相，明照天地，山中木石，皆变金色。大小惊喜，知佛神人，皆往礼拜，供施坐席。佛为诸母人说杀生之罪行慈之福，恩爱一时，会有离别。诸母人闻经欢喜，前白佛言："山民贪害，以肉为食，欲设微供，愿当纳受。"佛告诸母人："诸佛之法不以肉食，吾已食来，不须复办。"因告之曰"夫人生世，所食无数，何以不作有益之食，而残害群生以自济活？死堕恶道，损而无益。人食五谷，当愍众生；蠕动之类，莫不贪生。杀彼活己，殃罪不朽；慈仁不杀，世世无患。"

于是世尊即说偈言：

> 为仁不杀，常能摄身。
> 是处不死，所适无患。
> 不杀为仁，慎言守心。
> 是处不死，所适无患。
> 垂拱无为，不害众生。
> 无所娆恼，是应梵天[2]。
> 常以慈哀，净如佛教。
> 知足知止，是度生死。

佛说偈已，男子猎还，诸妇听经，不复行迎。其夫惊疑，怪不如常，弃肉来归，谓有变故。至见诸妇皆坐佛前，叉手听经，瞋恚声张，欲图毁佛。诸妇谏曰："此是神人，勿兴恶意也。"即各悔过，为佛作礼。佛重为说不杀之福，残害之罪。夫主意解，长跪白佛："吾等生长深山，以杀猎自居。罪过累积，当行何法，得免重殃？"

于是世尊即说偈言：

> 履仁行慈，博爱济众。
> 有十一誉，福常随身。
> 卧安觉安，不见恶梦。
> 天护仁爱，不毒不兵。
> 水火不丧，所在得利。

死升梵天，是为十一。

佛说偈已，男女大小百二十二人，欢欣信受，皆奉持五戒。佛语瓶沙王："给其田地，赐与谷食。"仁化广普，国界安宁。

昔有大国王名和默，处在边境，未睹三尊圣妙之化。奉事梵志，外道妖蛊，举国奉邪，杀生祭祀，以此为常。时王母病，痿顿着床。使诸医师，不蒙汤药；遣诸医女，所在请求。经年历岁，未得除差。更召国内诸婆罗门[3]得二百人，请入令坐，供设饮食而告之曰："吾大夫人病困经久，不知何故乃使如此？卿等多智，明识相法、天地星宿，有何不可，具见告示？"诸婆罗门言："星宿倒错，阴阳不调，故使尔耳。"王曰："作何方宜使得除愈？"婆罗门言："当于城外平治净处，郊祠四山、日月星宿。当得百头畜生，种种各异类，及一少儿，杀以祠天。王自躬身，将母至彼，跪拜请命，然后乃差。"王即供办，如其所言，驱人、象、马、牛、羊百头，随道悲鸣，震动天地。从东门出当就祭坛，杀以祠天。

世尊大慈，普济众生。愍是国王，顽愚之甚。云何兴恶，杀众生命，欲救一人？于是世尊将从大众往到其国。在城东门道路逢王及婆罗门辈，所驱畜生，悲鸣而来。王遥见佛，如日初出，如月盛满，光相炳然，照曜天地。人民见者，莫不爱敬；所驱畜生，祭啜[4]之具，皆愿求脱。王即前进下车却盖，为佛作礼，叉手长跪问讯世尊。佛命令坐，问欲所至？拱手答言："国大夫人，得病经久，良医神祇，无不周遍。今始欲行解谢星宿、四山、五岳，为母请命，冀蒙得差。"

佛告大王："善听一言：欲得谷食，当行耕种；欲得大富，当行布施；欲得长命，当行大慈；欲得智慧，当行学问。行此四事，随其所种，还得其果。夫富贵之家，不贪贫贱之食，诸天以七宝为宫殿，衣食自然。岂当舍甘露之餐，来食粗秽也？祠祀淫乱，以邪为正,杀生求生,去生道远。杀害众命,欲救一人,安得如此?"

于是世尊即说偈言:

若人寿百岁,勤事天下神。
象马用祭祀,不如行一慈。

佛说偈时,即放光明,烈照天地,三涂、八难[5],莫不欢喜,各得其所。国王和默闻说妙法,又睹光明,甚大欢喜,即得道迹;病母闻法,五情悦豫,所患消除。二百梵志睹佛光相,重闻其言,惭愧悔过。愿为弟子,佛尽受之,皆作沙门,各得如愿。王及大臣请佛,供养一月乃去。以法治正,国遂兴隆。

**【注释】**

[1] 山薮(sǒu):指山中林密的地方。又指山野草莽,与朝廷廊庙相对。

[2] 梵天:指欲界六重天之上的色界四重天中的初禅天。

[3] 婆罗门:四种姓之一。古代印度将人分为四个不同的等级,即婆罗门(主管宗教和文化的最高等级),刹帝利(官吏),吠舍(各种从事自由职业的人),首陀罗(奴仆),各种姓之间界限森严。

[4] 啜(chuò):意为饮、吃。祭啜,祭祀的供品。也指畜生因作为供品而悲泣抽噎的样子。

[5] 三涂、八难:三涂即地狱、饿鬼、畜生三恶道。八难:佛家语,指修行佛法的八种障碍。又叫做八难处、八不闻时节、八无暇、八不闲、八非时、八恶。即生于地狱(不得见佛闻法)、饿鬼(无暇求证佛法)、畜生(无法听闻正法)、长寿天(无法修行佛法)、北俱卢洲(不闻教化,不修圣道)、盲聋喑哑(虽值佛世,却不能见佛闻法)、世智辩聪(排斥正法,信奉邪教)、生在佛前

佛后（不得见佛闻法）。对此佛教还有不同的说法。

【译文】

## 第七章　佛门仁慈的喻理

### 十九　教化猎人不杀生的故事

从前佛陀在摩揭陀国弘法，离这个国家五百里处有一座山，山中有一户人家，共有一百二十二口人。他们生活在深山野林，以猎杀动物为生。穿着兽皮，吃着猎来的肉食，从来不田耕劳作。他们供奉鬼神，未曾听闻佛、法、僧三宝。佛陀以圣明的智慧，明白应当度化他们。于是就来到他们当中，坐在一棵树下。此时这里的男人们都出门打猎去了，只剩下妇女。她们看见佛陀发出的光环，照亮了天地，照亮了山石、树木，所有的一切都变得金光灿灿。大人和小孩都十分惊喜，认为佛陀是具有神通之人，都顶礼膜拜，供奉他坐在上席。

佛陀为妇女们解说杀生的罪业和仁慈之福报，还解释无常之理。亲人即便恩爱非常，也难免有离别时刻。妇女们听了后觉得很受益，心中欢喜，纷纷上前对佛陀说："我们生活在山中，以猎杀动物为生，以肉为食，现在只能用野兽的肉来作供奉，希望您能够接受。"佛陀对妇女们说："佛法不食肉，我来之前已经吃过了，请不必为我准备了。"佛陀告诉大家："人生在世，赖以为生的东西很多，为什么不选用其他一些有益的东西做食物，而要以残害生灵为生呢？这样死后会堕入地狱、饿鬼、畜生三恶道，对自己只有损害，毫无益处。人应当食用五谷，要怜悯一切众生，动物也同样有生命，同样具有爱惜性命之本能。杀害动物养活自己而造成的罪业是无法消除的。心怀仁慈而不杀生，则世世代代永无忧患。"

这时佛陀用诗句说：

> 仁慈不杀生，身心皆收摄。
> 生灵无所害，人生无忧患。
> 不杀乃仁慈，慎言守善心。
> 生灵无所害，人生无忧患。
> 放下手中刀，普救众生灵。
> 烦恼无所有，往生色界天。
> 常存慈悲心，清净安乐身。
> 知足且知止，度脱生死劫。

佛陀说完偈句后，外出打猎的男人们回来了，发现妇女们没有像往常一样出门迎接他们，都感到很疑惑：今天是怎么回事？她们为什么不像往常那样？不知出了什么事，就赶快扔下猎物回到家中。只见妇女们都坐在佛陀的面前，双手合什正在聆听教诲。男人们气愤地大喊起来，还想动手打她们。妇女们赶紧劝说道："这是位神人，千万不可乱来。"男人们一听，赶紧礼拜佛陀表示悔过。佛陀又向男人们解说不杀生的福报，以及残害生灵的罪业。听了佛陀的开示，男人们跪拜佛陀说："我们生长在深山，以打猎为生，罪业深重，有什么办法才可以免除我们的罪业呢？"

于是佛陀说了一首偈子：

> 履行仁慈在世间，博爱周济众生灵。
> 免除三途八难事，积善福报常随身。
> 睡卧心安觉亦安，夜半永不见噩梦。
> 苍天护佑仁爱者，不受殃毒无刀兵。
> 水灾火患不丧生，所在之处得利益。
> 死后往升色界天，成为无忧天上神。

佛陀说完之后，人们个个欢欣鼓舞，信奉了佛理，受持五戒。

佛陀回城后对摩揭陀国的瓶沙王说："赐给猎户田地，让他们耕耘劳作，收获粮食。"佛陀以仁慈教化了这里的民众，从此以后，国家安定祥和。

## 二十　佛陀教化国王不杀生的故事

从前有一个大国，国王名叫和默，由于这个国家地处偏远，不知道佛、法、僧三宝，未曾听闻佛法圣明美妙的教化。他们信奉婆罗门教和六师外道，听信妖言，供奉邪教，一直以来，宰杀生灵以祭祀。当时国王的母亲得了重病，瘫痪在床。请来了医生，所用的汤药都不见效。派人四处寻找良医，经过了好多年，病一直没能治愈。于是，国王召集国内二百名婆罗门学者，请他们进宫，并供奉饮食，对他们说："我母亲病了很久了，不知道为什么会这样？你们都是有学识、有智慧的人，通晓天文地理，我有什么地方做得不妥，请明确地告诉我？"婆罗门说："这是日月星辰错位，以致阴阳失调导致的结果。"国王问："用什么方法可以治愈？"婆罗门说："应当在城外整理出一块平坦干净的地方，祭祀四方山神、日月星辰。要用一百头畜生，各种各样的食物，一个小男孩，杀了祭祀天神。国王要亲自祭拜，还要将母亲接到此地，跪拜祈祷神灵，然后病才能好。"国王随即照此备办，抓来一个小男孩，赶来象、马、牛、羊等一百头，准备杀了以祭祀天神，从城的东门出来向祭坛走去，只听到一路上悲鸣之声，震天动地。

佛陀大慈大悲，普度一切众生，怜悯这位国王的顽固愚蠢，为母亲治病竟用这样的方法。为什么要作恶？杀害这么多生命，为救一个人？于是佛陀带着弟子们来到这个国家。在城东门的道路上遇到国王以及婆罗门一行，被驱赶的畜生，一路悲鸣而来。国王远远看到佛陀，只见他如日东升，高霞万丈；如月圆满，照耀天地。看见佛陀的人们，无不敬爱；连当做祭祀供品的被驱赶的生灵，都悲泣抽噎，愿求解脱。国王随即向前，从车上下来，双手合什行礼，跪拜并问候佛陀。佛陀让国王坐下，然后问他们这是要做什么？国王施礼回答道："我母亲王太后，得病很久了，请了名医无数，拜了各方神灵，都不见效。今天要举行拜谢星辰、四方山神、五大名山的盛大祭奠，为母亲求福祈寿，希望她病体痊愈。"

佛陀告诉国王："请你认真地听我说：想要得到五谷粮食，就应当耕田播种；想要得到富贵，就应当广行布施；想要得到长寿，就应当大慈大悲；想要得到智慧，就应当广学多闻。这四种事都是根据所种的因，得到所要的果。富贵之家，不贪图贫困人家的饭食。天神以七宝装饰宫殿，衣食自然丰盛。他们怎么会舍弃天界如甘露之美食，来食世间粗陋污秽的饭食呢？血腥杀生的祭祀，是以邪恶代替正道，杀生灵乞求长寿，就离求生之道更远了。杀害众多的生命，来救一个人，怎么能这样做呢？"

于是佛陀随即用偈句说：

为人能活百年寿，殷勤供奉天下神。
象马牛羊来祭祀，不如世间行一善。

佛陀在说偈句时，当即放射出光明，照亮了三恶道和八难受苦的生灵，他们无不欢喜，都求得了心中所愿。国王和默听了美妙的佛法，又目睹了佛陀的金色身光，极为欢喜，随即接受了佛理；他的母亲听了佛法后，精神愉悦，心情放松，所得病也好了许多。二百婆罗门初学者目睹了佛陀光明庄严的身相，又听闻了法言，惭愧地表示悔过。希望成为佛弟子，佛陀接受了他们的请求，让他们皈依佛教出家修行，各如所愿。国王以及大臣们请佛陀接受供养，佛陀一个月后才回去。从此，国王以佛法治国，国家于是兴旺发达。

【辨析】

这两篇譬喻故事，旨在宣扬仁慈博爱、戒杀护生的教义。教化对象不同，内容也有很大差异。

在教化猎人的故事中，以猎人居住深山比喻人生的无奈；以打猎食肉隐喻无知的恶行；猎人们打猎为生，是自然法则的选择，是生存的需要。佛教要教化众生，使其去恶向善，首先要贴近生活，要关怀众生。这个故事中佛陀的教化是先由妇孺开始，再过渡到猎人。在故事的结尾，明确交代了猎户的出路，让国王"给其田地"，过上了播种耕耘，收获五谷的生活，从而放弃了"衣皮食肉"，也就不再杀生了，读来令人感到欣慰。

这个故事情节生动，描写细腻。如"男子猎还，诸妇听经，不复行迎。其夫惊疑，怪不如常，弃肉来归，谓有变故"，对猎人的描绘，从神情、行为到心理活动，都表现得鲜活生动，宛如在眼前。

第二个故事是对国王的教化，内容相对复杂，其中涉及了社会生活的许多方面。

首先，体现的是王室的权威和尊贵。国王的母亲身患重病，从"遣诸医女"且"更召国内诸婆罗门得二百人"，可以看出，王权的强大已经使得婆罗门神权处于服务于王室的地位。这反映出在佛陀时期，婆罗门的权力和地位已经开始动摇，不再是至高无上的。

其次，此时各种思想学说相继出现。"外道妖蛊，举国奉邪，杀生祭祀，以此为常"，折射出佛教创教之初，印度思想文化界百花齐放、百家争鸣的局面。佛教在这一时期也得到了很大的发展，乃至于大有取代婆罗门教的趋势，连国王见了佛陀也要"前进下车却盖，为佛作礼，叉手长跪问讯世尊"。同时，"二百梵志"也"愿为弟子，佛尽受之，皆作沙门"。

另外，佛陀劝阻国王杀生祭祀，"杀生求生，去生道远。杀害众命，欲救一人，安得如此"？体现了大慈大悲的教义和故事的立意。其中佛陀以佛法为其母亲开示，最终使其母亲"五情悦豫，所患消除"，恢复了健康，乍一听，似乎并不能使人完全信服。其实，我们可以做这样的理解：佛陀本身深谙医术，他根据王母的病情，为其介绍了几种缓解病痛的方法，又通过解说一切无常的教义，为其进行心理疏导，最终使王母心中豁然开朗，病痛自然就减轻了许多，是完全可能的。

这个故事的语言颇具特色，铺张扬厉又通俗流畅。尤其是"欲得谷食，当行耕种；欲得大富，当行布施；欲得长命，当行大慈；欲得智慧，当行学问"，所言内容既符合生活常理，浅显易懂；又识见奇伟，警策透辟。加上排比句式的运用，大大增强了说服力，产生了令人不容置疑的效果。

# 八

# 言 语 品

【题解】

语言是思维的表现形式。佛教对语言的作用有独特的认识，这种认识与业力果报学说有着密切的联系。所谓业力不失，体现在身、口、意三业中，口业也有过去、现在、未来三世的关联。因此，慎思、慎言、慎行三者既各有侧重，又相互联系，不可偏废。

【经文】

## 言语品第八

昔弗加沙王入罗阅祇城分卫，于城门中为新产㸰牛所抵杀。牛主怖惧，卖牛转与他人。其人牵牛欲饮之，牛从后复抵杀其主。其主有子，瞋恚取牛杀之，于市卖肉。有田舍人买取牛头，贯担持归。去舍里余，坐树下息，以牛头挂树枝上，须臾绳断牛头来下，正堕人上，牛角刺入，即时命终。一日之中，凡杀三人。瓶沙王闻之，怪其如此，即与群臣行诣佛所，到作礼毕却坐王位，叉手白佛言："大可怪，世尊。一头㸰牛而杀三人，将有变故？愿闻其意。"

佛告瓶沙王："罪对有原，非适今也。"王曰："愿闻其由。"佛言："往昔有贾客三人，到他国治生，寄住孤独老母舍，应雇舍直[1]，见老母孤独，欺不欲与，伺老母不在，默声舍去，竟不与直。老母来归不见贾客，即问比居，云：'皆已去。'老母瞋恚，寻后追逐疲顿乃及，责索舍直。三贾客逆骂詈[2]言：'我前已相与，云何复索？'同声共抵，不肯与直。老母单弱不能奈何，懊恼咒誓语三贾客：'我今穷厄，何忍欺抵于我？愿我后世所生之处，若当相值，要当杀汝，正使得道，终不相置也，杀汝乃休，不尔不止。'"佛语瓶沙王："尔时老母者，今此牸牛是也；三贾客者，弗加沙等三人为牛所抵杀者是也。"

于是世尊即说偈言：

> 恶言骂詈，憍陵蔑人。
> 兴起是行，疾怨兹生。
> 逊言顺辞，尊敬于人。
> 弃结忍恶，疾怨自灭。
> 夫士之生，斧在口中。
> 所以斩身，由其恶言。

佛说是时，瓶沙王官属一切，莫不恭肃，愿崇善行，作礼而去。

【注释】

[1] 舍直：房费、住宿的费用。

[2] 骂詈（lì）：责骂。直面斥责为骂，旁敲侧击为詈。

【译文】

## 第八章　语言的喻理

### 二十一　老妇兑现誓言的故事

从前出家修行的弗加沙王，来到摩揭陀国王舍城乞食，在城东门被刚生了牛犊的母牛用角顶死了。母牛的主人很害怕，就把母牛卖给了别人。这个买下牛的人在牵牛饮水时，牛从身后又顶死了他。他的儿子，一怒之下杀了母牛，拿到市场上去卖。一位种田人买了牛头，用担子挑着回家。在离家还有一里多路时，停下到路边的大树下休息，把牛头用绳子拴住挂在树枝上，不料绳子忽然断了，牛头砸了下来，正巧落在他的身上，牛角刺中了他，当即毙命。一天之中，这头母牛一连杀死三人。摩揭陀的国王瓶沙王知道后，感到十分奇怪，随即和大臣们一起来到佛陀的住所，礼拜之后坐下，双手合什对佛陀说："这实在是太奇怪了！有一头母牛一天杀了三个人，这其中有什么因缘吗？希望至尊的您能解说。"

佛陀告诉瓶沙王说："罪业本有原委，并非今天才有。"国王说："希望您解说。"佛陀说："从前有三位商客，去别的国家做生意，在半路上寄住在一位孤独老妇人家中，本来应当付给老妇人房费，但他们见老妇人孤独一人，无靠无助，就想欺负她，不付房费。于是趁老妇人不在时，偷偷离去，没有付钱。老妇人回来后看见商客不在，随即就问邻居，邻居说：'都已经走了。'老妇人非常气愤，立刻去追，一路奔跑才追上他们，责备并向他们索要房费。三位商客不仅不给，反倒责骂老妇人说：'我们已经给了你，为什么还索要？'他们异口同声共同抵赖，不肯给老妇人房费。老妇人身单力薄，不能奈何他们，懊恼之下就对三位商客发誓说：'我今天这样穷困，你们为什么还要欺负我？但愿我如果后世转生，碰上你们的话，一定要杀死你们，即使我得不到好报，也不放弃，杀死你们我才罢休,否则绝不停止。'"佛陀对瓶沙王说:"当时的老妇人,就是今天的母牛;三位商客,就是弗加沙王、买牛人、买牛头的人,即三位被母牛顶死的人。"

于是佛陀随即用诗句说:

> 恶言口中出,盛气凌他人。
> 一时起恶行,当即怨怒生。
> 谦逊好言辞,敬人不傲慢。
> 时时忍恶念,怨恨自灭除。
> 人生在世间,利斧在口中。
> 身斩命丧者,皆由恶言语。

佛陀解说时,瓶沙王和大臣们,无不洗耳恭听,都表示要崇尚善行,然后礼拜佛陀而去。

【辨析】

这篇故事立论的前提是佛教的业力果报和轮回学说。故事中以恶言比喻"杀生利斧",在悲剧性的情节中巧妙地运用了一连串巧合,寄寓恶言相害,遗患无穷的道理,蕴含了因果报应的教义。如弗加沙王在城门被呵护牛犊的母牛顶死、买牛人被牛从背后顶死、买牛头的农夫被自己挂在树上的牛头砸死,这一系列看似巧合的"变故"中,却包含着不可避免的因果关系。

故事的起因是三个商客的赖账和"逆骂詈言",使老妇人面对他们,"单弱不能奈何",于是发誓要"愿我后世所生之处,若当相值,要当杀汝,正使得道,终不相置也,杀汝乃休,不尔不止",也就显得可以理解。以致最终了结了心愿,导致了"一头牸牛而杀三人"的结局。这说明欺人太甚,定遭天谴;恶有恶报,机缘一到,不差分毫。劫数难逃。

故事情节的发展既自然天成、一线到底，又不枝不蔓、脉络清晰。佛陀生动的讲述，鞭挞了那些恩将仇报、不讲信义、贪婪凶残的恶人与小人，也使读者通过感性形象理解抽象理论，将佛教善恶有报，业力不失的教理体现得尤为突出。

在人物形象的塑造上也很有特点。老妇人个性十分执著，为了追讨房费，她穷追不舍："追逐疲顿"、"责索舍直"。在商人赖账后她又发出毒誓，说自己今生虽无力，斗不过他们，来世即使成为异类，也要"杀汝乃休"。即今生没能讨回的债，来生还要接着再讨，这种不达目的誓不罢休的精神，给人留下了深刻的印象。

# 九

# 双 要 品

【题解】

所谓双要，意在以善恶来说明善恶二业的果报。其特点在于无论是讲述故事，还是阐发义理；无论散句还是偈句，都不单独叙述，而是两两相对，互为印证。言善必举恶，以恶彰显善，形成善恶并举，互显章旨的意趣，从而达到在对比映衬中揭示喻理的目的。

【经文】

## 双要品第九

昔舍卫国王名波斯匿，来至佛所，下车却盖，解剑脱履，拱手直进，五体投地稽首足下长跪白佛："愿以来日于四街道施设微食，欲使国人知佛至尊，愿令众生远鬼妖蛊[1]，悉奉五戒以消国患。"佛言："善哉，夫为国主宜有明导，率民以道，求来世福。"王曰："至真请退严办。"手自为馔，身往奉迎佛与众僧，俱至四衢[2]。佛至就座，即行澡水手自斟酌。佛饭食毕，于四道头为王说法，观者无数。

时有两商人，一人念曰："佛如帝王，弟子犹忠臣，佛陈明法，弟子诵宣，斯王明矣，知佛可尊，屈意奉之。"一人念曰："斯王愚哉，尔为国王将复何求？佛者若牛，弟子犹车，彼牛牵车，东西南北，佛亦如是，子有何道而下意奉之？"二人俱去行三十里，亭宿沽酒共饮平论属事。其善念者四王[3]护之，其恶念者太山鬼神，令酒入腹如火烧身，出亭路卧宛转辙中，晨商人车五百乘，轹杀[4]之焉。伴明日求之已然，曰："还国见疑，杀人取物去。"不义轻身，委财逝至。

他国国王崩亡，无有大子，谶书云："中土有微人当王斯土。"故王有神马，任王必屈膝。即具严驾，神马印绶[5]，行求国主，观者数千。商人亦出，国太史曰："彼有黄云之盖，斯王者气也。"神马屈膝，舐商人足，群臣豫作香汤澡浴，拜为国王。于是遂处位，听省国事。深自思曰："余无微善，何缘获此？必是佛恩使之然也。"即与群臣向舍卫国遥稽首曰："贱人无德，蒙世尊慈恩，得王此国。明日愿与应真众，俱垂意顾斯，一时三月。"

佛告阿难："敕诸比丘，明日彼王请，皆当作变化，令彼国王人民欢喜。"各作神足往到彼国，皆次就座，如法俨然。下食毕讫澡手，为王说法。王曰："吾本微人，素无快德，何缘获斯？"

佛告王曰："昔彼大王饭佛于四衢道，王心念言：'佛如国王，弟子犹臣下。'王种斯核，今自获果。后一人云：'佛者若牛，弟子犹车。'彼人自种车轹之核，今在太山地狱为火车所轹。自获其果，然非王勇健所能致矣。为善福随，为恶祸追，此为自作，非天龙鬼神所不能与此。"

于是世尊即说偈言：

心为法本，心尊心使。
中心念恶，即言即行。

罪苦自追，车轹于辙。
心为法本，心尊心使。
中心念善，即言即行。
福乐自追，如影随形。

佛说经偈已，王及臣民听者无数，皆大欢喜，逮得法眼。

昔长者须达买太子园田[6]，共造精舍奉上世尊，各请佛及僧供养一月。佛为二人广陈明法，皆得道迹。太子祇陀欢喜还东宫，叹佛之德，作乐自娱。祇弟琉璃，常在王边，时王素服与诸近臣及后宫夫人，往诣佛所稽首礼毕，一心听经。

琉璃在后，典卫御座。时诸佞臣阿萨陀等，奸谋启曰："试着大王印绶，坐御座上，如似王不？"于是琉璃即随其言，被服升座，诸佞臣等皆共拜贺："正似大王，千载遭遇，黎庶之愿，岂使东宫窥觎[7]于此？此之御座岂可升而复下也？"即率所从，贯甲拔剑，自就到祇洹精舍，斥徙大王不得还宫，与王官属战祇洹间，杀王近臣五百余人。王与夫人播迸，晨夜至舍夷国[8]，中道饥饿，王啖芦菔[9]腹胀而薨[10]。于是琉璃遂即专制，便拔剑入东宫斫杀兄祇。祇知无常，心不恐惧颜色不变，含笑熙怡甘心受刃，命未绝间，闻虚空中自然音乐，声迎其魂神。

佛于祇洹即说偈言：

造喜后喜，行善两喜。
彼喜惟欢，见福心安。
今欢后欢，为善两欢。
厥为自祐，受福悦豫。

是时琉璃王寻兴兵众，伐舍夷国。杀害释种道迹之人，残暴无道，五逆[11]兼备。佛记琉璃不孝不忠，众罪深重，却后七日当为地狱，火所烧杀；又太史记，记与佛同。王大怖慑，即乘船入江。"吾今处水，火焉得来？"七日日中，有自然火从水中出，烧船覆没，王亦被烧，恐怖毒热，忽然沈终。

于是世尊即说偈言：

> 造忧后忧，行恶两忧。
> 彼忧唯惧，见罪心懅。
> 今悔后悔，为恶两悔。
> 厥为自殃，受罪热恼。

佛说是已告诸比丘："太子祇者，不贪荣位，守死怀道，上生天上安乐自然；琉璃王者，狂愚快意，死堕地狱，受苦无数。一切世间豪贵贫贱，皆归无常，无长存者。是以高士殒命全行，为精神宝。"佛说是时，莫不信受。

昔者阇崛山后，有婆罗门七十余家，宿福应度。佛到其村，现道神化。众人见佛光相巍巍，莫不敬伏。佛坐树下问诸梵志："居此山中为几何世，有何方业以自供给？"答曰："居此以来三十余世，田作畜牧以此为业。"又问："奉修何行，求离生死？"答曰："事日月水火，随时祭祠。若有死者，大小聚会，唱生梵天，以离生死。"佛语诸婆罗门："夫田作畜牧，祭祠日月水火，唱叫生天，非是长存，离生死法。极福无过二十八天，无有道慧还堕三涂；唯有出家修清净志，履行寂义，可得泥洹。"

于是世尊即说偈言：

> 以真为伪，以伪为真。
> 是为邪计，不得真利。

知真为真，见伪为伪。
是为正计，必得真利。
世皆有死，三界无安。
诸天虽乐，福尽亦丧。
观诸世间，无生不终。
欲离生死，当行道真。

七十婆罗门闻佛所说，欣然意解，愿作沙门。佛言："善来比丘。"须发自堕，皆成沙门。佛与比丘共还精舍，至于中路，顾恋妻息，各有退意。时遇天雨，益怀忧惨。佛知其意，便于道边化作数十间舍，入中避雨，而舍穿漏，佛因舍漏而说偈言：

盖屋不密，天雨则漏。
意不惟行，淫泆为穿。
盖屋善密，雨则不漏。
摄意惟行，淫匿不生。

七十沙门闻说此偈，虽强自进，犹怀瞢瞢[12]。雨止前行，地有故纸，佛告比丘取之，受教即取。佛问比丘："以为何纸？"诸比丘白佛："此裹香纸，今虽捐弃，处香如故。"佛复前行，地有断索，佛告比丘取之，受教即取。佛复问曰："此何等索？"诸比丘白佛："其索腥臭，此系鱼之索。"佛语比丘："夫物本净，皆由因缘以兴罪福。近贤明则道义隆；友愚闇则殃罪臻。譬彼纸索，近香则香，系鱼则腥，渐染玩习，各不自觉。"

于是世尊即说偈言：

鄙夫染人，如近臭物。
渐迷习非，不觉成恶。

贤夫染人，如附香熏。
进智习善，行成芳洁。

七十沙门重闻此偈，知家欲为秽薮，妻子为桎梏，执信坚固。往至精舍，摄意惟行，得罗汉道。

## 【注释】

［1］妖蛊（gǔ）：意为以邪术害人。蛊，艳丽浮靡。

［2］四衢（qú）：四通八达的道路。

［3］四王：即持国、增长、广目、多闻四天王，他们住在须弥山四方的山腰，护持四方天下，故名。

［4］轹（lì）杀：意为被车轮碾死。轹，车轮碾压。

［5］印绶（shòu）：古时印章和系印的丝带。这里指由神马把王印佩带在身。

［6］长者须达买太子园田：长者须达，是波斯匿王的大臣，他乐善好施，慈孤济贫，故又被称为给孤独长者。他买下了舍卫国太子祇陀的林园，故简称为祇树或祇林，随后建精舍献给了佛陀，因此称为祇树给孤独园。

［7］窥窬（kuī yú）：原文为古今皆无的异体字，据文意改为窥窬，指觊觎，希求。

［8］舍夷国：舍夷，贵族姓氏。舍夷国，即迦毗罗国。

［9］芦菔（fú）：即萝卜。

［10］腹胀而薨（hōng）：意指肚子肿胀而死。薨，古时指王侯之死。

［11］五逆：指五种极恶的行为。即杀父、杀母、杀阿罗汉、出佛身血、破和合僧（破坏僧人之间的和睦）。又名五逆罪、五无间业或五不救罪。

［12］瞢瞢（méng méng）：指昏昧，糊涂。

【译文】

## 第九章　善恶对比的喻理

### 二十二　敬佛与谤佛两种结局的故事

从前舍卫国的波斯匿王，来到佛陀的住所，下车后揭去伞盖，解下佩剑，脱下鞋子，恭敬地进去，五体投地礼拜佛陀后说："我想明日在城里的东、西、南、北四条大街的路旁布施饭食，以便使国人知道至尊无比的佛陀，希望能使众生远离妖魔鬼怪的蛊惑，都奉持佛教不杀生、不偷盗、不邪淫、不妄语、不饮酒五戒，以消除国家的祸患。"佛陀说："很好，作为国王应当有明确的指导思想，率领民众走正确的道路，求得来世的福报。"国王说："至诚至真地恭请您，对不认真准备的人要严肃惩办。"第二天国王亲手做了斋饭，起身前往恭迎佛陀与众僧人，一起来到四通八达的大街上。请佛陀就座，国王洗了手亲自为佛陀盛满斋饭。佛陀用完斋饭后，于四条大街的交汇处为国王解说佛法，引来了无数围观者。

这时有两个商人，其中一个说："佛陀好比帝王，弟子犹如忠臣，佛陀陈明佛法，弟子传诵宣扬，国王英明，知道佛陀至尊无比，诚意供奉。"另一个讲："国王愚蠢，身为国王还有什么所求的呢？佛陀好比牛，弟子犹如车，牛牵引着车，东、西、南、北四方任意而行，佛陀也是如此，又有什么正道可言和刻意供奉他呢？"这两人一起离开了，在出城后三十里的地方，在亭子里休息，买了酒一边共饮一边交谈。心中恭敬佛陀的那个商人，有四位天王护佑，那位对佛陀心存恶念的商人因有大力鬼神作祟，结果酒入腹中如火烧身，走出亭子醉倒在半路，卧于车辙之中。第二天早晨，心存善念的商人赶着五百辆车出发，车轮碾过压死了醉倒的商人。本来要一同上路的同伴，不料发生了这样的事情。商人心想："回国我会遭到人们的怀疑，认为我杀人劫货，做出这种不义的事。"于是就逃到别国去了。

刚好这国的国王驾崩，没有儿子继位，大臣看相书说："中印有一位卑微的人应当成为国王。"已故的国王有一匹神奇的马，见到国王会行屈膝礼。大臣们随即配好马鞍，把王印挂在神奇马的身上，让它出去寻找国主，围观的有好几千人。这位商人也出来观看，这时史官看见他说："你有祥云盖顶，这是王者气象。"那匹神奇的马也行屈膝礼，舔舐商人的脚，大臣们把预先准备好的香汤让商人洗浴，跪拜他为国王。于是商人坐上王位，处理国家的事务。这位国王自己深思："我并没有什么善行，是什么因缘获得如此福报呢？一定是佛陀恩泽护佑的结果。"随即与大臣们向舍卫国的方向遥拜："我这卑贱的人并无德行，承蒙我佛慈悲，使我成为国王。明天就发心证悟法理，都诚意信佛，礼请三个月。"

佛陀告诉阿难："提醒弟子们，明天有国王礼请大家，应当教化，使国王和人民快乐。"第二天佛陀和弟子们运用神足通前往该国，按次序就座，仪式庄严隆重。享用饭食洗漱完毕后，就为国王解说佛法。国王说："我原本是一个卑微的人，也没有德行，是什么因缘获得如此福报呢？"

佛陀告诉国王："从前波斯匿王在通向四方的大街给佛陀供斋饭，国王心里说：'佛陀好比国王，弟子犹如忠臣。'国王过去种下了善的种子，今天获得善果。而另一个人说：'佛陀好比牛，弟子犹如车。'这个人自己种下了车碾的种子，今天在大山重压的地狱被火烧和车碾，这都是自得其果，并非国王勇猛强健所能得到的。为善的福德相随，为恶的灾祸追随，这都是自己造作所得，不是天龙八部大力鬼神所能给予的。"

于是佛陀用偈句说：

　　心实为法本，一切心使然。
　　心生恶意念，言语随即行。

罪业自追寻，车轮碾压死。
心实为法本，一切心使然。
心生善意念，言语随即行。
福德自追寻，影形不可分。

佛陀说完，国王以及大臣和无数听讲的民众，都皆大欢喜，悟得佛法真谛。

## 二十三　琉璃王篡夺王位的故事

从前长者须达多买了舍卫国太子祇陀的林园，他们共同建造了寺院供奉佛陀，分别礼请佛陀和弟子们，供养他们一个月。佛陀为须达多和太子祇陀二人广泛深入地解说佛法，使他们都证得佛理。太子祇陀心中十分欢喜，回到东宫后，常赞叹佛陀的恩德，奏乐欢娱。祇陀的弟弟琉璃，常常跟随在国王身边。一次，国王穿上便服与大臣们以及后宫夫人一道，前往佛陀的住所，虔诚拜佛，专心听佛陀讲经。

留下琉璃在后殿，守卫着象征王权的宝座。这时密谋已久的奸臣阿萨陀等人，对琉璃说："您佩戴上国王的大印，坐在国王的宝座上，看像不像国王？"于是琉璃就按他们所说的那样，穿上皇袍，登上了宝座，奸臣们都一起共同拜贺："您就像国王一样。这是千载难逢的机会，也是黎民百姓的心愿，怎么能让东宫的太子祇陀坐上王位呢？坐了宝座怎么可以再下来呢？"于是，琉璃立即率领随从，披甲拔剑，全副武装来到祇陀的林园，责令父王不得回宫，与国王的大臣和卫队血战于林园，杀死国王身边的大臣五百多人。国王与夫人只好逃亡，日夜兼程，赶往舍夷国，半路上饥饿难耐，采食萝卜充饥，结果国王吃了萝卜腹胀而死。随后琉璃实行专制统治，拔剑闯入东宫想要杀害哥哥祇陀。祇陀知道难免一死，他毫不恐惧，面不改色，含笑从容地面对屠刀，在生命结束的瞬间，听到空中传来天籁之音，美妙的声音是来迎接他的魂魄的。

佛陀在寺院随即用诗句说：

> 种下喜悦随后喜，修福行善为两喜。
> 喜悦欢乐相继来，看见福报心里安。
> 今日欢乐后亦欢，为善积德两欢乐。
> 只有自己造福祐，享受福报心欢悦。

此后琉璃王兴师动众，讨伐舍夷国。杀害信奉佛教的民众，残暴无道，做尽五逆罪业。佛陀了知琉璃不忠不孝，罪孽深重，七天后会被大火烧死，堕入地狱；国之太史占卜之结果也与佛陀预言相同。琉璃王极为害怕，当即乘船入江。心想："我现在水面之上，火从何而来？"他以为这样可以躲过火劫。结果，七天后的中午，有自燃之火从水中喷出，船燃烧起来，很快就沉没了，琉璃王也被火烧死，热浪滚滚令人十分恐怖，琉璃王瞬间就沉入江中。

于是佛陀随即用诗句说：

> 种下灾祸后有忧，自造恶业为两忧。
> 灾祸恐惧相继来，罪业报应心难安。
> 后悔今日悔来世，为恶造孽两悔恨。
> 皆为自身惹祸殃，地狱受罪热火烧。

佛陀说完后告诉弟子们："太子祇陀不慕荣华富贵，不贪图王位，至死心怀善念，往生天界安享快乐；琉璃王恣情快意，死后堕入地狱，遭受无穷苦难。世间的所有人们，无论豪门权贵还是贫贱百姓，最终都不免一死，不能够永世长存。所以高尚的人修行佛理，即使舍弃性命，也要死守善道，为后世留下思想和精神的财富。"佛陀说到这里，听众无不信奉接受。

## 二十四　佛陀教化七十位婆罗门教信奉者的故事

从前在摩揭陀国首都王舍城东北侧的灵鹫山后，住着七十多户信奉婆罗门教信奉者的人家，根据他们过去所积的福报应当得到度化。佛陀就来到这个村子，现身说法教化他们。大家看见佛陀威仪庄严，神采奕奕，无不俯仰恭敬。佛陀坐在树下问婆罗门教信奉者："你们居住在山中有多少代了，以什么方式谋生呢？"回答说："居住在这里已经三十几代了，以种田和畜牧业为生。"佛陀又问："信奉修行什么，怎么求得脱离生死的苦海呢？"回答说："信奉自然界的日、月、水、火，随时祭祀祈福。一旦遇到有人死去，全村老少就聚会在一起，吟诵赞歌祝死者往生清净的色界初禅天，以脱离生死的苦难。"佛陀对婆罗门教信奉者说："种田和从事畜牧业，祭祀日、月、水、火等自然现象，吟诵赞歌祝死者升天，这不是长存之道，也不是脱离生死苦难的方法。其福报超不过三界二十八天，没有智慧还会堕入地狱、饿鬼、畜生三恶道；只有出家修行清净智慧，躬亲践行，体悟静寂之义理，才可以证得涅槃境界。"

于是佛陀随即用诗句说：

若将真理认作伪，则会将伪认作真。
因为信奉邪说教，不能得到真利益。
知道真理才为真，认识伪善才为伪。
奉行正念守正行，必将得到真福利。
世上皆有生与死，三界之中无安宁。
天界生灵虽快乐，福报享尽亦丧命。
观想世间一切人，生命无有不终结。
要想脱离生死苦，应当修行佛真谛。

七十位婆罗门教信众听了佛陀解说的义理后，欣然领悟接受，愿意出家修行。佛陀说："来吧，出家人。"他们的须发自然脱落，当下都成为出家修行者。佛陀与这些弟子们在回寺院的路上，有人牵挂和眷恋妻子儿女，各自萌生退缩之意。这时正好遇上下雨，凄惨悲凉的气氛更增加了他们心中的忧伤和怀念。佛陀知道大家的心思，便在路边变出几十间房屋，大家都进到房子里避雨，而这时雨透过屋顶漏了下来，佛陀就借机用诗句说：

盖房屋顶不严密，阴雨连绵必漏雨。
修行意志不坚定，淫逸之念穿心房。
盖房屋顶盖严密，天降雨时必不漏。
正信定意来修行，淫逸之心则不生。

七十位出家人听了佛陀的解说后，虽然打起了精神勉强前行，但心中仍有疑惑。雨停了以后大家继续向前行走，看见地上有一张纸，佛陀让弟子拿过来，弟子就捡了起来。佛陀问弟子们说："你认为这张纸是用来做什么的呢？"弟子们回答说："这是一张用来包香料的纸，虽然被舍弃了，但纸上的香味还在。"他们继续向前行走，看见地上有一根断了的绳索，佛陀让弟子拿过来，弟子就捡了起来。佛陀问弟子们说："这根绳索是用来做什么的呢？"弟子们回答："这根绳索有腥臭味，是一根系鱼的绳索。"佛陀对弟子们说："事物本自清净，由于因缘和合产生罪业和福德。亲近贤明之人则道义兴隆；与愚昧无知之人为友则遭殃受罪。这就好比纸和绳子，纸近香则香，绳系鱼则腥，人在不知不觉中就逐渐染上了顽劣习气。"

于是佛陀随即用诗句说：

顽劣习气污染人，如同接近腥臭物。
渐渐迷恋成习惯，不觉之间已成恶。

跟随贤明通达人，如附香熏自留馨。
修习智慧积善德，行为高洁志芬芳。

　　七十位出家人听了佛陀解说诗句后，认识到迷恋家室则不得清净，妻子儿女是阻碍修行的枷锁，从而信念更加坚定。他们和佛陀一起来到寺院，一心一意修行，因而证得了罗汉果位。

**【辨析】**

　　本篇的三个比喻故事都是通过善恶对比的手法来阐发义理的。

　　第一个故事情节的发展和人物命运的安排，是围绕两位商人的对话而来的。对话的内容是对佛陀的议论，说出了各自眼中、心中的佛陀形象。一个说"佛如国王，弟子犹臣下"，另一个则说"佛者若牛，弟子犹车"，两人所言都用了比喻，但喻义却迥然不同，结局就更大相径庭，由此形成了三组多重喻义的对比：

　　第一组，一人明喻佛陀如王，至高无上；隐喻佛法传遍天下，世人共仰；暗喻违背法理者，要遭天谴。另一人明喻佛陀如牛马，任人驱赶；隐喻佛法无人信，人人回避；暗喻相信法理者，要遭人驱使。这组喻义的对比，也是本篇故事的核心所在。

　　第二组，是"弟子如忠臣"和"弟子如车"的比喻，前者说的是忠诚和信奉，后者则是使役和永远被动的服从。

　　第三组，是两位商人命运的对比，一个成为国王，一个被压死后堕入地狱。一个将佛陀比喻为国王种下了善的种子，今天获得善果；一个将佛陀比喻为牛种下了罪恶的种子，被车轮碾死后处于大山重压下的地狱。最后明示：为善的福德相随，为恶的灾祸追随。形成善与恶的鲜明对比，其精巧缜密的构思，喻理的层层深入，的确令人赞叹不已。

　　第二个故事是琉璃王兄弟二人两种果报的比喻故事，同样也采用了对比手法。太子祇陀信守佛理而升上天界，弟弟琉璃王谤佛而下了地狱。

　　故事中对弟弟琉璃王在奸臣的怂恿和诱使下，穿上皇袍，登上王位的情景以及之后弑父杀兄等一系列残暴行为，描写得十分精彩，巧设悬念，引人入胜，生动展示了琉璃王的野心、狠毒和奸臣们的邪恶、阴险。对太子祇陀面对琉璃王加害时的表现描写得更为出色，既有对人物神情意态、精神气质的刻画，又有对气氛的渲染烘托。先写太子祇陀以了知无常，参悟生命的智慧，面对屠刀，含笑以对，从容赴死。再以空中响起迎接他的魂魄的天籁之音，为其生命抹上了一道亮色，昭示出其精神的不朽，故虽死犹荣，给读者留下无尽的回味。

　　第三个故事通过信佛犹如熏香，奉婆罗门若腥臭两个比喻形成对比。佛陀用一张废纸、一根断绳开示弟子，从物之气味，推知物之用途，以喻善恶之理。一方面隐喻世俗欲望的浊臭污染，另一方面又隐喻佛法的清香隽永。因此，废纸、断绳之"味"的描述，起到了一石二鸟的功效。"鄙夫染人，如近臭物。贤夫染人，如附香熏"，设喻取譬，信手拈来，因事见理，以小见大，以具体感性的形象，让人去体会与领受"渐迷习非，不觉成恶。进智习善，行成芳洁"的道理。

　　这篇故事中穿插了三首偈子，既相互关联又各有寓意，第一首比喻教义，第二首比喻人生，第三首比喻修行。本篇是诗句和散文珠联璧合、相得益彰的佳作。

# 放逸品

【题解】

所谓放逸，即放纵自己的身心言行，无所顾忌，随心所欲；或者无度地追求逸乐，没有约束。佛教认为人如果放纵欲望，不知节制，就会造成种种恶果，害人害己。出家人如果内心放逸，就不能持守戒律，精勤修习，不得解脱生死，成就道果。

【经文】

## 放逸品第十

昔佛在世时，有五百贾客，从海中出。大持七宝，还归本国。经历深山，为恶鬼所迷，不能得出，粮食乏尽，穷顿困厄，遂皆饿死。所赍[1]宝货，散在山间。

时有沙门在山中学，见其如此，便起想念："吾勤苦学道积已七年，不能得道，又复贫穷无以自济。此宝物无主，取之持归，用立门户。"于是下山，拾取宝物，藏着一处，讫便出山，求呼兄弟，负驰持归。方到道半，佛念比丘应当得度。佛便化作一比丘尼，剃头法服,庄面画眉,金银璎珞,随谷入山。道逢沙门,头面作礼,问讯起居。道人呵比丘尼曰:"为道之法,应得尔不?剃头着法衣,云何复庄面画眉,璎珞身体也?"比丘尼答曰:"沙门之法,为应尔不?辞亲学道,山居静志,云何复取非其财物,贪欲忘道,快心放意?不计无常,生世如寄,罪报延长。"

于是比丘尼为说偈言:

> 比丘谨慎戒,放逸多忧患[2]。
> 变诤小致大,积恶入火焚。
> 守戒福致喜,犯戒有惧心。
> 能断三界漏,此乃近涅槃。

是时比丘尼说此偈已,为现佛身相好光明。沙门见之,悚然毛竖,稽首佛足,悔过自陈:"愚痴迷谬,违犯正教。往而不返,其将奈何?"

于是世尊即说偈言:

> 若前放逸,后能自禁。
> 是照世间,念定其宜。
> 过失为恶,追覆以善。
> 是照世间,念善其宜。
> 少壮舍家,盛修佛教。
> 是照世间,如月云消。
> 人前为恶,后止不犯。
> 是照世间,如月云消。

于是比丘重闻此偈,结解贪止,稽首佛足,还到树下,数息相随,止观还净,获道果证成阿罗汉。

## 【注释】

[1] 所赍（jī）：赍，把东西给人。所赍，指所拿的宝物。

[2] 患：原字为古今皆无的异体字，此字是根据文义所加。

## 【译文】

# 第十章　出家人切莫放纵的喻理

## 二十五　佛陀教化弟子不放纵的故事

从前佛陀在世时，有五百商人，到大海中寻找珍宝。他们满载金、银、琉璃、砗磲、玛瑙、琥珀、珊瑚七种珍宝回国。半路上，他们经过一座深山，被恶鬼所迷惑，困在山中走不出来，所带的干粮全部食尽，穷途末路，最后全都饿死了。所获的宝物，也都散失在山中。

当时有一位出家人在山中修道，看见散落在山中的财宝后，心想："我在山中勤苦修学已经七年了，仍然未能证得佛理，再加上我贫困如此难以维持生活。这些财宝没有主人，不如我拿回家去，用以自立门户。"于是决定下山，他把捡到的宝物，藏在一个地方，然后走出山，叫来自己的兄弟，带上财宝飞驰般地奔走回家。当他还在半路上的时候，佛陀想这位出家人应当得到度化。佛陀就变成一位女出家人，剃头落发，身穿僧衣，敷粉描眉，佩戴金银璎珞，向山中走去。恰好迎面遇到这位急于回家的出家人，施礼之后，就询问和了解在山中修行的生活。这位出家人斥责女出家人说："修持佛法的人，怎么能像你这样呢？剃头落发，身穿僧衣，为什么还要敷粉描眉，佩戴金银璎珞呢？"女出家人回答说："修持佛法的人，应当像你这样做吗？辞别了亲人，出家修学佛法，住在山中静心修习，为什么要拿走不属于自己的财物，放纵贪欲而忘了修道戒律，从而纵情逸乐？不思量人生无常，生命短暂易逝，而罪业的恶报永无休止。"

于是女出家人用诗句说：

> 出家修行需谨慎，放逸犯戒多忧患。
> 心生贪欲小变大，积恶终究遭火焚。
> 持守戒律福报喜，犯戒应有恐惧心。
> 能断三界烦恼魔，如此方能证涅槃。

女出家人说完之后，现出了本来的佛身，庄严神圣，光彩照人。出家人看见后，惊讶地汗毛倒竖，立刻顶礼膜拜，向佛陀悔过说："我愚昧痴迷，违犯佛教戒律。犯下的错误已不可挽回，今后怎么办呢？"

于是佛陀随即用诗句说：

> 倘若前面有放逸，今后能够自禁止。
> 观照世间一切法，心念定意修禅思。
> 过失犯戒为恶业，潜心思过积善行。
> 观照世间一切法，念善去恶证佛理。
> 青年离家修行者，修佛教义正当时。
> 观照世间一切法，犹如月运云消散。
> 人若此前有恶业，今后禁止不犯戒。
> 观照世间一切法，犹如月运云消散。

出家人听了诗句后，心中的贪念随之消失，礼拜佛陀之后，回到山中的大树下，调息运气，继续修习止观禅定，清净本心，最终证得阿罗汉佛果。

## 【辨析】

本篇讲述的是一位出家人因见财起意，准备放弃修行时，得遇佛陀度化，摄心勤修，终成正果的故事。其中的财宝，比喻人的贪欲之心；出家人放弃修行，明喻放逸犯戒的行为，隐喻做人祛除贪欲难，出家人持戒修行更难。

其中的人物，一位是行色匆匆、归心似箭、心中"放逸"的和尚，一位是佛陀化成的浓妆艳抹、珠光宝气、外表"妖艳怪异"的尼姑。故事情节是在佛陀与出家人之间的对话中展开的，和尚见到外表"违背戒律"的尼姑，当即斥责"为道之法，应得尔不？剃头着法衣，云何复庄面画眉，璎珞身体也"？尼姑毫不含糊地回答："沙门之法，为应尔不？辞亲学道，山居静志，云何复取非其财物，贪欲忘道，快心放意？不计无常，生世如寄，罪报延长。"读到此处，不禁让人哑然失笑。两人的相互指责，一来一往，直探心曲，可谓是义正词严，针锋相对。透过人物生动活泼、充满机趣的语言，能够领悟佛法戒律的严谨。另外，和尚的质问，一方面说明，指出表面的问题容易，看出内心的放逸不易；另一方面说明，指责他人的毛病容易，觉察自己的问题不易的道理。

诗句中"是照世间"的重复，也刻画出佛陀教化弟子循循善诱的苦口婆心和大慈悲心。

# 十一

# 心 意 品

【题解】

佛教认为，一切妄有心识，如尘土飞扬，难以休止；欲望之火一旦点燃，则如风行火旺，火上浇油，会愈演愈烈，难以遏制。修行唯在一心，如果不能止念正心，虽修而不静，则不能成就佛果。

【经文】

## 心意品第十一

昔佛在世时，有一道人，在河边树下学道。十二年中贪想不除，走心散意但念六欲[1]，目色、耳声、鼻香、口味、身更心法、身静意游，曾无宁息，十二年中不能得道。

佛知可度，化作沙门往至其所，树下共宿。须臾月明，有龟从河中出来至树下，复有一水狗饥行求食，与龟相逢，便欲啖龟。龟缩其头尾及其四脚藏于甲中，不能得啖。水狗小远，复出头足，行步如故，不能奈何，遂便得脱。于是道人问化沙门："此龟有护命之铠，水狗不能得其便？"化沙门答曰："吾念世人不如此龟，不知无常，放恣六情，外魔得便形，坏神去。生死无端，轮转五道[2]，苦恼百千，皆意所造。宜自勉励，求灭度安。"于是化沙门即说偈言：

> 有身不久，皆当归土。
> 形坏神去，寄住何贪。
> 心豫造处，往来无端。
> 念多邪僻，自为招患。
> 是意自造，非父母为。
> 可勉向正，为福勿回。
> 藏六如龟，防意如城。
> 慧与魔战，胜则无患。

于是比丘闻说此偈，贪断望止，即得罗汉道。知化沙门是佛世尊，敬肃整服，稽首佛足，天龙鬼神，莫不欢喜。

【注释】

[1] 六欲：即由眼、耳、鼻、舌、身、意（六根）所对应的色、声、香、味、触、法（六尘）所起的六种欲望。

[2] 五道：指欲界、色界、无色界中的人、天、地狱、饿鬼、畜生五种轮回的去处。所谓三界无安，五道烦恼。

【译文】

## 第十一章　正心定意的喻理

### 二十六　佛陀教化弟子心念定止的故事

从前佛陀在世的时候，有一位出家修行者，在河边的大树下修学佛理。学道十二年仍未祛除心中的贪欲，心神散乱，眼见贪色、耳听恋声、鼻闻觉香、口尝回味、身心不定，从无宁静止息的时候，修行十二年仍然不能证得佛理。

　　佛陀知道这位修行者可以救度，变成一位出家人来到河边树下，和他一起修行。很快天色暗了下来，一轮明月高悬天际。这时有一只乌龟从河里出来，爬到树下，另有一只水獭饥饿难捱正在寻找食物，正好与乌龟相遇，水獭想吃掉乌龟。乌龟把头、尾以及四脚缩进龟壳中，水獭无法吃它。乌龟等水獭走远后，又伸出头和脚，继续爬行，水獭不能吃掉它，所以乌龟得以逃脱。于是修行者就问出家人："这只乌龟有保护生命的龟壳，所以那只水獭才不能吃掉它吗？"佛陀变成的出家人回答说："我想世间之人还不如这只乌龟，世人不知人生无常之理，恣情放逸，满足感官身心的各种欲望和需求。从而使得形体、心神被外魔所占据。在生死轮回中，辗转于人、天、地狱、饿鬼、畜生五种去处，苦难烦恼不绝，这都是妄心所造成的。应当勉励自己，证求静寂的永久安宁。"

　　于是变为出家人的佛陀随即用诗句说：

　　　　现有身相不长久，都会回归一土丘。
　　　　身形坏烂神识去，贪欲还能在何处。
　　　　心念造作妄想处，一往一来本无端。
　　　　欲念贪婪多邪恶，皆为自己招祸患。
　　　　妄有心意由自造，并非父母来作为。
　　　　可以自勉向正道，积福修行莫回头。
　　　　消除六欲如龟甲，防范妄意如城门。
　　　　运用智慧战邪魔，善胜邪恶无忧患。

　　这位修行者听了诗句后，欲望消除，心念定止，随即证得罗汉果位。他知道出家人是佛陀所化，就恭敬地整理袈裟，礼拜佛陀，同时听佛陀传法的天龙八部及十万大力鬼神,都无不欢喜。

**【辨析】**

　　故事是以围绕止观禅修这一中心展开的。不仅修行要心定神安,心无旁骛,而且要有专心致志、锲而不舍的精神,是成就一切事业的根本。本篇偈言中所阐发的"是意自造,非父母为",也同样反映出成就佛果在自身,人生道路自己走的普世价值,具有浓厚的伦理教化意味。

　　故事用乌龟防范危险的坚固龟甲,比喻修行者要有抵御各种诱惑的正定之心;以乌龟暗喻出家修行的人,水獭暗喻六欲纷扰的心魔。以水獭的试图伤害,比喻心魔的破坏;用乌龟遇到危险时把头、尾和四脚藏在壳中,隐喻六欲的侵扰,只能用静心来去除,从而表现出正定修行即成道,心猿意马就成魔的喻理。

　　这篇故事篇幅短小,描写生动,语言省俭而又清新自然,寥寥几笔勾勒出一幅静夜禅修图,超凡脱俗,意蕴无穷。请看:在一个万籁俱静、微风轻拂的夏夜,一轮明月高悬,河水缓缓地流淌,河边的一棵大树下,两位修行者在静观乌龟和水獭。画面中流淌的河水比喻流逝的岁月,即修行者十二年的修行;大树象征着智慧的菩提证悟;明月象征着一颗清净心,出家人是佛陀的化身;修行者的发问,象征着迷惑;龟与水獭的表现,象征着佛心与魔心的斗争。意境的寂静清幽,寓意的深邃丰富,唯有远离尘世的喧嚣,摒弃世俗的物质欲望,方可融入和感受得到。

# 十二

# 华香品（上）

**【题解】**

在古代印度，供奉鲜花，燃香礼拜，被认为可以拉近与神灵的距离。在汉地，至今仍沿袭这样的方式，表示恭敬和信奉，但对象有了很大的变化，诸如祭拜故人、祖先、神灵，还可以表达期盼、祝愿等。本篇故事由华香品和喻华香品两部分构成。

**【经文】**

## 华香品第十二

昔佛在舍卫国，国东南海中有台，台上有华香树，树木清净。有婆罗门女五百人，奉事异道，意甚精进，不知有佛。于时诸女自相谓曰："我等禀形生为女人，从少至老为三事[1]所鉴，不得自由，命又短促，形如幻化，当复死亡。不如共至华香台上，采取香华，精进持斋，降屈梵天，当从求愿。愿生梵天，长寿不死，又得自在，无有鉴忌。离诸罪对，无复忧患。"即赍供具往至台上，采取华香，奉事梵天，一心持斋，愿屈尊神。

于是世尊见此诸女,虽为俗斋,其心精进,应可化度。即与大众弟子、菩萨、天龙、鬼神,飞升虚空往至台上,坐于树下。诸女欢喜,谓是梵天,自相庆慰,得我所愿矣。时一天人语诸女言:"此非梵天,是三界尊,号名为佛,度人无量。"于是诸女前至佛所,为佛作礼,前白佛言:"我等多垢,今为女人,求离鉴捡,愿生梵天。"佛言:"诸女,快得善利,乃发此愿。世有二事,其报明审:为善受福,为恶受殃。世间之苦,天上之乐;有为之烦,无为之寂。谁能选择,取其真者?善哉,诸女乃有明志。"

于是世尊即说偈言:

孰能择地,舍鉴取天。
谁说法句,如择善华。
学者择地,舍鉴取天。
善说法句,能采德华。
知世坏喻,幻法忽有。
断魔华敷,不现死生。
见身如沫,幻法自然。
断魔华敷,不现死生。

于是诸女闻佛此偈,愿学真道,为比丘尼,头发自堕,法衣具足,思惟寂定,即得罗汉道。

阿难白佛言:"今此诸女,素有何德。乃令世尊就而度之,一闻说法,出家得道也?"佛告阿难:"昔迦叶佛[2]时,有大长者。财富无数,夫人婇女有五百人。其性妒恶,门不妄开,夫人婇女欲往见佛,终不肯听。后日国王请诸大臣,上殿宴会,会辄竟日。时夫人婇女见长者入会,便共至佛所,稽首作礼,小坐听经,各发愿言:'令我世世莫与恶人,共相遭遇;所生之处,恒与道德圣人相值。闻来世有佛名释迦文[3],愿与相值,出家学道,奉持训诲。'"

佛语阿难："尔时夫人婇女五百人者，今此五百比丘尼是。本愿恳恻，今应得度。是以世尊就度之耳。"

佛说是时，莫不欢喜。

法句譬喻经卷第一

**【注释】**

[1] 三事：古代常指官吏正身、利民、厚民三事。本文指吃、穿、住三件事。

[2] 迦叶佛：佛陀出世前的七世佛中的第六世佛，有不同说法。

[3] 释迦文：佛陀在未成佛时的称号。

**【译文】**

## 第十二章　采花供天的喻理

### 二十七　女信众采花供奉神灵的故事

从前佛陀在憍萨罗国都舍卫城传法，该国东南方的海上有一座岛，岛上有一棵开满了香花的树，树木青碧清雅。当时有婆罗门教的女信众五百人，她们信奉婆罗门教义，精勤虔诚，不知道有佛教。当时女信众彼此商量说："我们生为女人，从小到老为吃、穿、住三件事操劳，得不到自由，生命又如此的短促，人的肉体虚幻不实，最终都会消亡。不如大家一起到开满香花的岛上，采摘香花，持斋精进，供奉梵天以实现心愿。死后往生色界的梵天，既长生不老，又悠然自得，没有烦恼。远离一切罪恶，不再忧愁。"她们随即带上供品一起来到岛上，采摘香花，供奉梵天，诚心持守斋戒，表示愿意恭敬天神。

这时佛陀看见这些婆罗门教的女信众，虽然持守的是世俗的斋戒，但心存精进，应当教化她们。随即与弟子、菩萨、护法天龙八部和大力鬼神等，从空中飞到岛上，坐在开满了香花的树下。女信众十分欢喜，以为是梵天神祇显灵，相互庆贺，心愿可以得以实现了。这时一位天神对她们说："这位不是梵天，是三界至尊，名叫佛陀，已度化无数众生脱离苦难。"于是她们来到佛陀面前，向佛施礼后说道："我们有许多污垢，今生为女人，乞求远离烦恼，死后往生梵天。"佛陀说："各位女施主，想要得到善报，才会有这样的心愿。世间有二种事，报应分明，不会改变：为善的享受福报，为恶的遭受祸殃。世间之苦难，天上之享乐；世俗之烦恼，寂灭之清净。谁能在这两种事的选择中，成为得到真谛的人呢？很好，你们就是有明确志向的人。"

于是佛陀随即用诗句说：

谁能选择为善地，舍去烦恼往天界。
谁能解说佛法句，犹如择善采香花。
修学佛者择善地，舍去烦恼往天界。
善于解说佛法句，能够采来德馨香。
认知世事皆无常，如梦如幻如泡影。
斩断心魔现心花，不在生死苦难中。
了知此身如泡沫，自然变幻法无穷。
斩断心魔现心花，不在生死苦难中。

这时婆罗门教的女信众听了佛陀的诗句后，都表示愿意修学佛理，出家修行，头发自然脱落，穿上僧衣，修习止观禅定，最后证得罗汉佛果。

阿难问佛陀说："这些女信众，过去有什么福德，能让您亲自来教化？为何她们一听到您解说的佛法后，就能出家修行，证得佛果呢？"佛陀告诉阿难说："从前在迦叶佛时期，有一位年长者，拥有财富无数，夫人和侍女有五百人。他生性多疑忌妒，担心她们见到外人，家门不轻易打开，夫人和侍女想前去拜见佛陀，他始终都不同意。后来国王请大臣们上大殿参加宴会，需要几天时间。这时夫人和侍女看见长者也参加宴会去了，就一起来到佛陀的住所，礼拜佛陀后，坐下听佛陀讲经，各自发愿说：'愿我们世世代代都不要和恶人相遇，所往生的地方，能与道德高尚的圣人相遇。听说来世有叫佛陀的人，希望能与他相遇，出家修学佛理，信奉佛教。'"佛陀对阿难说："当时的夫人和侍女五百人，就是今天的五百女出家修行人。原本的心愿诚恳真切，所以今生应当得到教化。因此佛陀就度化了她们。"

佛陀说她们过去的因缘时，大家听后无不欢喜赞叹。

以上是《法句比喻经》第一卷

【辨析】

佛教要救度一切众生，当然不会忽视女性信众的作用，争取女性信众广泛地加入弘扬佛法的修行实践中，是佛教发展中的一个重要方面。事实上，在长期的封建社会里，女性所感受到的痛苦和重压更为直接，更为强烈，期盼从苦难的压迫里解放出来的愿望也最迫切。在家庭中女性比男性承担着更多的生育繁衍责任，以及更为细致、琐碎的家务劳动、子女教育等工作。在封建社会，女性不仅受到来自社会神权的压迫，同时还会受到来自家庭夫权的限制和束缚。故事中的长者不仅妻妾侍女成群，而且"其性妒恶，门不妄开，夫人婇女欲往见佛，终不肯听"，不仅限制女性的行动自由，还限制了女性追求心灵解脱的权利。

故事中"我等禀形生为女人，从少至老为三事所鉴，不得自由"的具体叙述，对女性的一生，进行了高度的概括，而女性由于社会地位低下造成的卑微心理也从"我等多垢，今为女人"的自述中显露出来。"夫人婇女五百人"趁长者外出之时得以见到佛陀，明喻自身的解脱要靠自己来争取；隐喻女性是社会受苦难更为深重的群体；暗喻佛教是女性心灵的归宿。其实，一个社会的文明程度，从女性在社会生活的实际地位中，就可以看得十分清楚。

# 喻华香品（下）

**【题解】**

此为本篇故事的第二部分，与本篇故事第一部分华香品的主旨相同，以花香比喻佛德之馨，以亲近佛陀象征福报无量。华香品为本经第一卷的结尾，喻华香品为第二卷的开始。

**【经文】**

## 喻华香品之十二

昔佛始得道[1]，在罗阅祇国教化，转到舍卫国，国王群臣莫不宗仰。时有贾客大人名曰波利，与五百贾人入海求宝。时海神出，掬水问波利言："海水为多？掬水为多？"波利答曰："掬水为多。所以者何？海水虽多无益时用，不能救彼饥渴之人，掬水虽少值彼渴者，持用与之以济其命，世世受福不可称计。"海神欢喜，赞言："善哉。"即脱身上八种香璎[2]校以七宝，以上波利。海神送之，安善往还到舍卫国，持此香璎上波斯匿王，具陈所由。"念是香璎非小人所服，谨以贡上，愿蒙纳受。"王得香璎以为奇异，即呼诸夫人罗列前住："若最好者以香璎与之。"六万夫人尽严来出。

王问："末利夫人[3]何以不出？"侍人答言："今十五日持佛法斋，素服不严，是以不出。"王便瞋恚，遣人呼曰："汝今持斋，应违王主之命不乎？"如是三反，末利夫人素服而出在众人中，犹如日月，倍好于常。王意悚然加敬，问曰："有何道德，炳然有异？"夫人白王："自念少福，禀斯女形；情态秽垢，日夜山积；人命促短，惧坠三涂。是以日月奉佛法斋，割爱从道，世世蒙福。"王闻欢喜，便以香璎以与末利夫人。夫人答言："我今持斋不应着此，可与余人。"

王曰："我本发意欲与胜者，卿今最胜，又奉法斋，道志殊高，是以相与。若卿不受，吾将安置？"夫人答言："大王勿忧，愿王屈意共到佛所，以此香璎奉上世尊，并采圣训，累劫之福矣。"王即许焉，即敕严驾往到佛所，稽首于地却就王位，王白佛言："海神香璎波利所上，六万夫人莫不贪得，末利夫人与而不取，持佛法斋，心无贪欲。谨以上佛，愿垂纳受。世尊弟子执心护斋，直信如此，岂有福乎？"

于是世尊为受香璎，即说偈言：

> 多作宝华，结步摇绮。
> 广积德香，所生转好。
> 琦草芳华，不逆风熏。
> 近道敷开，德人逼香。
> 栴檀多香，青莲芳花。
> 虽曰是真，不如戒香。
> 华香气微，不可谓真。
> 持戒之香，到天殊胜。
> 戒具成就，行无放逸。
> 定意度脱，长离魔道。

佛说偈已，重告王曰："斋之福祐，明誉广远。譬如天下十六大国[4]，满中珍宝持用布施，不如末利夫人一日一夕持佛法斋。如比其福，须弥以豆矣。积福学慧，可到泥洹。"王及夫人群臣大小，莫不欢喜，执戴奉行。

昔佛在罗阅祇耆阇崛山[5]中，于时城中有长者，子五十人，往诣佛所，作礼却坐。时佛为说无常、苦、空[6]、非身之法，恩爱如梦会当别离，尊荣豪贵亦有忧戚。唯有泥洹永离生死，群殃尽灭乃可大安。时五十人闻法喜悦，愿为弟子。佛言："善来比丘。"须发自堕，法衣具足，即成沙门。此诸沙门有亲友长者，闻其出家，意大欢喜，往到崛山与之相见。赞言："诸君快哉，善利，乃有此志。"为之设坛，请佛及僧。明日佛与众会，就其舍食，食讫说法，晡时[7]乃还。此诸新学沙门，恋慕宗党，皆欲返退。佛知其意，将出城门，见田沟中污泥粪壤中生莲华，五色香洁，其香芬熏，乃蔽诸臭。佛便趣之，因说偈言：

　　如作田沟，近于大道。
　　中生莲华，香洁可意。
　　有生死然，凡夫处边。
　　智者乐出，为佛弟子。

佛说偈已，即还山中。贤者阿难前白佛言："向者世尊临田沟上，所说二偈不审其义，愿闻其意。"佛告阿难："汝见沟中污泥不净粪壤之中，生莲华不？""唯然见之。"佛言："阿难，人在世间，展转相生；计寿百岁，或长或短。妻子恩爱，饥渴寒热。或悲、或欣，一凶、二吉、三毒、四倒、五阴、六入、七识、八邪、九恼、十恶[8]。犹如田沟，畜藏粪壤，污泥不净。欻[9]有一人，觉世无常，发心学道，修清净志。凝神断想，自致得道。亦如污泥生好莲华,身自得道,还度宗亲。一切众生,皆蒙开解。亦如华香,奄蔽臭秽。"

五十比丘闻佛说法,进志坚固,即得阿罗汉道。

【注释】

[1] 佛始得道:又称佛陀成道、初转法轮。指佛陀结束了六年的苦行,开始净身受食,并登钵罗芨菩提山,渡尼连禅那河,在达伽耶的菩提树下,敷吉祥草,入金刚座,静坐思维,以求正道。经过四十九天的返观内照,创立了佛教的缘起学说。随后在野鹿苑度化了随他出家的五个弟子,即憍陈如、摩诃男、跋提、婆沙波、阿说示,并俱证得阿罗汉果,合称六罗汉。至此,佛、法、僧三宝具足(佛阿罗汉为佛宝、四谛学说为法宝、五阿罗汉为僧宝),标志佛教的创立。

[2] 八种香璎(yīng):八种香料的佩饰和璎珞。璎珞,用珠玉穿成的饰物。

[3] 末利夫人:中印迦毗罗卫城人,幼名明月。父为摩纳婆,母为婆罗门种姓。父亲死后,沦为婢女,因以斋饭供养佛陀,结善缘,在末利园中被憍萨罗国波斯匿王聘为夫人,故称。

[4] 十六大国:是古代印度中部和北部的十六个国家,分别是鸯迦、摩揭陀、迦尸、憍萨罗、拘楼、般阇罗、阿摄贝、阿和檀提、枝提、跋耆、跋磋、跋罗、苏摩、苏罗咤、喻尼、剑浮。佛典中还有不同说法。

[5] 罗阅祇耆阇崛山:罗阅祇,梵文音译,即北印摩揭陀国,都城王舍城。耆阇崛,梵文音译,意译为灵鹫山、灵山。位于北印度摩揭陀国首都王舍城东北侧,为著名的佛陀说法之地。其山名一说以山顶形状类于鹫鸟,还有说因山顶栖有众多鹫鸟,故称。

[6] 空:与"有"和"实"相对,为佛教之根本概念。指人生是苦、一切皆为因缘和合而生,本质是空,此身也是妄有,一切

无我的佛教义理。

[7] 晡（bū）时：午后三时至五时。

[8] 一凶、二吉、三毒、四倒、五阴、六入、七识、八邪、九恼、十恶：佛教特有的数字表达方式。对具体名词也可以根据文意进行解读，如贪、瞋、痴"三毒"；常颠倒、乐颠倒、净颠倒、我颠倒"四颠倒"；色、受、想、行、识"五阴"；色、声、香、味、触、法"六入"等。

[9] 欻（xū）：忽然、迅速。

【译文】

## 第十二章  香花的比喻（下）

### 二十八　末利夫人以花供佛的比喻故事

从前佛陀初转法轮后，在北印摩揭陀国都城王舍城教化众生，后来又到憍萨罗国都城舍卫城，国王和大臣们无不崇奉敬仰。当时有一位大商人名叫波利，他和五百商人一起到海中寻求珍宝，遇上了海神，海神用手掬起一抔水问波利："是大海的水多？还是一抔水多？"波利回答："一抔水多。为什么这样说呢？因为海水虽然多，但不能救饥渴的人，用手掬的水虽然少，但对于饥渴的人来说，可以保住性命。这样做世世代代享受的福报不可计量。"海神听了十分欢喜，赞叹地说："讲得好！"随即取下身上佩戴的用八种香料制成的佩饰和璎珞等七宝，赠给了波利，并亲自护送他们平安回到憍萨罗国都舍卫城。波利又将佩饰和璎珞呈献给波斯匿王，讲述了事情的经过。波利说："我想八种香料的佩饰和璎珞不是一般人可以佩戴的，特地献给大王，还请笑纳。"波斯匿王得到佩饰和璎珞，觉得十分奇异，随即叫夫人们前来，对她们说："我要把香佩和璎珞送给最美的夫人。"后宫妃嫔全都盛妆而出。

国王看了之后问:"末利夫人为什么没来?"侍从回答说:"今天是十五日,夫人要持守佛法斋戒,穿白色衣裳,不施粉黛,所以没有出来。"波斯匿王很不高兴,派人叫她:"你今天持守斋戒,就可以违背国王的命令吗?"就这样派人叫了三次,末利夫人便穿着白色的衣服出来。在众多的女子中,她的容颜犹如日月般光彩明亮,胜过平日的美丽。波斯匿王惊讶而恭敬地问她:"你有什么福德,如此美丽出众,令人惊异?"末利夫人回答说:"自己福薄,生为女儿身;情态污秽不净,日积月累如山;况且人命短促,担心堕入地狱、饿鬼、畜生三恶道,所以天天持守佛法斋戒,割舍爱欲,以求世世代代的福报。"波斯匿王听了以后心中十分欢喜,就把香佩和璎珞送给末利夫人。末利夫人答谢说:"我今天持守斋戒不应佩戴香佩和璎珞,可赏给别人。"

波斯匿王说:"我本来就想把香佩和璎珞赏给最美的夫人,而你今天是夫人中最美的,尤其是你供奉佛法斋戒,知足守道,心志高洁,所以赏给你。你如果不接受,我将如何安置香佩和璎珞呢?"末利夫人回答说:"国王不必忧虑,期望国王能和我一起到佛陀的住所,把香佩和璎珞供奉给佛陀,并聆听佛陀之教诲,这才是长久的福德。"波斯匿王随即同意,当即下令准备车驾来到佛陀的住所,向佛陀顶礼膜拜后就座,波斯匿王对佛陀说:"这是海神送给商人波利的香佩和璎珞,波利又呈献给我。我后宫的六万妃嫔都想得到它,我赏给末利夫人她却不接受。她持守佛法斋戒,心无贪欲。愿将此物恭敬地献给佛陀,请您接受。佛弟子一心守护斋戒,如此信奉,真的有福德吗?"

于是佛陀接受了香佩和璎珞,随即用诗句说:

众多珍宝作宝花,结下世间一奇葩。
广积福德香自在,往生转世好业缘。
香花芳草成珍宝,顺风熏香传远方。

亲近佛理开心意,积德之人如花香。
栴檀香味怡人情,青莲朵朵花芬芳。
香料莲花虽是真,不如持戒德清香。
花香气味因缘合,不可认为本质真。
持守戒律之德香,往生天界殊胜因。
戒行具足有成就,行为去恶不放逸。
止观禅定脱苦海,长久远离邪魔道。

佛陀解说完,又对波斯匿王说:"斋戒的福德护佑,能使你声誉远播。就如同把当今十六大国全部的珍宝拿来布施,也不及末利夫人一天一夜持守佛法斋戒。两者的福报大小,就如须弥山和一颗豆子相比一样。积福修学获得智慧,可以得到清澄的涅槃境界。"波斯匿王以及夫人和大臣们,听后无不心中欢喜,都拥戴和奉行佛陀的教诲。

## 二十九 佛陀教化五十位弟子的故事

从前佛陀在北印摩揭陀国首都王舍城东北侧的灵鹫山中,当时城中的一位长者有五十个儿子,一起到佛陀的住所,礼拜佛陀后坐下听经。这时佛陀为他们解说佛教义理,即一切无常,人生是苦,一切无我,一切事物皆为因缘和合而生,本质是空,此身也是妄有。恩爱亦如梦幻终究要别离,荣华富贵与忧愁悲戚相伴。只有涅槃境界才能永远脱离生死轮回,灭除一切烦恼,获得真正的安宁。当时这五十人听佛陀讲法后,心中充满喜悦,愿意成为佛弟子。佛陀说:"好啊,各位弟子!"他们的须发就自行脱落,僧衣具备,随即成为出家修行者。这些佛弟子的亲友和长辈们,听到他们出家修行的消息,也都十分欢喜,便来到灵鹫山和他们相见。赞扬他们说:"你们的选择决定很快,向善之心坚定的人,才有这样的志向。"并为他们设置讲坛,邀请佛陀和诸位僧人。第二天佛陀和弟子们同去，亲人们为他们准备了饭食，用完饭后佛陀对大家说法，直到下午才回山中。这些刚学佛的出家人，因眷恋亲属家人，心中不舍，萌生还俗的想法。佛陀知道他们的心思，领着他们走出城门，看见田沟的污泥粪土中生出的莲花，青、黄、红、白、杂五色绚丽，清雅高洁，馨香扑鼻，遮蔽了各种臭气。佛陀便走到莲花边上，用诗句感慨地说：

（一）
耕田水渠中，行驶大道旁。
中有莲花生，芳洁惹人爱。
（二）
生死别离苦，凡俗在其中。
智者乐修行，佛子悟真谛。

佛陀说完诗句后，随即回到山中。有多闻第一称誉的弟子阿难问佛陀说："刚才您在田埂上所说的两首诗，我不了解其中的含义，希望您讲解。"佛陀告诉阿难说："你看见在沟渠污秽不净的粪土之中生长的莲花吗？"阿难回答："看见了。"佛陀说："阿难，人在世间，因缘和合，辗转相生；人生寿命或长或短不过百年。妻子儿女恩爱一时，解饥解渴嘘寒问暖，喜怒哀乐，无非在一凶、二吉、三毒、四颠倒、五阴、六尘、七识、八邪、九恼、十恶之中，犹如田野沟渠中的粪土污秽不洁。但是，若有人觉悟了世事无常，发心修学佛理，修行清净智慧，摄心除妄，自己证得佛果。就如同污泥中生长的美好莲花，自己证得了真谛，还能度化自己的亲友得道，使一切众生都能开迷解悟，亦如花香遮蔽了污泥的臭气一样。"

五十位出家人听了佛陀的解说后，坚定了意志，精进修行，随即证得阿罗汉佛果。

## 【辨析】

本篇故事中的两个故事既相互独立，又相互呼应，皆以花为喻，同一题旨。

第一个故事围绕海神赠送给波利的用八种香料制成的佩饰和璎珞这种奇异的宝花来构想情节和表现人物，故事的安排环环相扣，意趣盎然，在多重人物关系中体现出和谐的氛围和佛家的智慧。

第一，人与神的关系。海神与波利之间有关海水与一抔水孰者为多的问答，充满机智和哲理。海神听了波利的回答满心欢喜，即将身上的香佩和七宝赠与波利，既出乎意料，又合乎情理，人神共喜。

第二，商人与王权的关系。商人波利将海神赠送的宝花敬献给国王，以及对国王所说的一番言词，将其取悦、攀交国王以及对王权的敬畏心理刻画得入木三分。

第三，国王与后宫的关系。国王要将人人渴望得到的珍宝送给最美的末利夫人，而末利夫人却没有接受，以其持斋不能佩戴为由让国王送给其他女子。这里把末利夫人深谙后宫之险恶，得宝招灾祸，舍宝则免祸的心态和盘托出。最后建议国王将宝物供奉佛陀则又将其信仰之虔诚突出地表现出来。

第四，国王与佛教的关系。在末利夫人的引导下王及大臣闻法而喜，最终信奉佛教，以求永世之福。可以看出当时佛教与王权的紧密结合，体现了佛教对国家政治所产生的作用。

每一层关系的叙述中都充溢着智慧，形成了波澜起伏，层层推进的情节特征。把珍宝由海神赠商人，由商人献给王，再到国王赠给宠妃，乃至最后敬佛，一步步引出只有佛陀才是至尊的结论，其创意诚如"神思之笔"。

第二个故事与第一个故事同义反复，其特点是以人们十分熟悉的莲花为背景来展开叙述。把出家修行比喻为出污泥而不染的五色莲花，把世事比喻为污秽不净的粪土。在观感、嗅觉、意境上都形成强烈的对比，给人以心灵的启示。

# 十三

# 愚闇品

【题解】

所谓愚闇（àn），是指愚钝不明事理的人。本篇故事旨在告诉世人，对待顽固不化的人，不要失去信心。也提醒人们，对于老年人，或者那些已经形成自己固定生活习惯的人们，要改变他们的认识，不是一朝一夕就能办到的。

【经文】

## 愚闇品第十三

昔佛在舍卫国，时城中有婆罗门，年向八十，财富无数。为人顽闇，悭贪难化，不识道德，不计无常，更作好舍。前庌[1]、后堂、凉台、暖室，东西厢庑，数十梁间，唯后堂前，拒阳未讫。

时婆罗门恒自经营，指授众事。佛以道眼见此老翁，命不终日，当就后世。不能自知，而方匆匆，形瘦力竭，精神无福，甚可怜愍。佛将阿难往到其门，慰问老翁："得无劳惓？今作此舍，皆何所安？"老翁答言："前庌待客，后堂自处。东西二厢，当安儿息、财物、仆使。夏上凉台，冬入温室。"佛语老翁："久闻宿德，思迟谈讲，偶有要偈，存亡有益。欲以相赠，不审可小废事，共坐论不也？"老翁答言："今正大惧[2]，不容坐语，后日更来当共善叙；所云要偈，便可说之。"

于是世尊即说偈言：

　　有子有财，愚惟汲汲。
　　我且非我，何忧子财？
　　暑当止此，寒当止此。
　　愚多预虑，莫知来变。
　　愚蒙愚极，自谓我智。
　　愚而胜智，是谓极愚。

婆罗门言："善说此偈，今实太惧，后来更论之。"于是世尊伤之而去。老翁于后，自授屋椽[3]，椽堕打头，即时命过，室家啼哭，惊动四邻。佛去未远，便有此变，佛到里头，逢诸梵志有数十人，前问佛言："从何所来？"佛言："屡到此死翁舍，为翁说法。不信佛语，不知无常，今者忽然已就后世。"具为诸梵志，更说前偈义，闻之欣然，即得道迹。

于是世尊，而说偈言：

　　愚阇近智，如瓢斟味。
　　虽久狎习，犹不知法。
　　开达近智，如舌尝味。
　　虽须臾习，即解道要。
　　愚人施行，为身招患。
　　快心作恶，自致重殃。
　　行为不善，退见悔吝。

致涕流面，报由宿习。

时诸梵志重闻此偈，益怀笃信，为佛作礼，欢喜奉行。

昔佛在舍卫国给孤独精舍，为诸天人说法。时波斯匿王有一寡女，名曰金刚，壮寡未归。父母哀愍，别为宫舍，作好舍宅，给五百妓女，以娱乐之。众中有一长老青衣[4]，名曰度胜，恒行市买脂粉香华。时见男女无数大众，各赍香华，出城诣佛。即问行人："欲何所至？"众人答言："佛出于世，三界之尊，度脱众生，皆得泥洹。"度胜闻之心悦意喜，即自念言："会老见佛，宿世之福。"便分香直，持买好华，随众人辈往到佛所。作礼却立，散华烧香。一心听法已，过市取香，因听法功德宿行所追，香气熏闻，斤两倍前，嫌其迟晚，而共诘之。度胜奉道，即如事言："世有圣师，三界之尊，击无上法鼓，震动三千[5]，往听法者，无央数人。实随听法，是以稽迟。"金刚之徒，闻说世尊法义深妙，非世所闻。悚然心欢，而自叹曰："吾等何罪，独自不闻？"即报度胜："试为我说之。"度胜白曰："身贱口秽不，敢便宣。乞更咨受，如命说之。"即便遣出，重告之曰："具受仪式。"度胜未还，金刚侍女侧息中庭，如子待母。

佛告度胜："汝还说法，多所度脱。说法之仪，先施高座。"度胜受敕，具宣圣旨，皆大欢喜，各脱衣服一领，积为高座。度胜洗浴，承佛威神，如应说法，金刚之等五百余人，疑解破恶，得须陀洹道。说法甚美，不觉失火，一时烧死，即生天上。王将人从，来欲救火，见之已燃，收拾棺殓。葬送毕讫，往过佛所，为佛作礼，却坐常位。佛问王曰："所从来也？"王叉手言："女金刚不幸，不觉失火，大小烧尽，适棺殓还。不审何罪，遇此火害？唯愿世尊，彰告未闻。"

佛告大王："过去世时，有城名波罗奈[6]，有长者妇，将婇女五百人，至城外大祠祀。其法难犯，他姓之人，不得到边，不问亲疏，其有来者，掷着火中。时世有一辟支佛[7]名曰迦罗，处在山中。晨来分卫，暮辄还山。迦罗分卫，来趣郊祠，长者妇见之，忿然瞋恚，共捉迦罗，扑着火中。举身燋烂，便现神足，飞升虚空。众女惊怖，泣泪悔过。长跪举头而自陈曰：'女人惷[8]愚不识至真，群愚荒駮[9]，毁辱神灵，自惟过衅，罪恶若山，愿降尊德以消重殃。'寻声即下而般泥洹，诸女起塔，供养舍利。"

佛为大王而说偈言：

> 愚憃作恶，不能自解。
> 殃追自焚，罪成炽然。
> 愚所望处，不谓适苦。
> 临堕厄地，乃知不善。

佛告大王："尔时长者妇，今王女金刚是；五百侍女，今度胜等五百伎女是。罪福追人，久无不彰；善恶随人，如影随形。"

说是法时，国内大小信伏欢喜，咸归三尊，皆受五戒，即得道迹。

### 【注释】

［1］庌（yǎ）：厅堂；客堂。

［2］惧（jù）：惶恐、惭愧。

［3］椽（chuán）：架在屋顶的木头。

［4］青衣：是中国戏曲旦行中的一种，因所扮演的角色常穿青色褶子而得名，又因在旦行里占着最主要的位置，所以叫正旦。北方剧种多称青衣，南方剧种多称正旦。扮演的一般都是端庄、严肃、正派的青年或中年人物。本文指一位中年妇女。

［5］三千：佛教把整个宇宙称作三千大千世界。人居住的世

界，称为一小世界。它以须弥山为中心，周围有四大洲，其周又有九山八海。其范围上自色界的初禅天，下至地下的风轮。其中有日、月、须弥山、四天和四天王、三十三天、夜摩天、兜率天、乐变化天、他化自在天、梵世天。集这样一千个小世界，称为一小千世界；集一千个小千世界，称为一中千世界；集一千个中千世界，称为一大千世界。因为大千世界包含大、中、小三种"千世界"，故称为三千大千世界。佛教认为三千大千世界为一佛教化的世界，亦称一佛国。大乘佛教认为有无量三千大千世界，亦有无量佛国。

[6] 波罗奈：旧称伽尸国，中印度古王国，僧徒多学小乘正量部法。

[7] 辟支佛：梵文音译，意译作缘觉、独觉。指以智而能自悟佛果者。或思惟世间生灭无常的道理，或观察十二因缘、飞花落叶等，进而得到证悟而解脱生死、证果之人。出生在佛陀之前。

[8] 惷（chōng）：愚蠢。

[9] 騃（dāi）：傻，头脑迟钝。即古呆字。

【译文】

## 第十三章　愚昧无知的喻理

### 三十　婆罗门老翁的故事

从前佛陀在憍萨罗国都舍卫城传法，当时城中有一位婆罗门，年近八十岁，十分富有，家中财宝无数。他为人固执，吝啬贪婪，难以教化，不守道德规范，更不理解人生无常之理，喜好为自己建造精美的房屋。他的房屋要有前厅、后室、凉台、暖房、东西厢房，几十间房子，只有后室前面的遮挡阳光的房子还没建好。

婆罗门老翁一直自己操办着一切，指挥安排各项事宜。佛陀以法眼知道这位老翁生命不久就要终结，即将往生。自己却并不知道，仍然为建造房屋忙碌，累得身形消瘦，体倦力乏，无精打采，十分可怜。佛陀和弟子阿难来到他家，慰问老翁说："您还不知劳累吗？建造这样的房屋，都要做什么呢？"老翁回答："前厅接待客人，后室自己居住。东西两边的厢房，儿子居住、放置财物和供佣人使用。夏天上凉台乘凉，冬天到温室保暖。"佛陀对老翁说："久闻您的大名，想要和您坐下谈一谈，我有一首诗，对认知生死很有教益，我想要赠给您，不知道可不可以暂时停下您手头的工作，一起坐下谈谈好吗？"老翁回答说："今天很忙，没时间坐下来讨论，以后再坐下来一起好好谈论吧。您所要讲的诗，倒可以说来听听。"

这时佛陀即用诗句说：

既有儿子亦有财，愚昧无知对事端。
我且不在哪有我，何以担忧子女财？
酷暑应当止于此，严寒应当止于此。
愚昧无知多忧虑，不知变数无常来。
愚痴至极不知理，自我陶醉以为智。
错把愚昧当做智，则是最为愚痴者。

婆罗门老翁听后说："您的诗句说得有道理，但我今天实在太忙，改天再来讨论吧。"于是佛陀伤感而去。随后，老翁自己动手帮着架屋顶，结果屋顶的木椽落下来打在头上，当即死亡，家人的啼哭声惊动了四邻。佛陀刚走不远，就发生了这样的变故。等佛陀走到村头，遇到几十位婆罗门信众，他们问佛陀："您是从哪里来的？"佛陀回答："我多次到这位死去的老翁家里，为他说法。他不信佛理，不悟人生无常之道，今天忽然就去世了。"说罢，佛陀为这些婆罗门信众，又解说刚才对老翁所讲的诗句，他们听后欣然领会，随即证得佛理。

于是佛陀又用诗句说：

愚昧无知近智者，如瓢舀汤不知味。
虽然亲近日久习，仍然不知佛法理。
开朗通达近智者，如同用舌尝滋味。
虽然须臾之间习，即刻能解佛要义。
愚痴之人来行事，为身招来众忧患。
畅快心意行恶事，自我招致重祸殃。
行为不善不积德，事后必生悔过心。
以致涕泪纵横流，业报皆由宿恶习。

这些婆罗门修行者听了佛陀用诗句的解说后，更加笃信佛理，礼拜佛陀，十分欢喜地信奉修行。

## 三十一　国王女儿的故事

从前佛陀在憍萨罗国都舍卫城祇园精舍为天神们说法。当时波斯匿王有一个女儿，名叫金刚，她年轻守寡独居。父母亲为此怜悯她，专门为她另外修建宫舍，建好之后，又给了她五百名歌女，为她提供娱乐。其中有一位资深的旦角，名叫度胜，她常常到市场上去买脂粉和香花。这天她看见男女老少许多人都拿着香花，出城拜见佛陀，便问行人说："这是要到哪里去？"人们回答说："佛陀在世间，是欲界、色界、无色界三界的至尊，度济众生脱离苦难，都证得涅槃境界。"度胜听了以后心情愉悦，自言自语地说道："我现在能见到佛陀，这是前世的福报。"便随众人一起来到佛陀的住所。礼拜佛陀后，铺散鲜花燃香供佛，一心听佛讲法。之后，才到市场买取香料和脂粉。因为听了佛法功德，以及前世的善行，香料气味更为浓郁，芬香扑鼻，分量也重了两倍。由于回去晚了，大家都一起埋怨她。度胜随即将信奉佛理之事如实报告："世上有圣明的导师，三界至尊，擂击无上的法鼓，震动三千大千世界，前去听佛法的人，无以计数。我是跟随大家一起去听佛法，所以回来迟了。"

金刚和其他的侍从歌女,听说佛陀法义深妙无比,不是世俗所闻,都肃然起敬。而后叹息说:"我们有什么罪业,为什么偏偏不能听到呢?"当即要求度胜:"请你试着为我们讲一讲你所听到的。"度胜回答说:"我身卑贱我口不洁,哪敢随便宣说佛法?让我去请教佛陀得到允许,按其要求再来讲给你们听。"度胜随即便去,大家又叮咛她说:"一切都要安佛理的仪式去办。"度胜没回来时,金刚和侍女们静静地在大厅等候着,如同孩子等待母亲一样。

佛陀告诉度胜说:"你回去解说佛法,可以使更多的人度脱苦海。说佛法的仪式,要先安排好高的座位。"度胜接受了教诲回来,讲了佛陀的嘱咐,大家都十分高兴,每个人都脱下一件衣服,叠成一个高座。度胜沐浴后,仰承着佛陀的神威,如佛陀那样宣讲佛法,金刚和侍女等五百多人,都开疑解惑,摒弃邪恶,证得阿罗汉初果。度胜说法美妙动人,众人全神贯注,竟然没有发现宫室失火,结果她们全都被烧死了。随即往生天界,等到国王派人前来救火,只见宫殿已被大火焚毁,只好把她们的遗体收棺入殓。国王参加葬礼后,路过佛陀的住所,便前去礼拜佛陀,坐在平时拜见佛陀时的座位上。佛陀问国王说:"从什么地方来的?"国王双手合什说:"女儿金刚真是不幸,没有觉察到失火,所有人都被烧死了,我刚为她们举行葬礼回来。不知道是什么罪业,使她们遭遇火患?希望佛陀能告诉我原因。"

佛陀告诉波斯匿王说:"在过去世时,有一座城市名叫波罗奈,城中有一位长者的妻子,带领侍女五百人,到城外举行祭祀。她有严格的家法,不准其他种姓的人到场参加,不问亲疏远近,凡有外来之人,就要抓来投进火中。当时有一位辟支佛名叫迦罗,在山中修行。早晨出来乞食,日暮时分才回到山中。他刚好乞食归来经过祭祀的地方,长者的妻子看见后,非常愤怒,抓住迦罗当即投入大火中。迦罗被烧得全身焦烂,此时运用神足通,飞升到高空。长者的妻子及众人见此情景,十分害怕,都痛哭流涕表示悔过,长跪仰头说：'我们愚蠢不认识真谛，有辱神灵，真是愚昧至极。我们的罪过深重如山，希望能够赐予我们恩德以消除灾难。'话说完后当即圆寂，侍女为她建了供奉灵骨的舍利塔。"

佛陀为国王用诗句说：

> 愚蠢之人来作恶，终究不能得解脱。
> 灾难追寻如自焚，罪业已成烈火燃。
> 愚昧行为所望处，不能不到苦海中。
> 临终坠入三恶地，方知不善遭罪业。

佛陀告诉国王："当时那位长者的妻子，就是今天您的女儿金刚；那五百侍女，就是今天度胜等五百侍女。罪业和福报追人，永远不能逃脱；善报恶业随人，如影随形。"

佛陀解说佛法时，国中男女老少都笃信欢喜，皈依了佛、法、僧三尊，都接受了五戒，随即证得佛理。

## 【辨析】

第一个老翁的故事读来让人有些伤感。这是一位十分勤快、辛劳的长者，他在自己生命的最后，还在为子孙后代的福祉劳作着，以至于连停一下手中的活计，听一听佛陀关于人生哲理偈言的工夫都没有。以此比喻那些虽然劳作一生，但却糊涂一世，不愿意思考，一生都被贪欲牵着鼻子走的人。为房子、为各种利益无休止追求的人，至死都不会明白，人生无常，生命有限，不能为物欲所累的佛理。世人应该醒悟：该放下时需放下，儿孙自有儿孙福。

第二个国王女儿金刚和度胜等五百侍女的故事更为悲惨。金刚年轻守寡，已属不幸，适逢信佛，又不慎被大火烧死；度胜等五百侍女，则更为无辜，只因为专心听讲，竟一同被火烧死，实在是惨不忍睹。佛陀追溯其前缘，金刚之遭遇尚可解释为因有烧死前世佛的恶报，而五百侍女今世却死于非命，这实在是人间的悲剧，借此隐喻人不能完全主宰自己的命运。

两个故事中将老翁、金刚和度胜等五百歌女比喻为愚昧无知的人。对于前者，尚可接受；对于后者，尤其是度胜等五百歌女，比喻为命运悲惨的可怜人，也许更容易使读者接受。

故事中把前生和今世的善报与恶业比喻为如影随形的关系，采取了以实证虚、虚实相间的喻证手法，是十分巧妙而贴切的。

# 十四

# 明 哲 品

【题解】

佛教是指导人们认识宇宙和人生的真理，解脱生死的方法。本篇故事旨在帮助世人认识佛陀的教义，不是一种生活的技能，而是人生的信仰。其修行的方法是调心，目的在于离苦得乐。

【经文】

## 明哲品第十四

昔有梵志，其年二十。天才自然，事无大小过目则能。自以聪哲而自誓曰："天下技术要当尽知，一艺不通，则非明达也。"于是游学，无师不造。六艺[1]杂术，天文地理，医方镇压，山崩地动，挎捕[2]博弈，妓乐博撮[3]，裁割衣裳，文绣绫绮，厨膳切割，调和滋味，人间之事，无不兼达。心自念曰："丈夫如此，谁能及者？试游诸国，摧伏抵对，奋名四海技术冲天，然后载功竹帛，垂勋百代。"

于是游行往至一国，入市观视。见有一人，坐作角弓，析筋治角，用手如飞，作弓调快，买者凈前。即自念曰："少来所学，自以具足；邂逅自轻，不学作弓。若彼斗技，吾则不如矣，当从受学耳。"遂从弓师求为弟子，尽心受学。月日之中，具解弓法，所作巧妙，乃逾于师，布施财物，奉辞而去。

去之一国，当渡江水，有一船师用船若飞，回旋上下，便疾无双。复自念曰："吾技虽多，未曾习船；虽为贱术，其于不知。宜当学之，万技悉备。"遂从船师愿为弟子，供奉尽敬，竭力劳勤。月日之中，知其逆顺，御船回旋，乃逾于师，布施财物，奉辞而去。

复至一国，国王宫殿天下无双，即自念曰："作此殿匠，巧妙乃尔。自隐游来，偶不学之；若与竞术，必不胜矣。且当复学，意乃足耳。"遂求殿匠愿为弟子，尽心供养，执持斤斧。月日之间，具解尺寸，方圆规知，雕文刻镂，木事尽知，天才明朗，事辄胜师，布施所有，辞师而去。周行天下遍十六大国，命敌捔[4]技，独言只步，无敢应者。心自贡高曰："天地之间，谁有胜我者？"

佛在祇洹，遥见此人应可化度。佛以神足化作沙门，挂杖持钵，在前而来。梵志由来，国无道法，未见沙门，怪是何人？须至当问，须臾来到，梵志问曰："百王之则，未见君辈；衣裳制度，无有此服；宗庙异物，不见此器。君是何人，形服改常也？"沙门答曰："吾调身人也。"复问："何谓调身？"于是沙门，因其所习，而说偈言：

   弓匠调角，水人调船。
   巧匠调木，智者调身。
   譬如厚石，风不能移。
   智者意重，毁誉不倾。
   譬如深渊，澄静清明。
   慧人闻道，心净欢然。

于是沙门说此偈已,身升虚空,还现佛身。三十二相,八十种好;光明洞达,照耀天地。从虚空来下,谓其人曰:"吾道德变化,调身之力也。"于是其人,五体投地,稽首问曰:"愿闻调身,其有要乎?"佛告梵志:"五戒十善、四等六度[5]、四禅三解脱[6],此调身之法也。夫弓船木匠,六艺奇术;斯皆绮饰,华誉之事。荡身纵意,生死之路也。"梵志闻之,欣然信解,愿为弟子。佛言:"沙门善来。"须发自堕,即成沙门。佛重为说四谛[7]、八解[8]之要,寻时即得阿罗汉道。

昔佛在舍卫国,有山民村,五六十家,去国五百里。村中有一贫家,其主人妇怀妊十月,双生二男,甚大端政无比,父母爱之,便为作字,一名双德,二名双福。生五六十日,其父放牛来还,懈息却卧床上;其母出田,拾薪未还。此二小儿左右顾视不见父母,便共相责。语一人言:"前世之时,垂当得道,正坐愚意,谓命可常,退堕生死,不可计劫。今乃得生此贫家作子,穰草之中,以毡褐自覆。食饮粗恶,才自支身。如此至久,云何得道?皆坐前世恋慕富贵,放身散意快乐须臾,从尔以来长涂受苦。如今忧恼,当何恃怙?"一人答曰:"我尔时小,难一时之勤,竟不意精进,而令数世遭诸苦患。此是自为,非父母作也,但共当之,复何所言?"

父闻二子相责如是,甚大怪之。谓呼是鬼祟来生灾变,云何数十日小儿,乃作此言?恐其后日,杀亲灭族,曼小未大,宜当杀之。其父惊出闭门舍去,到田取薪,欲烧杀之。其母来还,问夫用此薪为?夫言:"甚大可怪,所说如是。此似是鬼,必破人门族,以其曼小,欲烧杀之。"其母闻此,意中愕然,犹豫未信。小停数日,更听其言。至明日,夫妇俱出于户外,潜听二儿在内,相责如故。夫妇重共闻之,甚怪所以,便共集薪,密欲烧之。

佛以天眼见此夫妇,欲烧杀二子,愍其可怜。宿福应度,往到其村,普放光明,天地大动,山川树木皆作金色。村中大小惊到佛所，为佛作礼，莫不欢喜。知佛至神，三界无比。佛到双生小儿家，二儿见佛光明，喜踊难量，父母又惊，各抱一子将至佛所，问佛世尊："此小儿生来五六十日，所说如是，甚共怪之。恐作祸害，欲火烧杀之。正值佛来未及得烧，不知此小儿，为是何等鬼魅也？唯愿解说，是何灾怪？"小儿见佛，踊跃欢喜，佛见小儿大笑，口出五色光，普照天地。佛告小儿父母及村人大小："此二小儿非是鬼魅，福德之子。前迦叶佛时曾作沙门，少小共为朋友。同志出家，各自精进，临当得道。欻起邪想，共相沮败；乐世荣华，恃福生天。下为侯王、国主、长者。欻起是想，便堕退转，不得涅槃。更此生死，弥连劫数，常相钩牵，辄共双生。遭我世时，今始乃生。已往供养佛功德故，余福应度，罪灭福生，自识宿命，是以世尊故来度之。我不度者，横为火所烧。"

于是世尊即说偈言：

大人体无欲，在所照然明。
虽或遭苦乐，不高现其智。
大贤无世事，不愿子财国。
常守戒慧道，不贪邪富贵。
智人知动摇，譬如沙中树。
朋友志未强，随色染其素。

佛说是时，小儿见佛其身即踊，如八岁小儿，即作沙弥，得罗汉道。村人大小见佛光相，又见小儿形变踊大，皆大欢喜，得须陀洹道。父母疑解，亦得法眼。

**【注释】**

[1] 六艺：指礼、乐、射、御、书、数六种技能。
[2] 摴蒲（chūpú）：同"樗蒲"，古时一种游戏，像后代掷色

子，由于最初是用樗木制成，故称。

[3] 博撮（cuō）：用手聚拢，把东西聚集起来。此处指舞蹈。

[4] 捔（jué）技：竞技、比赛。

[5] 四等六度：四等，指粗、浊、中、上四种根基的人，四等并无本质上的不同。六度，即布施、持戒、忍辱、精进、禅定、智慧，是六种度脱人生苦难的方法。

[6] 四禅三解脱：四禅又称四静虑，指色界中的初禅、第二禅、第三禅、第四禅，故又称色界无。三解脱，通往解脱之道的三种方法，即空、无相、无愿。

[7] 四谛：指苦、集、灭、道四种真理。苦谛是指对人生是苦的认识；集谛是对产生人生苦难原因的分析；灭谛是指涅槃寂静；道谛是指达到寂静涅槃境界的道路和方法

[8] 八解：八种解脱的方法，即八正道，指正见、正思惟、正语、正业、正命、正精进、正念、正定。

【译文】

## 第十四章　明哲修身的喻理

### 三十二　佛陀教化百技皆通之人的故事

从前有一位婆罗门修行者，只有二十岁。他天生聪颖，事无大小，过目不忘。他自恃聪明就对自己说："要通达天下的各种才艺，如有一艺不通，就算不上是聪明通达的人。"于是他到各地游学，遍访名师。不仅学习礼、乐、射、御、书、数六种技能，上至天文下至地理，医术药理推拿按摩，乃至大到山摇地动等自然现象，小至游戏博弈，音乐舞蹈，缝纫刺绣，烹饪厨艺，人间之事，无不通达。他心想："一个男子能这样，谁能比得了呢？我要游历各国，进行竞技比赛，扬名四海，从而名载史册，流传百世。"

于是他游历至一个国家，来到集市中寻访。看见有一个工匠，坐在那里制作弓箭，剖筋切角，技艺娴熟，下手如飞，弓箭制作得极快，买弓箭者争先恐后。他心想："我自以为所学很全面，这次偶然发现，自己没有学过制作弓箭。如果和他比这种技术，我则不如他，应当跟他学习。"便拜工匠为师，虚心学习。一个月的时间，完全掌握了制作弓箭的方法，技艺超过了他的师傅，他给了师傅一些财物之后，便辞别而去。

他又游历到另一个国家，在渡江时，见船夫驾船如飞，船在江面旋转起伏，轻便迅捷，无人能比。婆罗门修行者看了后，心想："我的技能虽多，但却没有学过驾船，这种技能虽然低下，但我对此却一无所知，应当学习，才能使自己具备这种技能。"就自愿成为船夫的徒弟，恭敬地供奉，竭尽全力辛勤练习。一个月的时间，掌握了船在逆流和顺流时行驶的要领，驾船在江水上回旋起伏自由前行，技术超过了他的师傅，他给了师傅一些财物之后，又辞别而去。

此后他又来到一个国家，看到国王的宫殿巍峨庄严，天下无双，心想："建造这座宫殿的工匠，技艺精湛。自己游历以来，无不学习。倘若与工匠竞技比赛，必定会输给他。应当学习，这样才能如愿。"就自愿成为工匠的徒弟，尽心供养，运斤操斧。婆罗门修行者用一个月的时间，具备了与建造房屋相关的各种知识和技能，如尺寸大小，方圆规矩，雕刻镂空等，木工的技术都掌握了。加之他天生聪明，技术超过了师傅，他给了师傅全部财物之后，辞别而去。就这样他走遍了印度的十六大国，和人们比赛各种技术，没有人是他的对手，没有人敢应接他的挑战。他自傲地想："天地之间，还有谁能胜过我？"

佛陀在憍萨罗国都舍卫城太子祇陀的林园，远远地看见这个婆罗门修行者可以度化，便用神足通来到这个国家，变成一个出家修行者，一手挂杖一手持钵，缓步走来。婆罗门修行者所到过的国家都没有佛法，没有见过出家人，奇怪地想这是什么人？等他到了应当问一下。须臾之间出家人就到了近前，婆罗门修行者问道："在尊贵者中，从未见过像您这样的；所穿的衣服，也没有这种样式；宗庙的器物里，也没见过您拿的东西。您是什么人？为什么服装和常人不同呢？"出家人回答："我是调理人的身心，使其向善的人。"婆罗门修行者又问："什么是调理身心？"于是出家人根据这位婆罗门修行者平时所修习的内容，用诗句说：

> 弓箭匠师调角度，渡水艄公调船舵。
> 巧手木匠调木料，智慧之人调身心。
> 如同厚重磐石坚，任凭大风不动摇。
> 智慧之人心念定，无论毁誉不倾倒。
> 比如幽潭深涧水，寂然无声现明净。
> 智慧之人闻正道，澄澈清朗悦心意。

出家人说完诗句后，身体升到空中，现出了佛身，有三十二种妙相，八十种美形；光明所达，照耀天地。佛陀从空中下来，对婆罗门修行者说："我的法身变化，就是调理身心后的神力。"于是婆罗门修行者五体投地，礼拜佛陀后问道："希望听您解说调理身心之法，其中最重要的是什么？"佛陀告诉他说："五戒、十善、四等、六度、四禅、三解脱，这些就是调理身心的方法。制作弓箭、驾船航行、巧手木匠，以及六艺等百般技艺，都是身心之外的虚华装饰之事。会令人恣情纵意，走向生死轮回之路。"婆罗门修行者听了以后，欣然领悟，愿意成为佛弟子。佛陀说："来吧，出家人。"婆罗门修行者的须发自然脱落，随即成为佛弟子。佛陀又为这位弟子解说了四谛、八正道之要义，当即就证得阿罗汉果位。

### 三十三　双胞胎男孩的故事

从前佛陀在憍萨罗国都舍卫城时，城外五百里远处有一个山村，住着五六十户人家。有一户贫穷人家，主妇怀胎十月，刚生下一对双胞胎男孩，长得健康而且十分端正，父母非常喜爱，便为他们取名字，一个叫双德，一个叫双福。生下五六十天的时候，一天，孩子的父亲放牛回来，躺在床上休息，母亲到田间拾取柴火还没回来。两个小男孩环视左右不见父母，便相互交谈并自责起来。其中一个说："前世的时候，应当证得道果，却因一时糊涂，认为生命可以长存，一念之差就堕入生死轮回之中，遭受无尽的苦难。今天投生到这户贫困人家为子，铺着草垫，盖着毛毡麻布，吃着淡饭粗茶，勉强活命。像这样下去，什么时候才能证得道果？这都是前世贪慕荣华富贵，放纵自己只图一时快乐，结果长期遭受苦难。现在忧愁烦恼，又有什么用呢？"另一个回答说："我的前世，不知勤奋努力，也不知道精进修习，如今才会生在穷人家，遭受世间的苦难。这是自己的行为造成的，不是父母的责任，只能自己担当，还有什么可抱怨的呢？"

父亲听到两个儿子这样相互埋怨，感到十分惊异，以为是鬼怪作祟，可能会带来巨大灾祸。为什么生下只有几十天的小孩，却能说出这样的话呢？害怕他们长大后会干出杀亲灭宗之事。应当趁着还未长大的时候就杀死他们。父亲惊恐地出去，将门关好，来到田间取了柴火，准备烧死两个孩子。这时刚好孩子的母亲回来，问丈夫拿柴火做什么。丈夫说："太怪异了，两个孩子所说的话，像是鬼怪，必会害人宗族，趁他们还小，我要烧死他们。"母亲听后，心中愕然，怎么也不相信。过了几天，又听到两个孩子说话。第二天，夫妻二人在门外的窗户下，偷听两个孩子在屋里的谈话和自责。夫妻俩听到后，更加觉得怪异，便一起准备柴火，决定要悄悄把孩子烧死。

佛陀以天眼看见这对夫妻要烧死两个孩子，因而怜悯他们，孩子过去的福德应当得到度化。于是佛陀就来到他们的村子，大放光明，天地震动，山川树木都映出一片金色。村中的男女老少惊喜地来到佛陀身边，礼敬佛陀，无不欢喜。看到了佛陀有至高无上的神力，三界之中无人可比。佛陀来到双胞胎男孩家，两个孩子见到佛陀的光明，欢喜雀跃，他们的父母也又惊又喜，每人怀抱一个孩子来到佛陀的身边，问佛陀说："小孩生下来五六十天，就能说话自责，让我们十分震惊。担心将来成为祸害，想用火烧死。正好佛陀来此还没来得及烧，不知道小孩是什么鬼怪？期望您能解说，这是什么灾难？"小孩看见佛陀，极为欢喜，佛陀看见小孩也大笑起来，口中放出五色灵光，普照天地之间。佛陀告诉小孩的父母以及村里的男女老少："这两个小孩不是鬼怪，而是有福德的孩子。从前在迦叶佛时期曾经出家修行，两个人从小就是朋友，志向相同，后来一起出家修行，各自都勤修进取。在将要证得道果时，忽然起了邪念，共同后退到世俗之中。贪恋世间的荣华富贵，认为自己的福报可以往生天界，即使下生到人间，也可为国王、诸侯和德高望重的人。产生这样的想法后，便转退至生死轮回之中，不能到达涅槃境界。度过了漫长的岁月，两个人常常牵连相伴，因此成为双胞胎转生世间。到了我在世之时，才降生到你们家。他俩由于以往供养迦叶佛的功德，应当得到度化，如今罪业已灭除，福报萌生，他们知道自己的前生，我因此来度化他们。我如果不来救度，他们就会被火烧死。"

于是佛陀随即用诗句说：

　　大德之人心无欲，心无杂念放光明。
　　虽然亦遇苦乐境，不曾高傲显其智。
　　贤人摆脱世俗欲，不愿子孙贪财物。
　　持守戒律般若智，不贪富贵离邪恶。
　　智人知心易散乱，比如沙海树木摇。
　　交友自心不坚定，随尘污染不清净。

佛陀解说诗句时，小孩看着佛陀，他们的身体随即长大，如同八岁的孩子，当即出家修行，证得了罗汉佛果。村里的男女老少见到佛陀的光明妙相，又看见小孩身体变大，皆大欢喜，也证得了佛教的初果。孩子父母的疑惑消除了，领悟了佛法。

【辨析】

这两个比喻故事，其喻理都在于表明佛陀的智慧是人世间至高无上的，并在故事情节的自然推进中通过对比烘托将这一主题凸显出来，促使读者思考自己的人生目标，反思自己的盲目行为。

前一故事旨在宣扬修行证悟佛理是人生的唯一出路。以世俗社会的人们所能获得的技能衬托出家修行所能达到的境界，形成了不同人生抉择的对比。

第一，以人间百种技艺、万般智慧都只是为了谋生计、求虚荣，从而说明佛教是为了求真谛、得解脱。以佛教对超越现实的崇高理想的追求，明示了两者的不同。

第二，无论是掌握制作弓箭、驾船、木工之巧思，还是精通礼、乐、射、御、书、数六艺之方术，都只不过是人的外在本领，是"外求"，只有以佛教之五戒、十善、四等、六度、四禅、三解脱调养身心，进行"内省"，才是人生之正道，才能获得真正的智慧。

这个比喻故事在写作上极尽铺排渲染之能事，对于外部世界纷繁事物和各种技能的描绘，穷形尽相，淋漓尽致。为了烘托出主旨，收到更好的教化效果，故事造足了声势，做足了铺垫，给人留下了深刻的印象。

后一个故事的重心在于"内省"，表现的是出家人对自己行为思想的反省。两个转生到贫穷人家的双胞胎男孩，追忆着各自前生出家修行时的过失，一个说自己贪恋富贵荣华，自我放纵，未能证得佛果。另一个说自己不勤奋努力，没有坚持修习，只得遭受无尽的苦难。以两人的自责悔过说明了"正念"的意义,烘托出佛弟子返观内照、自我完善的精神境界。同时,将信仰者世界和现实世界两相映照,形成对比。

此外,这个故事有很强的感染力,以灵异鬼怪之色彩和充分的想象,将婴儿对话的不可思议,父母的诧异惊恐以及认为这是巨大灾祸而准备烧死他们的行动,描绘得离奇而又真切,情节波澜起伏,牵动人心,读来如见其人,如闻其声。

总之,两个故事都巧妙地运用了烘托、对比以及对主人公"外求"与"内省"的渲染和铺叙,使故事情节曲折生动,极富吸引力。

# 十五

# 罗 汉 品

【题解】

罗汉是小乘佛教所成就的最高果位，获得这一果位即断尽了一切烦恼，应受天人的供养，不再生死轮回，达到了自我解脱的目的。汉地大乘佛教重视菩萨行，在教、理、行、果上与小乘佛教有很大的差异，其中最根本的是小乘佛教认为佛只有一位，就是佛陀；而大乘佛教则认为人人都有佛心，只要一心向善，修习戒、定、慧三学，则人人皆可成佛。

【经文】

## 罗汉品第十五

昔有一国名曰那梨，近南海边，其中人民采真珠、栴檀[1]以为常业。其国有一家兄弟二人，父母终亡，欲求分异。家有一奴，名曰分那。年少聪了，贾贩市买入海，治生无事不知。居家财物分为一分，以奴分那持作一分，兄弟掷筹[2]，弟得分那，止将妻子空手出舍。

时世饥俭，唯得分那，恐不相活，以为愁忧。时奴分那白大家言："愿莫愁忧，分那作计，月日之中，当令胜兄。"大家言："若审能尔者，放汝为良人。"大家夫人有私珠物，与分那作本。时海潮来，城内人民至水边取薪。分那持珠物出至城外，见一乞儿负薪，薪中有牛头栴檀香。可治重病，一两直千两金，时世有一，不可常得。分那识之，以金钱二枚买得持归，破作数十段。时有长者得重病，当须此牛头栴檀香二两合药，求不能得。分那持往，即得二千两金。如是卖尽，所得不訾[3]，富兄十倍。大家感念分那之恩，不违言誓，放为良人，随意所乐。

于是分那辞行学道，到舍卫国为佛作礼，长跪白佛："所出微贱，心乐道德，唯愿世尊垂慈济度。"佛言："善来分那。"头发自堕，法衣着身，即成沙门。佛为说法，寻得罗汉道。坐自思惟："今得六通，存亡自由，皆主人之恩，今当往度并化国人。"于时分那往到本国，至主人家。主人欢喜，请坐设食。食讫澡手，飞升虚空。分身散体，半出水火，光明洞达，从上来下，告主人曰："此之神德，皆是主人放舍之福，往到佛所，所学如是。"主人答曰："佛之神化，微妙乃尔，愿见世尊，受其教训。"分那答曰："但当志心，供设馔具，佛三达智[4]，必自来矣。"即便设供，宿昔已办，向舍卫国稽首，长跪烧香请佛："唯愿屈尊，广度一切。"

佛知其意，即与五百罗汉，各以神足往到其舍。国王人民，莫不敬肃，来至佛所，五体投地，却坐王位，食毕澡讫，佛为主人及王官属，广陈明法。皆受五戒，为佛弟子。起住佛前，叹分那曰："在家精勤，出家得道，神德高远，家国蒙度，我当云何，以报其恩？"

于是世尊重叹分那，而说偈言：

　　心已休息，言行亦止。
　　从正解脱，寂然归灭。

弃欲无著，缺三界障。
望意已绝，是谓上人。
若聚若野，平地高岸。
应真所过，莫不蒙度。
彼乐空闲，众人不能。
快哉无望，无所欲求。

佛说偈已，主人及王益加欢喜，供养七日，得须陀洹道。

【注释】

[1] 栴（zhān）檀：为檀香科常绿乔木，产于印度、中国、泰国。檀香为常见的香料，经常用做庙宇的焚香。提炼的檀木油还可入药。

[2] 掷筹：博具，本文指用两选一确定归属的方法。

[3] 不訾（zī）：訾，估量，限度。不訾，在本文指不少。

[4] 三达智：即佛陀和罗汉的三种神通。分别是通达宿命、天眼、漏尽（断除了烦恼）的智慧。

【译文】

# 第十五章　成就罗汉的喻理

## 三十四　奴仆成就罗汉的故事

从前有一个国家名叫那梨，靠近南海边，那里的百姓以采获珍珠、栴檀为业。那梨国一户人家，有兄弟二人，父母双亡，两人要分家。家中有个奴仆，名叫分那。他年少聪明，无论是去市场买卖货物，还是到海里采集珍珠，料理生计的事他无所不知。两人决定把家中的财物分为一份，奴仆分那作为另一份，兄弟用掷筹的方法确定财产的归属，结果弟弟得到了分那，只好和妻儿带着分那，两手空空地走出老屋。

当时正逢饥荒，弟弟只得到奴仆分那，恐怕生活难以为继，因而深为忧愁。这时分那便对主人说："请不要担忧，我来筹划安排，一个月之内，就能使家里的财产超过你的哥哥。"主人说："如果真能如此，就放你为自由人。"主人的妻子拿出陪嫁时的珠宝佩物，交给分那作本钱。这时海潮来袭，城里的人们都来到海边拾取被海水冲上来的木材。分那这时拿着珠宝佩物出城，在城外看见一个讨饭的小孩背着一捆木材，木材中有牛头栴檀香木。可用以治重病，一两价值黄金一千两，像这样珍贵的牛头栴檀香木，当时世上只有一块，是非常罕见的。分那认识这种木料，就以二枚钱买了回来，然后截成了几十小段。当时有一位富有的长者得了重病，需要牛头栴檀香木二两做配药，四处寻求都没有得到。分那拿着二两牛头栴檀香木前去，当即得到二千两金子。就像这样卖完了所有的牛头栴檀香木，赚的钱超过哥哥财产的十倍。主人非常感谢分那，没有违背当初的誓言，放了分那，使他成为一个自由人，可以随意做自己喜欢做的事情。

于是分那辞别了主人，出家修行去了。他来到憍萨罗国都舍卫城拜见佛陀，跪拜着对佛陀说："我虽出身卑贱，但心向佛理，期望佛陀慈悲救度。"佛陀说："向善的分那，来吧！"分那的头发随之自行脱落，僧衣穿在了身上，当即成为佛弟子。佛陀为他解说佛法，很快就证得罗汉佛果。分那禅定时想："我现在已证得六神通，完全自由，这都是主人的恩德，应当前去度化他和教化故国的人们。"于是分那就回到故国，来到主人家。主人看见他非常高兴，请他坐下来，为他做好了斋饭。分那用完斋饭洗了手之后，升到空中，身体散开，一半涌出水，一半显出火，光明洞彻，照耀天地，然后又从空中下来，告诉主人说："这神通变化，都是主人给我自由后，我到佛陀那里才学到的。"主人回答说："佛陀的神通变化，如此精微美妙，我愿意拜见佛陀，接受他的教诲。"分那回答说："只要你至诚地设置好供奉的物品，佛陀有通达宿命、具备天眼和解脱烦恼的三种智慧，一定会自己来的。"主人随即很快设置好各种供奉物品，向舍卫城施礼跪拜，烧香恭请佛陀："愿佛陀屈尊降临，广度一切众生。"

佛陀知道了主人的心意，当即和五百罗汉，各以神足通来到主人家中。国王和人民对佛陀的到来无不恭敬，来到佛陀跟前，五体投地，顶礼膜拜后，请佛陀坐在国王的尊位，用完斋饭，洗漱之后，佛陀为主人以及国王和大臣们讲解佛法。大家听闻之后都接受了五戒而成为佛弟子。这时主人站起来在佛陀面前称赞分那说："分那在家勤劳能干，出家后修得佛果，神通广大，德行深厚，家与国都得到教化，我应当如何来报答他的恩德？"

于是佛陀也称赞分那，用诗句说：

　　心中妄念已尽除，邪恶言行亦止息。
　　随从正道得解脱，心中静寂归涅槃。
　　抛弃欲念无所著，三界魔障也消失。
　　欲望奢求已断绝，便是修行大德人。
　　妄尘若聚若荒野，比如平地与高原。
　　证悟之人所经过，无不承蒙得化度。
　　修行喜乐得空闲，凡庸之人不能及。
　　快乐止观无妄念，舍去欲望无所求。

佛陀解说完后，主人及国王更加欢喜，留佛陀和弟子供养七天。最后他们都证得了初果。

**【辨析】**

这个比喻故事写得饶有机趣，从一个侧面为我们展开了一幅真实而又生动的古代印度家庭生活图景，让我们感受到了那个时代的气息，有助于我们了解当时印度的社会状况。

首先，故事中的弟兄二人在分家时，采取了"掷筹"的方式，这种方式的出现往往是在财产不好分割，难以量化，彼此无法取舍之时的无奈之举，于是将个人的选择交给了"运气"，这表现了宿命论对当时人们思想的影响，以及人们对这一思想的普遍接受。

其次，当时的印度社会还处于奴隶制的后期，可以看出家中的奴仆和主人的关系不是一般的雇佣关系，而是隶属关系，主人对奴仆具有人身的控制权。故事中的主人公分那就是在帮助主人摆脱了生活的困境后，主人兑现了之前的承诺，才获得了人身自由，出家修得佛果的。

最后，从分那修行所证得的小乘佛教的最高果位阿罗汉来看，佛陀在创教之初，就广泛传播众生平等的思想，在佛弟子中已经突破了传统观念的束缚，无论出身高贵和低贱，只要发愿修行，皆可证得佛果，这代表的是先进的社会观念和信仰。

此外，分那的精明能干，在客观上揭示出人的智慧是不能以出身来判断的。故事正是以此比喻从事劳动和生活实践会使人更聪明，隐喻家庭和社会真正的主人是劳动者，暗喻佛教具有庞大的社会基础。整个故事中没有邪恶之人、邪恶之事，故事情节的发展顺理成章、自然而然，主人、分那、佛陀、国王、民众等，人物之间的关系和谐融洽，呈现出一派祥和的气氛，就连兄弟二人也没有因为分家而争吵不休。读完之后令人难忘，也令人深思。

# 十六

# 述 千 品

【题解】

所谓述千,是指即使讲述的佛理成百上千,诵读的佛经万语千言,如不得要领,还不如诵读符合佛陀教义之一言。如能将一言融会贯通、身体力行,同样可以脱离世间之苦。以此表明佛教弘法,力求精确、简约的喻理。

【经文】

## 述千品第十六

昔佛在舍卫国,有一长老比丘字般特,新作比丘禀性闇塞,佛令五百罗汉日日教之,三年之中不得一偈,国中四辈皆知其愚冥。佛愍伤之,即呼着前,授与一偈:"守口摄意,身莫犯非。如是行者,得度世时。"般特感佛慈恩,欢欣心开,诵偈上口。佛告之曰:"汝今年老,方得一偈,人皆知之,不足为奇。今当为汝解说其义,一心谛听。"般特受教而听,佛即为说:"身三、口四、意三[1]所由,观其所起,察其所灭。三界五道,轮转不息。由之升天,由之堕渊；由之得道，涅槃自然。"分别为说无量妙法。时般特霍[2]然心开，即得罗汉道。

　　尔时有五百比丘尼，别有精舍。佛日遣一比丘，为说经法。"明日般特，次应当行。"诸尼闻之，皆豫含笑："明日来者，我等当共，逆说其偈。令之惭愧，无所一言。"明日般特往，诸比丘尼大小皆出作礼，相视而笑。坐毕下食，食已澡手，请令说法。时般特即上高座，自惭否曰："薄德下才，末为沙门，顽钝有素。所学不多，唯知一偈，粗识其义。当为敷演，愿各静听。"诸年少比丘尼，欲逆说偈，口不能开，惊怖自责，稽首悔过。般特即如佛所说，一一分别，身意所由，罪福内外，升天得道，凝神断想，入定之法。即时诸尼闻其所说，甚怪甚异，一心欢喜，皆得罗汉道。

　　后日国王波斯匿，请佛众僧于正殿会，佛欲现般特威神，与钵令持，随后而行。门士识之，留不听入。"卿为沙门，一偈不了，受请何为？吾是俗人，由尚知偈，岂况沙门无有智慧，施卿无益，不须入门。"时般特即住门外。佛坐正殿，上行水已毕，般特即擎钵申臂遥以授佛。王及群臣、夫人太子、众会四辈，见臂来入，不见其形，怪而问佛："是何人臂？"佛言："是般特比丘臂也，近日得道。向吾使持钵，门士不听来入，是以申臂授吾钵耳。"即便请入，威神倍常。王白佛言："闻般特本性愚钝，方知一偈，何缘得道？"佛告王曰："学不必多，行之为上。般特解一偈义，精理入神，身口意寂净如天金。人虽多学，不解不行，徒丧识想，有何益哉？"

　　于是世尊即说偈言：

　　　　虽诵千章，句义不正。
　　　　不如一要，闻可灭恶。
　　　　虽诵千言，不义何益？
　　　　不如一义，闻行可度。

虽多诵经，不解何益？
解一法句，行可得道。

佛说偈已，三百比丘得阿罗汉道，王及群臣夫人太子，莫不欢喜。

昔佛在舍卫国精舍之中，为天人说法。时舍卫国中，有婆罗门长者名蓝达，大富无极，其家资财不可计数。梵志之法，当作大坛，以显名誉，尽家之财，持用布施。作般阇于瑟[3]，供养婆罗门五千余人。五年之中，供给衣被、床榻、医药、珍琦宝物、郊祠供具，尽所爱惜。诸梵志等五年之中，为罗摩达长者，祭祀诸天、四山五岳、星宿水火，无不周遍。咒愿长者长夜受福。五岁已周，最后一日，极大布施，如长者法。金钵盛银粟，银钵盛金粟；象马车乘，奴婢资财；七宝服饰，散盖履屣；鹿皮之衣，锡杖踞床；澡罐澡盘，床榻席荐。所应当得，事事八万四千，尽持布施。当其尔日，皆来大会。鬼神、国王、大臣、梵志大姓，悉来会坐。隐隐阗阗[4]，莫不欢欣。

佛见如是，叹然言曰："此大姓梵志，何以愚痴？所施大多，福报薄少。如种火中，何从得报也？若我不化，长离法门。"于是世尊便起严服，化从地出，放大光明，普照众会。大小见之怪未曾有，惊怖悚惧，不知何神。长者罗摩达及诸大众，头面着地为佛作礼。佛见众人皆有敬心，因其恭肃便说偈言：

月千反祠，终身不彻。
不如须臾，一心念法。
一念造福，胜彼终身。
虽终百岁，奉事火神。
不如须臾，供养三尊。

一供养福，胜彼百年。

于是世尊告蓝达曰："施有四事，何等为四？一者施多，得福报少；二者施少，得福报多；三者施多，得福报多；四者施少，得报亦少。何谓施多，得福报少者？其人愚痴，杀生祭祠，饮酒歌舞，破损财宝，无有福慧。何谓施少，得报少者？以悭贪恶意，施凡道士，俱两愚痴，是故无福。何谓施少，得福多者？能以慈心奉道德人，道士食已，精进学诵，施此虽少，其福弥大。何谓施多，得福多者？若有贤者觉世无常，好心出财，起立塔寺、精舍、果园，供养三尊衣服、履屣[5]床榻、厨膳，斯福如五河流入于大海，福流如是世世不断。是为施多，其报转多。譬如农家地有厚薄，所得不同。"尔时蓝达长者座中会人，见佛变化，闻说法言，皆大欢喜。诸天人神，皆得须陀洹道；五千梵志，皆作沙门，得应真道；主人蓝达居家大小，皆受五戒，亦得道迹；国王大臣，皆受三自归[6]，为优婆塞，亦得法眼。

昔佛在舍卫精舍教化时，罗阅祇国有一人，为人凶愚。不孝父母，轻侮良善；不敬长老，居门衰耗；常不如意，便行事火，欲求福祐。事火之法：日适欲没，燃大火聚，向之跪拜，或至夜半，火灭乃止。如是三年，不得其福。更事日月，事日月法，昼以日出，夜以月明，向日月拜，没乃休止。如是三年，复不得福。转复事天，烧香跪拜，奉上甘美香华，酒、脯、猪、羊、牛犊，遂至贫困，故不得福。勤苦憔悴，病不去门。闻舍卫国有佛，诸天所宗，当往奉事，必望得福。即到佛所，至精舍门，瞻睹世尊，光相晃然，容颜奇异，如星中月。见佛欢喜，头面作礼，叉手白佛："生长愚痴，不识三尊。事火、日月及诸天神，九年精勤，永不蒙福，颜色憔悴，气力衰微，四大多患，死亡无日。伏承世尊度人之师，故远自归，愿垂福庆。"

佛告之曰:"汝之所事,弥是妖邪,魑魅魍魉[7]。祷祀如山,罪如江海;杀生求福,去福远矣。正使百劫,勤苦尽杀,普天猪羊,持用祷祀,罪如须弥,福无芥子。徒自费丧,岂不惑哉?又卿为人,不孝父母,轻易贤善;不敬长老,憍慢贡高;三毒炽盛,罪衅日深。何缘得福?若能改心,礼敬贤者;威仪礼节,供奉长老;弃恶信善,修已崇仁。四福日增,世世无患。何等为四?一者颜色端正,二者气力丰强,三者安隐无病,四者益寿终不枉横。行之不懈,亦可得道。"

于是世尊即说偈言:

祭神以求福,从后观其报。
四分未望一,不如礼贤者。
能善行礼节,常敬长老者。
四福自然增,色力寿而安。

于是其人闻佛此偈,欢喜信解,稽首作礼,重白佛言:"罪垢所蔽,积罪九年。幸赖慈化,今得开解。唯愿世尊听为沙门。"佛言:"善来比丘。"头发自堕,即成沙门,内思安般[8],即得罗汉道。

**【注释】**

[1] 身三、口四、意三:身三,指身体所造的三种恶业,即杀、盗、淫;口四,口所造的四种恶业,即妄语、绮语、恶口、两舌;意三,意所造的三种恶业,即贪、瞋、痴。身、口、意合起来即有十种恶业。

[2] 霍:原字为古今皆无的异体字,根据文义改。

[3] 般阇于瑟:梵语音译,指佛教举行的一种广结善缘,无论贵贱一律平等对待的大斋会。又称无碍、无遮大会,这里指大

法会。

　　[4] 隐隐阗阗（tián）：阗阗，广大。隐隐阗阗，指众多的人。

　　[5] 履屣（xǐ lǚ）：原指拖着鞋子走路，这里指鞋袜。

　　[6] 三自归：即皈依佛、法、僧。

　　[7] 魑魅魍魉（chī mèi wǎng liǎng）：魑魅指传说山泽中的鬼怪，魍魉即山精、木石鬼怪。意为妖魔鬼怪。

　　[8] 安般：即保持正念，调整呼吸的止观禅法。

【译文】

## 第十六章　口说千言不如领会一句的喻理

### 三十五　一偈成就罗汉的故事

　　从前佛陀在舍卫城时，有一位年老的和尚，名叫般特，他出家当了佛弟子，但生性迟钝，佛陀让五百罗汉每天都教他，教了三年，连一句诗也记不住，因而憍萨罗国舍卫城中出家修行和在家修行的佛弟子们都知道他极为愚笨。佛陀哀悯他，把他叫到面前，亲自教他一首诗："持守口业安心意，身体力行莫犯戒。按照如此来修行，可以证得佛正果。"这时般特感恩佛陀的大慈大悲，欢欣鼓舞，心念顿开，当即背诵了这首诗。佛陀告诉他说："你现在年纪这么大了，才会一句佛言，这是人人都知道的，不足为奇。我现在为你解说其中的义理，你要用心听。"般特当面聆听佛陀的教诲，佛陀随即为他解说："身业有三恶、口业有四恶、意业有三恶，要观想它们的由来，明了怎么灭除它们。人由于业力果报的不同，在欲界、色界、无色界这三界和地狱、饿鬼、畜生、人、天五道之中生死轮回，无休无止。由善的报应而升上天界，由恶的报应而堕入地狱；由修行证得佛果，进入清净的涅槃境界。"佛陀为般特一一解说了无法计量的美妙的法义，般特因此豁然开悟，随即证得罗汉果位。

当时有五百尼姑,住在另一处寺院,佛陀每天派一位和尚,为她们解说法理。这天告诉她们说:"明天般特和尚来为你们说法。"尼姑们听后,都轻蔑地笑着说:"明天他来,我们也应当一起,反过来为他解说佛法,让他惭愧得说不出话来。"第二天般特来了,女出家人都出来施礼,她们相视而笑。般特坐下先用斋饭,饭后洗完手,大家请般特解说佛法。这时般特随即坐上尊贵的高座,自谦地说:"我才德浅薄,作为佛弟子,冥顽愚钝大家素有所闻。所学不多,只知道一首诗,略知其义。现在为大家讲解,希望你们认真听。"那些年轻的女出家人,原来想给般特讲诗的,听后也都闭口不言了,惊异惶恐,反省自责,礼拜般特表示悔过。般特随即按照佛陀所说的法言,一一为她们讲解身、口、意三业的由来,罪业福报的内因和外缘,升到天界和证得佛法的义理,以及凝神观想,禅定的方法。这时尼姑们听了他所说的佛理,十分惊异,满心欢喜,都证得了罗汉果位。

随后的一天,波斯匿王礼请佛陀和弟子们,到朝廷大殿举办法会。佛陀想要人们知道般特的神奇威德,就让他拿着盛斋饭的钵,走在他的后面。宫门的卫士认识般特,将他拦住,不准他进入,并说:"你身为出家人,连佛陀的一首诗都不懂,来了能做什么呢?我虽是世俗之人,尚且知道佛陀的诗句。作为佛弟子却没有智慧,施斋给你毫无益处,你就不要进去了。"般特只好站在门外。佛陀这时已坐在大殿上,播洒法雨的仪式结束时,般特随即从门外伸出手臂,把所拿的饭钵递给佛陀。此时,国王和大臣、夫人与太子以及参加法会的所有的人们,只看见一只长长的手臂从门外伸进来,却没看到人,就奇怪地问佛陀:"这是谁的手臂呢?"佛陀回答说:"是修行者般特的手臂,他近来证得道果,刚才我让他拿着钵,但守门的卫士不让他进来,所以伸长了手臂把我的钵送进来了。"佛陀说罢,国王立刻请般特进入大殿,只见般特威德倍显,神采奕奕，超乎寻常。国王对佛陀说："我听说般特本性愚钝，只懂一首诗，是什么因缘使他证得道果的？"佛陀告诉国王说："学理不必多，践行最重要。般特虽然只能理解一首诗，但领会了其中的精神实质，身、口、意皆澄澈如同天上的金子般纯净。如果出家人虽然学得很多，但不了解真谛也不落实到修行中，只是停留在妄想上，又有什么益处呢？"

于是佛陀随即用诗句说：

虽然念诵有千章，句中义理不正解。
不如掌握一要领，认真理解可灭恶。
虽说背诵有千言，不解其义有何益？
不如领会一义理，身体力行皆可度。
虽能念诵多记经，不解其理有何益？
理解佛陀一法句，修行证悟可得道。

佛陀解说完后，有三百出家人证得阿罗汉道果，国王和大臣、夫人以及太子，听闻佛法后，都无不欢喜。

### 三十六　布施不在多少的故事

从前佛陀在舍卫城寺院之中，为天界之人解说佛法。当时舍卫城中有一位婆罗门长者，名叫蓝达，非常富有，家中的财产多得不可计数。他依照婆罗门教法，常常设立祭祀的坛场，以显名誉和地位，还将家中的财产用来做布施，举办大法会，供养婆罗门修行者五千多人。五年之中，供给他们衣被、床榻、医药、奇珍异宝、祭祀用具等，尽其所能。婆罗门修行者也为长者蓝达祭祀求福，天神、山神、星辰、水火……无不供奉。用吉祥咒语祝愿长者永享福报，五年之中从未间断。在五年期满的最后一天，按照婆罗门法典，举行盛大的布施法会，长者蓝达以金钵盛银米，银钵盛金谷，乘着象、马驾的大车，带着奴仆婢女和财物，以及用紫金、白银、琉璃、水晶、砗磲、珊瑚、琥珀等七宝装饰的衣服，被褥鞋袜，鹿皮大衣，锡金手杖，高大床榻，洗浴用的盆罐，铺席毡垫，一应俱全，应有尽有。人间所有的八万四千种生活物品，全都拿来布施。这一天中，所有人都要来参加大会，鬼神、国王、大臣、婆罗门修行者和亲友，统统到场，场面极其浩大，人们无不欢喜雀跃。

佛陀看见这种场面，感叹说："这位婆罗门长者，为什么如此愚昧呢？他布施那么多，但福报却那么少。犹如把种子投入火中，怎么能收获到果报呢？我若不去度化他，他便永离佛道了。"于是佛陀便披上袈裟，他的化身从地下而出，放射出无比灿烂的光芒，普照与会的人们。男女老少看见这从未有过的奇异景象，十分惊恐畏惧，不知这是何方神圣。长者蓝达以及众人，都五体投地礼拜佛陀。佛陀见到人们都有恭敬之心，因此庄严地用诗句说：

朝朝供奉祈神灵，终身不解真谛义。
不如须臾顷刻间，一心一意念佛法。
唯一善念造福德，胜过终身供神灵。
虽然如此百岁寿，信奉崇拜水火神。
不如须臾顷刻间，供养三尊佛法僧。
一次供养积福报，胜过百年供奉神。

于是佛陀告诉长者蓝达："布施有四种情形，哪四种呢？一是布施多而得福报少，二是布施少而得福报多，三是布施多而得福报多，四是布施少而得福报也少。什么是布施多而得福报少的人呢？这种人愚昧无知，杀害生灵以祭祀，歌舞欢宴，既损失了财富珍宝，也没有得到福德智慧。什么是布施少而得福报少的人呢？以贪婪恶毒之意，布施没有道行的出家人，施者与受者都愚昧无知，所以没有福报。什么是布施少而得福报多的人呢？能以慈悲心供奉持守道行的出家人，出家人得到供养，精勤勇进修学佛理，这种布施虽然少，但福报却很大。什么是布施多而得福报也多的人呢？如果贤明之人悟得了世事无常的真谛，好心拿出财物，建立佛塔、寺院、花果林园，供养佛、法、僧衣服、鞋袜、床榻、饮食等，其福报犹如流入印度河的五条支流最终汇入大海一样，福报如流水，世世代代不会断绝。因为布施多，其得到的福报也多，犹如农夫家的耕地一样，有的肥沃有的贫瘠，其所收获就会不同。"这时参加蓝达大法会的人们，看见佛陀神通变化，听了佛陀的教诲后，都皆大欢喜。所有天神，都证得佛门初果；五千婆罗门修行者，都成为佛弟子，证得罗汉果位；主人蓝达全家老少，都接受了不杀生、不偷盗、不邪淫、不妄语、不饮酒五戒，也领悟了佛法；国王和大臣，也都皈依了佛、法、僧，成为在家修行的佛弟子，也悟得了佛理。

### 三十七　佛陀教化愚昧之人的故事

从前佛陀在舍卫城寺院教化众生时，摩揭陀国有一个人，为人凶恶愚昧，不孝敬父母，不尊敬长者，轻视欺侮善良的人，家道日衰而很不如意，便供奉火神，以求得到保佑，获得福德。供奉火神的方法，是在日落时点燃一堆大火，然后向火堆跪拜，一直到半夜火熄灭后才结束。这样连续供奉了三年，未能得到福祉。因此改为供奉日月神，供奉日月神的方法，是白天日出时，夜晚月明时，向日月跪拜祈福，未曾休止过。就这样一连三年，仍未能得到福祉。因此又转而供奉天神，烧香跪拜，供奉甘美的水果和香花，酒、肉干、猪、羊、小牛，从而导致生活贫困潦倒，却仍然没能得到福报。他辛勤困苦憔悴不堪，最后病得出不了门。后来听说舍卫城的佛陀为众天神所尊崇，如果前往供奉，必将得到福祉。便来到佛陀的住所，进了寺院的门，仰视佛陀，只见他光彩照人，容貌奇伟，如同群星中的明月，一下子心中无比欢喜，礼拜佛陀后，双手合什向佛请教说："长久以来，我愚昧无知，不知道佛、法、僧三尊。

信奉火、日、月以及天神，精进勤奋长达九年，却未能蒙受福报，结果弄得面色憔悴，气衰力微，患上了多种疾病，恐怕活不了多久了。听闻佛陀是救度世人的导师，所以我不辞劳苦从远方前来皈依，希望得到您的福佑。"

佛陀告诉他说："你所信奉的，都是邪恶妖孽，魑魅魍魉。祈祷祭祀越多，罪业也就越深重，祈祷如山，罪业如海；你杀害生灵以求福祉，这样就离福祉更远了，即使你用再长的时间，不辞辛苦地杀尽天下所有的猪羊用来祈祷祭祀，只会使罪业大如须弥山，而福报小得还不如一粒草籽。你这样徒然花费钱财，怎么能不困惑呢？况且你不孝敬父母，轻视贤达善良之人，不尊敬长者，傲慢自大，贪、瞋、痴三毒日盛，罪业日深，又怎么会有缘分得到福祉呢？倘若能痛改前非，礼敬贤者，行为端正，合乎礼节，供奉长者，弃恶向善，修身仁爱，四种福德就会与日俱增，世世代代没有忧患。哪四种福德呢？一是容貌端正，二是身强力壮，三是平安无病，四是益寿延年不遭横祸。这样坚持下去，不懈努力，也可以悟得佛理。"

于是佛陀随即用诗句说：

> 祭祀神灵以求福，从其果报回头看。
> 四种福分无一分，不如礼敬贤明者。
> 能够行善有礼节，常敬年长老人家。
> 四种福分自然增，身强力壮人平安。

此人听了佛陀所说的诗句，心中欢喜，虔诚地信奉了佛法，又对佛陀说："我罪恶深重，积累了九年，幸好得到了您慈悲的教化，今天才得以开悟。希望能跟随您出家修行。"佛陀说："很好，来吧，出家人。"这人的头发自行脱落，当即成为佛弟子。他内修止观禅定，随即证得罗汉果位。

【辨析】

本篇三个故事，立意各有侧重。

第一个讲的是读经不在多，"虽能多记念诵经，不解其理有何益？理解佛陀一法句，修行证悟可得道"，阐发了佛陀注重理解教义、躬亲修行的喻理。

第二个谈的是布施不在于多少，表明了"一次供养积福报，胜过百年供奉神"的喻理。

第三个说的是祭祀神灵，不如礼敬贤者的喻理。

三个故事的共同特点都是紧紧围绕"多"与"少"的关系展开叙述，形成了数量概念上的鲜明对比，表达了佛陀的立场，即不拘修行者个人资质的差异、不苛求布施者财富的多少、不介意信众过去的信仰背景，而是关注修行者的正信程度。

不同之处在于三个故事用三种描写方式。

第一个故事，运用状态、心态、情态交替变化的表现方法。

和尚般特年老迟钝的状态："三年之中不得一偈"，读后的确让人"愕然"。尼姑们听经前后的心态变化：之前极度轻视和嘲讽，之后震惊和悔过，两者形成了鲜明对比，和尚讲经时的谦虚和尼姑听经时的轻视心态也形成了对比。和尚般特给年轻尼姑的"讲法"过程以及人物的情态，描写不仅细腻，而且生动活泼。写尼姑们"皆豫含笑"、"相视而笑"，两个"笑"字，不仅使得人物形象跃然纸上，而且给人以只可意会，不可言传的独特感受。既隐喻了她们对老年和尚的否定，也暗喻对自身法理熟悉程度的盲目自信。

第二个故事，以大肆的铺排来描写婆罗门大法会的场面，给人以铺张扬厉、层层渲染的强烈视觉感受。其"金钵盛银粟，银钵盛金粟；象马车乘，奴婢资财；七宝服饰，散盖履屣；鹿皮之衣，锡杖踞床；澡罐澡盘，床榻席荐。所应当得，事事八万四千，尽持布施"的盛况，极易激发读者的想象，使人感觉仿佛来到了当年那种盛大热烈的场景之中，大有身临其境之感。尤其值得一提的是，这一篇比喻故事（"大法会"，又称"大施场"、"无遮大会"）是对古代印度宗教信仰状况极为重要的介绍，具有珍贵的史料价值，它与玄奘法师的历史巨著《大唐西域记》中关于"大施场"的描述，有异曲同工之妙，可以起到相互佐证的作用。此外，故事中的三个比喻句"犹如把种子投入火中，怎么会收获到果报呢"、"福报犹如流水，世世代代不会断绝"、"犹如农夫家的耕地一样，有的肥沃有的贫瘠，其所收获就会不同"，贴切生动，自然天成，极富表现力。

　　第三个故事，以铺叙和烘托的方式展开。从"事火之法"到"事日月之法"，再到"事天之法"，层层推进，但其结果却不仅事与愿违，而且发展到了人命危浅的程度，以此烘托只有信奉佛教才能得到福报的立意。

# 十七

# 恶 行 品

【题解】

扬善去恶，是佛教伦理思想的核心内容，由于它融摄了世俗的道德观念和代表了一切善良人们的共同愿望，因而又带有强烈的世俗伦理色彩。但与世俗的善恶观相比，佛教的善恶观更为深邃。对于恶行，佛教并没有采取以牙还牙、以暴抗暴的态度，而是以业报轮回学说宣扬恶有恶报，即来世会堕入三恶道遭受苦难，从而在人们心理上形成巨大威慑力，体现出既宽容大度、善巧圆融又直指人心的显著特色。同时以褒扬行善的福报来达到生善止恶的目的，这也是佛教斥责和遏制恶行的重要思想法宝之一。

【经文】

## 恶行品第十七

昔佛在罗阅祇国，遣一罗汉名曰须漫，持佛发爪至罽宾[1]南山中作佛图寺。五百罗汉常止其中，旦夕烧香绕塔礼拜。时彼山中，有五百猕猴，见诸道人供养塔寺，即便相将至深涧边，负辇[2]泥石效作佛图，竖木立刹，币幡系头，旦夕礼拜，亦如道人。

时山水瀑涨，五百猕猴一时漂没。魂神即生第二忉利天上，七宝殿舍衣食自然。各自念言："从何所来，得生天上？"即以天眼自见本形，猕猴之身效诸道人戏作塔寺，虽身漂没，神得生天。"今当下报，故尸之恩。"各将侍从华香伎乐临故尸上，散华烧香绕之七匝。时山中有五百婆罗门，外学邪见，不信罪福。见诸天人散华作乐绕猕猴尸，怪而问曰："诸天光影，巍巍乃尔，何故屈意供养此尸？"诸天人言："此尸是吾等故身，昔在此间，效诸道人戏立塔寺。山水瀑涨漂杀吾等，以此微福得生天上，今故散华以报故身之恩。戏为塔寺获福如此，若当至心奉佛世尊，其德难喻。卿等邪见，不信正真，百劫勤苦无所一得，不如共往至耆阇崛山，礼事供养得福无限。"即皆欣然共至佛所，五体作礼，散华供养。

诸天人白佛："我等近世猕猴之身，蒙世尊之恩，得生天上，恨不见佛，今故自归。"重白佛言："我等前世有何罪行，受此猕猴身？虽作塔寺身被漂杀？"佛告天人："此有因缘不从空生，吾当为汝说其所由。乃往昔时，有五百年少婆罗门，共行入山欲求仙道。时山上有一沙门，欲于山上泥治精舍，下谷取水身轻若飞，五百婆罗门兴嫉妒意，同声笑之：'今此沙门上下翻疾，亦如猕猴耳，何足为奇也？'如是取水不止，山水一来，溺杀不久。"佛告诸天人："尔时上下沙门，我身是也；五百年少婆罗门者，五百猕猴身是。戏笑作罪，身受其报。"

于是世尊即说偈言：

戏笑为恶，已作身行。
啜[3]泣受报，随行罪至。

佛告诸天人："汝之近世虽为兽身，乃能戏笑起作塔寺，今得生天，罪灭福兴。今者复来躬奉正教，从此因缘长离众苦。"佛说是已，五百天人即得道迹。其所共来水边五百婆罗门，闻罪福之报，而自叹曰："吾等学仙，积有年数，未蒙果报，不如猕猴戏笑为福，得生天上。佛之道德，实妙乃尔。"于是稽首佛足，愿为弟子。佛言："善来比丘。"即成沙门，精进日修，遂得罗汉道。

昔佛在舍卫国精舍之中，为诸天人说法。时国王第二儿，名曰琉璃，其年二十，将从官属退其父王，伐兄太子，自禅为王。有一恶名，曰耶利，白琉璃王："王本为皇子时，至舍夷国外家舍，看到佛精舍中，为诸释种子所呵，骂詈无有好丑。尔时见敕：'若我为王，便启此事。'今时已到，兵马兴盛，宜当报怨。"即敕严驾引率兵马，往伐舍夷国。

佛有第二弟子名摩诃目揵连，见琉璃王引率兵士，伐舍夷国，以报宿怨。今当伐杀四辈弟子，念其可怜，便往到佛所，白佛言："今琉璃王攻舍夷国，我念中人当遭辛苦，我欲以四方便救舍夷国人：一者举舍夷国人着虚空中，二者举舍夷国人着大海中，三者举舍夷国人着两铁围山间，四者举舍夷国人着他方大国中央，令琉璃王不知其处。"佛告目连："虽知卿有是智德，能安处舍夷国人，万物众生有七不可避。何谓为七？一者生，二者老，三者病，四者死，五者罪，六者福，七者因缘。此七事，意虽欲避，不能得自在。如卿威神可得作此，宿对罪负，不可得离。"于是目连礼已便去，自以私意取舍夷国人知识檀越四五千人，盛着钵中，举着虚空星宿之际。琉璃王伐舍夷国，杀三亿人已引军还国。于是目连往到佛所，为佛作礼，自贡高曰："琉璃王伐舍夷国，弟子承佛威神，救舍夷国人四五千人，今在虚空皆尽得脱。"佛告目连："卿为往看钵中人不也？"曰："未往视之。"佛言："卿先往视钵中人众。"目连以道力下钵，见中人皆死尽，于是目连怅然，悲泣愍其辛苦，还白佛言："钵中人者，今皆死尽，道德神力，不能免彼宿对之罪。"佛告目连："有此七事，佛及众圣、神仙道士，隐形散体，皆不能免此七事。"

于是世尊即说偈言：

非空非海中，非隐山石间。
莫能于此处，避免宿恶殃。
众生有苦恼，不得免老死。
唯有仁智者，不念人非恶。

佛说是时，座上无央数人闻佛说无常法，皆共悲哀，念对难免，欣然得道，逮须陀洹证。

【注释】

[1] 罽（jì）宾：汉魏时西域国名，又作劫宾国、羯宾国等。唐代玄奘在《大唐西域记》中称为"迦湿弥罗"国，即今克什米尔一带。

[2] 负辇（niǎn）：古时用人拉的车子，后多指帝王的车驾。这里指找来泥土和石块。

[3] 啜（chuò）：原字为古今皆无的异体字，根据文义改为此字。啜，本处指哭泣时抽噎的样子。

【译文】

## 第十七章　恶行受恶报的喻理

### 三十八　五百猕猴的故事

从前佛陀在摩揭陀国，曾派遣一位名叫须漫的罗汉，带着佛陀的头发和指甲来到罽宾国的南山中，建造佛塔寺院。五百位罗汉常居住在这里，他们早晚烧香绕塔，礼拜供奉。当时，山中有五百只猕猴，见到出家人在寺院供奉佛塔，便一起来到山涧的旁边，找来泥土和石块也仿效僧人建造佛塔，还竖起木杆，好像建起寺院的样子，就像五百位佛教证悟者一样，早晚礼拜。

后来山中涧水暴涨，五百猕猴来不及逃脱瞬间全都淹死了。它们的神识随即往生到欲界的第二层天忉利天上，住在用紫金、白银、琉璃、水晶、砗磲、珊瑚、琥珀七宝装饰的宫殿里，丰衣足食。它们各自心想："我们是从什么地方来的，为什么能生在天界呢？"于是当即就以天眼看见了自己前世的本来面目，原来是猕猴之身，因为仿效出家人而在戏乐中建了佛塔寺院，虽然身体被水淹没，但神识得以往生天界。大家认为："今天我们应当下到世间，报答前生猴尸之恩。"便各自带着侍从和香花以及天神的音乐和歌舞来到猕猴尸体旁边，散花烧香环绕七圈以示感恩。当时山中有五百婆罗门修行者，以其所持之邪恶见解，不相信罪业福报。看见这些天神环绕猕猴尸体散花奏乐，就奇怪地问："各位天神如此光彩照人，巍峨庄严，为什么屈身供奉这些猕猴的尸体呢？"天神说："这些尸体是我们的前身，过去在这里，仿效出家人，戏建佛塔寺院。后来被山中暴涨的涧水淹死了，从而以这样微不足道的福德得以往生天界，所以今天散花以报过去之身的恩德。戏建佛塔寺院即能获得如此的福报，倘若诚心供奉佛陀，那福德更是难以形容和比喻的。你们持邪恶的见解，不相信真正的佛理，即便是永无休止地修习苦行也一无所获，不如我们一起到摩揭陀国的灵鹫山，礼拜和供奉佛陀，那会获得无限福报。"五百婆罗门随即都欣然前往佛陀的住所，五体投地礼拜佛陀，散花供奉。

天神对佛陀说："我们原是猕猴之身，承蒙佛陀的恩泽，得以往生天界，恨不得早日见到佛陀，因此今天前来皈依。"接着又问佛陀："我们前世因为什么罪业，成为猕猴呢？为什么我们建了佛塔寺院还要被山洪所淹呢？"佛陀告诉天神："这自有因缘，并非凭空产生，我现在为你们说明缘由。在过去的时候，有五百位年青的婆罗门修行者，一起到山中修习，欲得仙道。当时山上有一位出家人，想要在山上修建寺庙，他到山谷中取水，身轻如飞一般，这五百位婆罗门修行者因此心生嫉妒，一起讥笑说：'这出家人上山下山翻腾迅疾，也不过就如猕猴一样，有什么奇怪的呢？如果这样不停地取水，等山洪一来，不久就会被淹死。'"佛陀告诉天神们："那时上山下山的出家人，就是我的前身；五百位年青的婆罗门，就是五百只猕猴的前身。因讥笑出家人造下的罪业，而受身为猕猴之报应。"

于是佛陀随即用诗句说：

嫉妒讥笑为恶业，已经变作猕猴身。
啜泣遭受前世报，罪业随行从不失。

佛陀告诉天神们："你们前世虽然为猕猴之身，但能在游戏中建起佛塔寺院，现在得以往生天界，罪业已灭福报产生。今日又来供奉佛陀，有了这样的因缘就会长久地脱离各种苦难。"佛陀说完诗句后，五百位天神随即证得佛理。一起来的五百位婆罗门修行者，听了罪业福报之事后，都叹息说："我们修学神仙，已经有好几年了，没有得到果报，还不如猕猴游戏时建造的佛塔，得以往生天界的福报。佛陀的修行和道德，实在美妙。"于是都礼拜佛陀，表示愿意成为佛弟子。佛陀说："好啊，来吧，出家人。"他们随即成为佛弟子，每天精进修行，都证得了罗汉果位。

## 三十九  琉璃王杀生的故事

从前佛陀在舍卫城的寺院中，为天神们解说佛法。这时憍萨罗国王的第二个儿子，名叫琉璃，只有二十岁，他领兵逼父王退位，杀死太子，自立为国王。有一位佞臣，名叫耶利，对琉璃王说："大王您以前为皇子时，到舍夷国外婆家，看了佛陀的寺院，却遭到佛弟子的斥责，责骂你不知好歹。当时你发誓：'倘若我为国王，便要追究这件事。'现在时候已到，我们兵马强盛，应当报仇。"于是琉璃王当即整顿车马，率兵出发，前去讨伐舍夷国。

佛陀十大弟子中排在第二位的是有"神通第一"称誉的目揵连，见到琉璃王率领士兵，讨伐舍夷国，以报过去的仇怨。这样会屠杀佛教男女出家和在家修行的四辈弟子，心生悲悯，便来到佛陀的住所，告诉佛陀说："琉璃王攻打舍夷国，我想此国的民众将会遭受苦难，所以我想运用神通，通过四种方法救舍夷国人：一是把舍夷国的人升到空中，二是把舍夷国人放在大海，三是把舍夷国人安置在两座铁山之间，四是把舍夷国人迁往其他国家之中，使琉璃王不知道他们藏身何处。"

佛陀告诉目揵连："虽然你具有这种智慧和德行，能安置舍夷国人，但万物和众生灵有七种事无法避免。是哪七种事呢？一是生，二是老，三是病，四是死，五是罪业，六是福报，七是因缘。这七种事，虽想避免，但不能实现。即使你的神通可以解救舍夷国人的苦难，但面对过去的罪业，他们仍然是无法躲避的。"于是目揵连礼拜佛陀而去，他自己把舍夷国人中的一些智慧之人和施主约四五千人，盛在他的宝钵中，举放到虚空之中。琉璃王讨伐舍夷国，杀了三亿人后领兵回国。于是目揵连来到佛陀的住所，礼拜佛陀后，自以为是，得意地说："琉璃王讨伐舍夷国，弟子承佛陀的威德和神通，救了舍夷国人大约四五千人，放在空中使他们都逃脱了杀戮。"佛陀告诉目揵连："你去看了钵中的人怎么样了吗？"目揵连回答："还没顾得上去看。"佛陀说："你先去看一下钵中的人吧。"目揵连就用神通之力取下宝钵，看见钵中的人全都死了。这时目揵连心情惆怅，悲伤地哭泣着，回来对佛陀说："钵中的人现在都死了。我的神通之力，还是不能免除他们过去的罪业。"佛陀告诉目揵连："这七种事，佛陀以及圣贤、神仙道士，即使能够隐形分身，也不能逃脱。"

于是佛陀随即用诗句说：

无论虚空和大海，无论深山石缝间。
无有一处可藏身，躲避往昔之恶业。
众生必然有苦恼，不得免除老和死。
只有仁慈智慧者，不念他人非与恶。

佛陀说此偈时，在座的无数听众听了佛陀解说人生无常的法理，都备感悲哀，深感罪业难逃，从而欣然地领悟了佛理，证得了佛法的初果。

**【辨析】**

正所谓"人在做，天在看，抬头三尺有神明"，佛教的业力果报学说，有着极为深厚的社会生活基础，它是在人们公认的因果关系中，融入伦理关系之善恶，同时，更是在满足信仰者心理需求的基础上而建立的。

在"五百猕猴的故事"中，主体身份的自然转换，显得从容，极自然亲切地体现了佛教众生平等的思想。本来，五百罗汉建佛塔，和五百猕猴戏建佛塔是对应的。作者通过五百猕猴往生到天界，成为五百天神，这样就完成了主体身份的转换。接着又从五百天神的过去为什么成为猕猴，追溯到五百婆罗门修行者的讥笑之言，引出了往昔从人到猕猴之转换。这种猕猴、天神、婆罗门修行者、佛弟子的交替变换的过程，打破了人神之间、人与动物之间、动物与神之间的界限，把一切生灵平等本际、圆融无碍的教义充分地表现出来，令人联想无限，叹为观止。

猕猴喻恶报，天神喻福报，婆罗门喻恶行，明喻解脱苦难的唯一方法，就是信奉佛理。

"琉璃王杀生"的故事，在本经之前的故事中已经有过描述，本故事中的内容主要在于表现佛弟子目犍连即使神通广大也无法帮助人们躲过罪业的报应。故事中的七事，比喻人生是苦、一切无常的教义。故事所采用的"数一言七"的方法，也令人称绝。佛陀所讲的人生七种事：一是生，二是老，三是病，四是死，五是罪业，六是福报，七是因缘。这七种事，既有不可避免的自然规律，也有十分复杂的社会因素，还包含着信仰的内涵。

　　作者在这里运用出人意料的想象力只讲了其中的一种情况，其余的六种情况，留给读者自己思考，从而具有十分广阔的想象空间。诚然，整个故事中，流露出一种无奈和悲怆的基调，也许喜悦容易给人以轻松和希望，但悲剧的结局，虽然令人悲悯沉重，却往往使人沉思和反省。

# 十八

# 刀 仗 品

【题解】

佛教重视对人思想观念的改造，即对人心的收摄，反对一切暴力手段，这是佛教的一大特征。所谓"打人者，人恒打之；害人者，人恒害之"，说的就是这个道理。倡导以理服人，以心传心的禅法，对于我们建立多元文化和谐相处的世界，仍具有思想价值。

【经文】

## 刀仗品第十八

昔有一国名曰贤提，时有长老比丘，长病委顿，羸[1]瘦垢秽。在贤提精舍中卧，无瞻视者。佛将五百比丘往至其所，使诸比丘传共视之，为作糜粥，而诸比丘闻其臭处，皆共贱之。佛使天帝释取汤水，佛以金刚之手洗病比丘身体，地寻震动，霍然大明，莫不惊肃。国王臣民、天龙鬼神无央数人，往到佛所，稽首作礼白佛言："佛为世尊，三界无比，道德已备，云何屈意洗此病瘦垢秽比丘？"

佛告国王及众会者："如来所以出现于世，正为此穷厄无护者耳。供养病瘦沙门道士及诸贫穷孤独老人，其福无量，所愿如意。譬五河流，福来如是，功德渐满，会当得道。"王白佛言："今此比丘宿有何罪，困病积年，疗治不差？"佛告王曰："往昔有王，名曰恶行，治政严暴，使一多力五百主令鞭人。五百假王威怒，私作寒热。若欲鞭人，责其价数，得物鞭轻，不得鞭重，举国患之。有一贤者为人所诬，应当得鞭，报五百言：'吾是佛弟子，素无罪过，为人所枉，愿小垂恕。'五百闻是佛弟子，轻手过鞭，无著身者。五百寿终堕地狱中，考掠万毒，罪灭复出；堕畜生中，恒被挝杖五百余世；罪毕为人，常婴重病，痛不离身。尔时国王者，今调达[2]是也；时五百者，今此病比丘是也；时贤者，吾身是也。吾以前世为其所恕，鞭不着身，是故世尊躬为洗之。人作善恶，殃福随身；虽更生死，不可得免。"

于是世尊即说偈言：

挝杖良善，妄谗无罪。
其殃十倍，灾卒无赦。
生受酷痛，形体毁折。
自然恼病，失意恍忽。
人所诬者，或县官厄。
财产耗尽，亲戚离别。
舍宅所有，灾火焚烧。
死入地狱，如是为十。

时病比丘，闻佛此偈及宿命事，自知本行，克心自责，即于佛前，所患除愈。身安意定，即得罗汉道。贤提国王欢喜信解，寻受五戒，为清信士，没命奉行，得须陀洹道。

昔佛在舍卫国祇树给孤独精舍中，为天人、龙、鬼说法。东方有国名郁多罗波提,昔有婆罗门等五百人相率,欲诣恒水。岸边有三祠神池,沐浴垢秽裸形,求仙如尼揵法[3]。

道由大泽,迷不得过,中道乏粮,遥望见一大树如有神气,想有人居,驰趣树下了无所见。婆罗门等举声大哭,饥渴委厄,穷死斯泽。树神人现问诸梵志:"道士那来,今欲何行?"同声答曰:"欲诣神池,澡浴望仙,今日饥渴,幸哀矜济。"树神即举手,百味饮食从手流溢,给众饭食,皆得饱满,其余食饮,足供道粮。

临当别去,诣神请问:"本行何德,致此巍巍?"神答梵志:"吾本所居在舍卫国,时国大臣名曰须达,饭佛众僧,诣市买酪,无提酪者,左右顾视,倩我提之,往到精舍,使我斟酌。讫行澡水,俨然听法,一切欢喜,称善无量。时我奉斋,暮还不餐,妇怪问我:'不食何恨?'答曰:'不恨也。吾行于市,见长者须达于园饭佛,我往持斋,斋名八关。'其妇瞋恚,忿然言曰:'瞿昙[5]乱俗,奚足采纳?君毁遗则,祸从此兴。'踧迫[6]不已,便共俱食。时我尔夜,年寿算尽,终于夜半,神来生此。为是愚妇,败我斋法,不卒其业;来生斯泽,作此树神,提酪之福,手出饮食。若终斋法,应生天上,封受自然。"即为梵志而说颂曰:

祠祀种祸根,日夜长枝条。
唐苦败身本,斋法度世仙。

梵志闻偈,迷解信受,旋还舍卫。路由一国,国名拘蓝尼,有长者名曰美音。为人恩仁,众人敬仰。梵志过宿,长者问曰:"道士那来,今欲所至?"具陈彼泽,树神功德:"欲诣舍卫造须达所,攒采斋法,冀蒙得福。"美音喜踊,宿行所追,且自解畅,宣令宗室:"谁能共行,受斋戒法?"合五百人,欻然应命,本愿相引,威仪严出,共诣舍卫。未至祇洹道逢须达,遇而不识顾问从者:"此何丈夫?"对曰:"须达也。"梵志众等喜而追曰:"吾愿成矣。"求人得人，驰趣相见。同声叹曰："树神叹德，注仰虚心，具说所嗟，故来投托，冀示法斋。"住车答曰："所求大善，吾有尊师，号曰如来．众祐度脱人类，近在祇洹，可共亲造。"即皆敬诺，恭肃进前。遥见如来，情喜难量，五体投地，退坐一面，皆共长跪白世尊曰："本初发家，欲至三池沐浴求仙，经由树神所陈如此，是故投化，愿示极灵。"

于是世尊因其所行，而说偈言：

虽倮剪发，长服草衣。
沐浴踞石，奈疑结何？
不伐杀烧，亦不求胜。
仁爱天下，所适无怨。

五百梵志闻偈欢喜，皆作沙门，得应真道。美音宗等，逮得法眼。

诸比丘白佛言："五百梵志及长者等，本行何德，得道何速？"世尊告曰："过去久远时，世有佛，名曰迦叶，为诸弟子说法，当来五浊[7]之时。时有梵志长者千人，同发是言：'令我遭见释迦文佛。'尔时梵志者，今此等梵志是；尔时长者，今美音等是。从是因缘，见我便解。比丘欢喜，作礼奉行。"

**【注释】**

[1] 羸（léi）：瘦弱。

[2] 调达：即提婆达多，是佛陀叔父斛饭王的儿子，佛陀的堂弟。在佛陀的引领下曾皈依了佛门，他聪明勤奋，修佛十二载，能背诵八万法句，有三十福相。但调达后来大搞分裂，另立僧团。他还多次想杀害佛陀，佛陀都宽恕了他。他最后一次把毒药藏在手指甲里，想趁礼拜佛足时，毒死佛陀。没想到不慎将自己毒死，堕入

地狱。法显的《佛国记》和玄奘的《大唐西域记》中也有记载。

［3］尼捷法：指修苦行的方法。

［4］斋名八关：指八关斋，佛教的八条戒律，即不杀、不盗、不淫、不妄语、不饮酒、不饰身观歌舞、不卧高广大床、过午不食。还有不同说法。

［5］瞿昙：梵文音译，即乔达摩，是佛陀祖先的姓氏，这里指佛教。

［6］踧（cù）迫：踧通"蹙"，困窘。踧迫、逼迫、压迫。

［7］五浊：即劫浊、见浊、烦恼浊、众生浊、命浊。指佛陀去世一千五百年后的末法时代的五种恶劣的生存状态。对此佛典中有不同说法。

【译文】

# 第十八章　害人受恶报的喻理

## 四十　一位老和尚的故事

从前有一个名叫贤提的国家，当时有一位年老的出家人，长期生病，瘦弱不堪，满身污垢。他在贤提国的一个寺院中卧床不起，也没有人来探视他。佛陀带着五百出家人来到他的住所，让佛弟子们轮流来看望和照顾他，为他做好斋饭。但佛弟子们都因他身上散发的臭味而嫌弃他。佛陀让帝释天王取来热水，以其能免除病痛的金刚之手为他擦洗身体，大地为之震动，天地忽然一片光明，人们无不感到惊奇而肃然起敬。国王、大臣和民众、天龙八部、大力鬼神以及许许多多的人，都来到佛陀的住所，礼拜佛陀后说："佛陀为世人之尊，三界中无与伦比，道德完备，为什么要委屈自己为这个瘦弱脏臭的生病的出家人洗澡呢？"

佛陀告诉国王及大众说："佛陀所以出现于世间，正是为了这些穷苦无依的人。供养瘦弱生病的佛弟子和修行者以及贫穷孤独的老人，得到的福德无法计量，心中的祈盼也会如愿以偿。就像汇入印度河的五条支流一样，福报源源不断，功德渐渐圆满，一定会证得佛果。"国王问佛陀："这位佛弟子过去有什么罪业，才落得长年病卧不起，治疗不愈呢？"

佛陀告诉国王："从前有一个国王，人们都称他为恶行，用暴力治理国家，命令一位能一气抽五百鞭子的大力士去鞭打犯人。这位大力士仗着国王的威势，自作主张，随意打人。要鞭打人时，每每责令犯人给他财物，得到财物的就打得轻，得不到的就打得重，全国的百姓都为此而惧怕他。当时有一位贤者被别人所诬陷，应当受鞭打，他对大力士说：'我是一个佛弟子，从没有犯过罪，这次被别人所诬陷，希望能得到宽恕。'大力士听说是佛弟子，就轻轻地落下手中的鞭子，没有伤这位佛弟子的身体。大力士死后堕入地狱之中，经受了各种严刑拷打，罪业消除后才转生；又堕入畜生之中，又被杖打了五百多代的岁月；罪业消除后才转生为人，身患重病，病痛缠身。当时的国王，就是今天几次想害我的调达；能打五百鞭子的大力士，就是今天病卧在床的出家人；当时的贤者，就是我的前身。我因为在前世得到他的宽恕，鞭子没有抽到身体，所以我亲自为他擦洗身体。人所造的善与恶招来的福报和灾祸，如影随形，虽然历经生死轮回，仍不能免除果报。"

于是佛陀随即用诗句说：

鞭抽杖打善良者，妄加诬陷无罪人。
殃及自身加十倍，灾难随身无赦免。
活着受尽严酷痛，形秽体毁早夭折。
自然得病添烦恼，神情若失意恍惚。
贤者遭人所诬害，或者落入酷吏手。
损人财产必耗尽，亲戚朋友皆远离。

住宅一切所有物，皆被火灾焚烧尽。

死后堕入恶地狱，业报灾难成十倍。

这时得病的老年佛弟子，听了佛陀的诗句以及前生的往事，自己知道了原本的恶行，扪心自责，随即在佛陀面前，病患消除，定止正念，身心愉悦，立即证得罗汉果位。贤提国国王也内心欢喜，信奉佛理，接受了不杀生、不偷盗、不邪淫、不妄语、不饮酒五戒，成为在家修行的信众，终生信奉修行，证得了初果。

### 四十一　树神救五百人的故事

从前佛陀在舍卫城的祇树精舍中，为天神、天龙八部、大力鬼神解说佛法。在东方有一个名叫郁多罗波提的国家，有五百位婆罗门修行者相约，一起要到恒河去。在恒河的岸边有三个祭祀的神池，于其中沐浴，洗去全身的污秽以求神仙护佑，有如修苦行一样的作用。

婆罗门修行者们在半路经过一片大沼泽地时，迷了路走不出去，又断了粮，远远看见一棵大树有神灵之气，本想会有人在那里居住，他们飞驰般地来到树下，然而却一无所见。婆罗门修行者们都绝望地失声痛哭，又饥又渴，怕被困死在沼泽之中。这时，树神出现了，问这些婆罗门修行者："出家人从哪里来，要到哪里去呢？"大家齐声回答说："要到神池沐浴以求神仙，现在又饥又渴，请救救我们吧！"树神随即举起手来，各种饮食就从手中流了出来，供给大家饭食，大家饱食一顿，剩下的饭食，也足够路上的干粮了。

临别时，大家问树神说："因为什么德行，您能长得如此高大巍峨？"树神回答："我原本居住在憍萨罗国舍卫城，当时国中有一位大臣名叫须达，他为了供斋饭给佛陀和僧人们，就到市场买了很多奶酪，但没有提奶酪的人，他环顾左右，就叫我提着奶酪来到寺院，又让我帮着做斋饭。洗了手之后，听佛陀讲法，我心中欢喜，连称这样很好。当时我供奉斋饭，天黑后回家还没有吃饭，妻子责怪我说：'你连饭都没吃心里没有怨恨吗？'我回答说：'我不怨恨。我在市场上，看见年长的须达到寺院供饭给佛陀，我前往送斋饭，接受了佛教的斋戒。'妻子听了很气愤，怒气冲冲地说：'佛教扰乱了世俗生活，怎么能采纳他们的说法？你毁坏了过去留下来的习俗，灾祸就要来了。'她的话咄咄逼人，我只好和她一起吃饭，破了斋戒。就在当夜，我寿命到了尽头，在半夜死了，心识往生来到这里。因为我那愚昧的妻子，破坏了我的斋戒，没能持守；今生在这片沼泽地，成为树神，由于我有为佛陀手提奶酪的福报，所以能从手中流出饮食。倘若我能持守斋戒法，应当往生到天界，接受自然而来的福报了。"随即又为婆罗门用诗句说：

祠祀种下灾祸根，日日夜夜长枝条。
痛苦损坏此身本，斋戒可成世中仙。

婆罗门修行者听了诗句后，开迷解悟，就决定返回舍卫城。路上经过一个国家，国名叫拘蓝尼，有一位长者名叫美音，他为人宽厚仁慈，受众人敬仰。婆罗门修行者路过他家想要借宿，长者美音问他们："修行者从哪里来，准备去哪里？"婆罗门修行者们据实说了他们经历沼泽地的事情，讲了树神的功德，说："我们要到舍卫城造访大臣须达，修持八关斋戒法，期望得到福报。"美音听了欢喜雀跃，要追随他们一同去，也要了解八关斋戒法。他又问宗室家族的人："有谁愿意和我同行，接受八关斋戒法？"家族中有五百人，欣然答应同去，长者美音与族人一同庄严出行，来到舍卫城。他们在去寺院的路上就遇上了大臣须达，由于彼此不相识，就问随从的人："这位尊者是谁？"回答说："须达。"婆罗门修行者们都惊喜地追上去说："我们的心愿可以完成了。"飞驰般地前去相见。

大家同声赞叹说:"树神感叹您的恩德,诚心敬仰,讲述了其蹉跎的经历,因此我们来投奔你,请开示八关斋戒法。"大臣须达停住车回答说:"你们所追求的是大善行,我有尊贵的导师,名号叫佛陀,护佑大众度脱人间苦难,他就住在祇树园的寺院中,我们可以一起去拜见。"大家恭敬地答应,庄严前去。远远地看见佛陀,欢喜的心情实在难以言说,五体投地膜拜后,退后坐在对面,并且跪着对佛陀说:"我们本来离开家要到恒河三神池沐浴以求神仙,后来听了树神所讲的经历后,就投奔这里接受您的教化,愿您以灵验的法理为我们开示。"

于是佛陀根据他们的修行,用诗句说:

赤身剃发修苦行,身披茅服稻草衣。
沐浴卧石并无功,无奈疑问怎了结?
不去攻伐不烧杀,亦不追求胜于人。
仁慈关爱普天下,所到之处无怨恨。

五百婆罗门修行者听了诗句后心中欢喜,都做了佛弟子,证得罗汉果位。美音和他的族人,也都悟得法理。

佛弟子们问佛陀说:"五百婆罗门修行者以及年长的美音等人,原本有什么福德,证得佛教果位如此迅速?"佛陀告诉他们:"在久远的过去,世间有佛,名叫迦叶,在五浊末法来临的时候,为佛弟子解说佛法。当时有修行者和年长者一千人,同时发出誓言:'让我遇见佛陀。'当时的修行者,就是今天的婆罗门修行者;那时的年长者,就是今天的美音。因为这样的因缘,所以见到我之后便成就了罗汉果位。"佛弟子们听了心中欢喜,礼拜佛陀后供奉修行。

【辨析】

这两个故事都是宣扬佛教业力果报学说的。

在第一个故事中，集中刻画了一位老年出家人饱受病痛折磨而又孤苦无依的悲惨状况。他"长病委顿，羸瘦垢秽。在贤提精舍中卧，无瞻视者"，且"诸比丘闻其臭处，皆共贱之"，读到这里，我们不禁深深地被佛陀对人生境遇的了解深度和体察的细微所震撼。事实上，我们每一个人在婴儿时期、得病之时、临终之际的情景也大致如此，或者还没有生活自理能力，或者已经丧失了自理能力，因而都需要他人的照顾。这位出家人的状况是现实生活的真实写照。佛以金刚之手为得病比丘擦洗身体，表现了一位伟大思想家，一位崇高理想的躬亲者的悲悯情怀。

　　佛陀所创立的思想学说，是植根于对一切生灵那种发自内心的关怀，具有真诚无私的奉献和牺牲精神。这种"佛陀在世，正是为了这些穷苦无依的人。供养瘦弱生病的佛弟子和修行者以及贫穷孤独的老人，得到的福德无法计量"的认识，代表着人类最高的伦理道德，也是佛陀为了一切众生奋斗一生的箴言。

　　将老和尚的病痛归之于前生的罪业，将其往昔和今世进行了对比，前生是"大力士"，现在是"病老汉"；前生是鞭打别人，今生则病痛不愈。以此表达出佛教业力不失，善恶报应如影随形的喻理。

　　第二个故事，是围绕着树神的前身和现世的因缘进行叙述和描绘的，以拟人化的手法，使人的特征与神的异质交织在一起。构思上也很有创意，始终都沿着"神灵"这条主线进行。婆罗门修行者是为了"神池"和"求仙"而出发的；又因为"神树"的现身说法而返回，表明了佛教八关斋戒法的"灵异"，从而完成了阐发持守佛法得善报的喻理。

　　从故事的情节中，我们可以看出古代印度是一个多神信仰的国家，也是一个多元文化交融的地方，在当时不仅有强大的婆罗门教，有发展迅速的佛教，同时，对于自然界神灵的崇拜也十分盛行，故事中对"水神"、"树神"的描绘就说明了这一点。

# 十九

# 喻老耄品

【题解】

　　老耄，老年，老年人。耄（mào），通常指七十岁以上的人，耄耋（mào dié），即八九十岁的人。佛教所要解决的是人的问题，人最大的问题就是生老病死。关注老年人精神生活和个人信仰，给予他们心灵的慰藉和临终的关怀，是佛教深入社会人心的重要原因之一。

【经文】

## 喻老耄品第十九

　　昔佛在舍卫国祇树精舍，食后为天人、帝王、臣民、四辈弟子说甘露法[1]。时有远方长老婆罗门七人，来至佛所。稽首于地，叉手白佛言："吾等远人伏闻圣化，久当归命而多诸碍，今乃得来觐睹圣颜，愿为弟子得灭众苦。"佛即受之，悉为沙门，即令七人共止一房。

　　然此七人睹见世尊，寻为得道，不惟无常，共坐房中，但思世事。小语大笑，不计成败，命日促尽，不与人期，但共喜笑，迷意三界。

佛以三达智知命欲尽，佛哀愍之，起至其房而告之曰："卿等为道当求度世，何为大笑也？一切众生以五事自恃。何谓为五？一者恃怙年少，二者恃怙端政，三者恃怙多力，四者恃怙财富，五者恃怙贵姓。卿等七人小语大笑，为何所恃？"

于是世尊即说偈言：

何喜何笑？念常炽然。
深蔽幽冥，不如求定。
见身形范，倚以为安。
多想致病，岂知不真？
老则色衰，病无光泽。
皮缓肌缩，死命近促。
身死神从，如御弃车。
肉消骨散，身何可怙？

佛说偈已，七比丘意解望止，即于佛前得阿罗汉道。

昔佛在舍卫精舍，为诸天人帝王说法。时有婆罗门村，五百余家中，有五百年少婆罗门，修婆罗术。为人憍慢，不敬长老；贡高自贵，以此为常。五百梵志，欻自议言："沙门瞿昙自称为佛，三达权智，无敢共论者。吾等可共请求论议，事事诘问，知为何如。"即办供具，往请佛来。

佛与诸弟子往到梵志村中，坐毕行水食讫澡手。时有长老梵志夫妇二人，于此村中共行乞丐。佛知其本大富无数，曾作大臣，佛即问诸年少梵志："汝等识长老婆罗门不？"皆言："曾识。"又问："本为何似也？"曰："本为大臣，财富无数。""今者何故，复行乞丐？"皆言："散用无道，是以守贫。"

佛告诸婆罗门："世有四事，人不能行。行者得福，不致此贫。何谓为四？一者年盛力壮，慎莫憍慢；二者年老精进，不贪淫姝；三者有财珍宝，常念布施；四者就师学问，听受正言。如此老公，不行四事，谓之有常，不计成败，一旦离散，譬如老鹄[2]，守此空池，永无所获。"

于是世尊即说偈言：

> 昼夜慢惰，老不止淫。
> 有财不施，不受佛言。
> 有此四蔽，为自侵欺。
> 咄嗟老至，色变作耄。
> 少时如意，老见蹈践。
> 不修梵行，又不富财。
> 老如白鹄，守斯空池。
> 既不守戒，又不积财。
> 老羸气竭，思故何逮。
> 老如秋叶，行秽鉴录。
> 命疾脱至，不容后悔。

佛告梵志："世有四时，行道得福得度，可免众苦。何谓为四？一者年少有力势时，二者富贵有财物时，三者得遇三尊好福田时，四者当计万物忧离散时。行此四事，所愿皆获，必得道迹。"

于是世尊重说偈言：

> 命欲日夜尽，及时可勤力。
> 世间谛非常，莫惑堕冥中。
> 当学然意灯，自练求智慧。

离垢勿染污，执烛观道地。

佛说是时，放大光明照曜天地，五百年少梵志，因此心解，衣毛为竖，起礼佛足白佛言："归命世尊，愿为弟子。"佛言："善来比丘。"即成沙门得罗汉道。村人大小皆得道迹，莫不欢欣。

**【注释】**

［1］甘露法：喻词，比喻佛法如滋润心田的甘甜雨露。

［2］鹄（hú）：水鸟，声亮，善飞，吃植物、昆虫等，因像鹅，故俗称天鹅。

**【译文】**

## 第十九章　老者修行的喻理

### 四十二　七位老年婆罗门修行者的故事

从前佛陀在舍卫城祇树寺院，饭后为天神、帝王、大臣、出家和在家的男女修行者解说如甘甜雨露般的佛法。当时有七位年长的婆罗门从远方来到佛陀的住所，礼拜佛陀后，双手合什对佛说："我们在远方听说佛陀的教化，早已想来皈依，但因许多障碍，直到今天才得以目睹您神圣的容颜，希望成为佛弟子，灭除一切苦难。"佛陀便接受了他们的请求，让他们成为佛弟子，七人住在同一个房间。

然而这七位出家人见到佛陀，只是为了得到福报，并不理解人生无常的教义，虽然每天坐在房中，心中却贪恋着浮华世间，谈笑喧哗，并不顾及修行所得，不知道生命短促，不容虚度，而一味地嬉戏玩笑，沉迷于欲界中的享乐。

佛陀以知命、天眼和除烦恼三种神通知道他们的生命将要结束，非常怜悯他们，就来到他们的房中，告诫他们说："你们出家修行应当求得度脱世间之苦难，为什么总是大笑喧闹呢？一切众生常自以为是地倚仗着五种事，哪五种事呢？一是自以为还年少，二是自以为容貌端正，三是自以为身强力壮，四是自以为拥有财富，五是自以为出身高贵。你们七个人或私语谈笑或大声喧闹，自以为凭借什么呢？"

于是佛陀随即用诗句说：

> 有何欢喜有何乐？妄念常如火焰炽。
> 深被蒙蔽心幽冥，不如修行求正定。
> 以为身躯恒强健，倚恃年轻求平安。
> 人事纷繁多致病，岂知妄有本不真？
> 年老形销色必衰，病体颜容无光泽。
> 皮肤松缓肌肉缩，死期将近命短促。
> 身死神识从中出，犹如御马弃车去。
> 皮肉腐烂骨架散，此身有何可持怙？

佛陀解说诗句后，七位出家人心念定止，当即在佛陀面前证得阿罗汉道果。

## 四十三　婆罗门老夫妇的故事

从前佛陀在舍卫国寺院，为天神、帝王解说佛法。当时有一个村庄居住着五百多户婆罗门人家，有五百位修行婆罗门教义的年轻人，为人傲慢，不尊敬长者，自以为高贵，并以为一切永远不变。这五百婆罗门信众，在一起商议说："出家人释迦牟尼自称为佛陀，具有知宿命、天眼、除烦恼三种神通和智慧，没有人敢和他辩论。我们可以一起去要求和他辩论，以各种各样的问题来诘难，看他如何回答。"于是就置办好了斋食，去请佛陀到这里来。

佛陀和弟子们来到婆罗门居住的村庄，坐下来饮水用餐，然后洗了手，这时一对老年婆罗门夫妇，到这个村中乞讨。佛陀知道他们本来非常富有，财宝无数，也曾在朝中做过大臣，佛陀随即问年轻的婆罗门修行者说："你们认识这位年长的婆罗门不？"他们回答说："认识。"又问："本来他是什么样呢？"回答："他本来是大臣，财富无数。""今天是什么缘故，变成了乞丐呢？"他们都说："奢侈浪费，挥霍无度，所以变得这么贫穷。"

佛陀告诉婆罗门修行者："世上有四种事，人难以做到，如能做到则得福报，不会受贫穷。哪四种事呢？一是年轻力壮时，切莫傲慢；二是年老仍要精勤勇进，不贪恋淫逸；三是有财富珍宝时，要常想布施；四是能随从导师学习，听从和接受正确的言行。这位老翁，就是不能做到这四件事，以为不变是世间常理，不顾及自己行为的后果，财物消散，才落得这样贫困，犹如守着空池的天鹅，永远一无所获。"

这时佛陀随即用诗句说：

昼夜漫漫人懒惰，到老还不止淫逸。
拥有财富不布施，不去接受佛所言。
有此四种迷惑事，实为自我来欺骗。
蹉跎人生老将至，面色变作一老耄。
少年时节好如意，老年才见身卑贱。
不修佛法不修行，既不富贵又无财。
老来犹如一白鹄，空守池边无所得。
既不持守佛戒律，又不积蓄家中财。
老来羸弱精气竭，追思往昔不再来。
人生衰老似秋叶，修行除秽鉴实录。
命尽之时疾如风，那时不容再后悔。

佛陀告诉婆罗门修行者："世间有四个时机，修行正道可得福德得到度化，免除一切苦难。哪四个时机呢？一是年富力强时，二是富贵有财时，三是得遇佛、法、僧三尊好种福田时，四是应当思考万物无常离散之时。修行领悟这四个时机，所有的心愿都会实现，一定会证得真谛。"

于是佛陀重用诗句说：

> 人命随着日夜尽，应当时时勤勉励。
> 世间真谛皆无常，切莫迷惑堕冥中。
> 应当修学燃心灯，自觉修炼求智慧。
> 远离秽垢勿染污，手执明烛照慧地。

佛陀解说诗句时，大放光明，照耀天地，五百年轻的婆罗门修行者，因此心开意解，浑身战栗，都礼拜在佛陀脚下说："愿意皈依佛陀，成为佛弟子。"佛陀说："来吧，弟子们。"便成为佛弟子，证得罗汉道果。村中男女老少都悟得佛理，无不欢欣鼓舞。

## 【辨析】

七位老年出家人的故事，读后使人颇有感触。在历史上，许多人出家或由于生活困难，或蒙受打击，或无家可归。故事中的老年出家人，应当属于无家可归的一类人。因此，他们原本就不是为着自己的理想而出家的，当他们找到佛陀，表示要做佛弟子时，佛陀并没有抛弃他们，而是给他们提供了吃住。出家修行者的生活，原本应是静心定念，返观自省，但七位婆罗门老人的笑谈喧哗，充分显示了他们未能脱离世俗生活的一面。如果在家中，这对老人来说是难得的快乐，但在寺院，自有清规戒律必须遵守。

这个故事中，佛陀在劝说七位年长婆罗门时，以"五种自以为是"，即错误的行为方式令其检查对照自身的所作所为，使老人无地自容，从而达到了告诫出家人要活到老，修行到老，自知持守的喻理。同时也隐喻佛陀严格的戒律，佛弟子在任何时候都不能置若罔闻。

第二个故事，佛陀劝诫年轻的婆罗门不要自恃年轻而妄为，老年婆罗门夫妇沦为乞丐，就是提供给他们借鉴的最好实例。这其中又有两重对比：

一是老年婆罗门年轻时和现在的对比，当年的大臣，今日的乞丐，形成了强烈的反差。

二是年轻的婆罗门和年老的婆罗门的对比。这样不仅表达了"世间真谛皆无常，切莫迷惑堕冥中"的喻理，也警示年轻的婆罗门，今天你们所拥有的，还不及当年的老婆罗门，如果不远离污秽的话，将来只会堕入地狱，从而使他们"衣毛为竖"，内心惊恐，达到了引导他们皈依佛教的目的。

# 二十

## 爱身品

【题解】

身体健康，是做好一切事情的前提，也是人生的常理。人虽然免不了生老病死，但决不能轻视生命。本篇故事就是从这一立场出发，体现了佛陀普度一切众生首先是从爱护自身做起的喻理。

【经文】

### 爱身品第二十

昔有一国名多摩罗，去城七里有精舍，五百沙门常处其中，读经行道。有一长老比丘名摩诃卢，为人闇塞，五百道人传共教之，数年之中不得一偈，众共轻之不将会同，常守精舍敕令扫除。后日国王请诸道人入宫供养，摩诃卢比丘自念言："我生世间闇塞如此，不知一偈，人所薄贱，用是活为？"即持绳至后园中大树下，欲自绞死。

佛以道眼遥见如是，化作树神，半身人现，而呵之曰："咄咄比丘，何为作此？"摩诃卢即具陈辛苦。化神呵曰："勿得作是，且听我言。往迦叶佛时，卿作三藏沙门，有五百弟子。自以多智轻慢众人，吝惜经义，初不训诲，是以世世所生诸根闇钝。但当自责，何为自贼？"于是世尊现神光像，即说偈言：

　　自爱身者，慎护所守。
　　希望欲解，学正不寐。
　　身为第一，常自勉学。
　　利能诲人，不倦则智。
　　学先自正，然后正人。
　　调身入慧，必迁为上。
　　身不能利，安能利人？
　　心调体正，何愿不至？
　　本我所造，后我自受。
　　为恶自更，如刚钻珠。

摩诃卢比丘见佛现身光像，悲喜悚栗。稽首佛足，思惟偈义，即入定意，寻在佛前，逮得罗汉道，自识宿命无数世事，三藏众经即贯在心。

佛语摩诃卢："着衣持钵就王宫食，在五百道人上坐。此诸道人是卿先世五百弟子，还为说法，令得道迹，并使国王明信罪福。"即受佛教，径入宫里坐于上座。众人心恚，怪其所以，各护王意，不敢呵谴，念其愚冥，不晓达嚫[1]，心为之疲。王便下食，手自斟酌，摩诃卢即为达嚫，音如雷震，清辞雨下，坐上道人，惊怖自悔，皆得罗汉。为王说法，莫不解释，群臣百官，皆得须陀洹道。

昔佛在舍卫国，有五百婆罗门，常求佛便欲诽谤之。佛三达之智普见人心，愍欲度之，其果未熟，因缘未到。一切罪福，欲来至时，自作因缘，而迎罪福。此诸梵志宿有微福，应当得度，福德牵之，自作方宜。五百梵志自共议言："当使屠儿杀生，请佛及诸众僧，佛必受请，赞叹屠儿，吾等便前，而共讥之。"于是屠儿为之请佛，佛即受请，告屠儿言："果熟自堕，福熟自度。"屠儿还归，供设饭食。

佛将诸弟子到屠儿村中，至檀越舍，梵志大小皆共欢喜。"今日乃得佛之便耳，若当赞檀越福德者，当以其前后杀生，作罪持用讥之；佛若当说其由来之罪者，当以今日之福难之。二宜之中，今日乃得佛便耳。"佛到即坐，行水下食，于是世尊观察众心，应有度者。即出舌覆面舐[2]耳，放大光明，照一城内，即以梵声，说偈咒愿：

  如真人教，以道活身。
  愚者嫉之，见而为恶。
  行恶得恶，如种苦种。
  恶自受罪，善自受福。
  亦各须熟，彼不相代。
  习善得善，亦如种甜。

佛说偈已，五百梵志意自开解，即前礼佛五体投地，叉手白佛言："顽愚不及，未达圣训，唯愿愍育，得为沙门。"佛即听受，皆为沙门。村人大小见佛变化，莫不欢欣，皆得道迹，称之贤圣，无复屠儿之名。佛食毕讫，即还精舍。

**【注释】**

[1] 达嚫（chèn）：梵文音译，指布施财物等。又指受施之后，为施主说法。前者称财施，后者称法施。

[2] 舐（shì）：即舔，以舌舔物。

## 【译文】

# 第二十章　爱护身体的喻理

## 四十四　惜身爱命的故事

从前有一个名叫多摩罗的国家，在离城七里的地方有一座寺院，五百位出家人住在这里诵读佛经，修行道果。其中有一位老和尚名叫摩诃卢，他为人愚昧迟钝，五百出家人轮流教他，几年下来，他连一首诗也不会，因而被大家所轻视，不与他交往，经常让他看守寺院和打扫卫生。一天，国王请这五百位出家人入宫供斋，摩诃卢自言自语说："我生在人世间如此愚昧迟钝，连一首诗都不会，受人轻贱，这样活着还有什么意思呢？"于是拿了一根绳子来到后园中的大树下，准备自尽。

佛陀以法眼看见了这一情景，便化作树神，现出半身人形，呵斥说："这位老和尚，你怎么能做出这样的事来呢？"摩诃卢即向树神诉说了他的苦衷。树神斥责道："不能这样做，听我给你说。在过去迦叶佛时，你曾是一名精通经、律、论三藏的法师，有五百位弟子。你自恃聪明就轻视和怠慢他人，不为初学者解说佛经义理，不对他们进行教诲，所以后世代代生性愚昧迟钝。你应当反省和自责，为什么要轻生呢？"于是佛陀现出神圣光明的瑞相，随即用诗句说：

　　珍爱生命护身心，谨慎护持守信念。
　　抛却欲望得解脱，修学正道不愚昧。
　　身体健康为第一，常自勉励来修学。
　　教导他人得利益，诲人不倦则智慧。
　　修学先要自身正，然后才能去正人。
　　调顺身心入定慧，必然迁化为大德。

不能利益自己身，安能有利施他人？
静心调体修正果，有何愿望不实现？
善恶原本我所造，身后果报我自受。
为恶如能知改悔，犹如金刚钻珍珠。

摩诃卢老和尚见到佛陀现出的光明身相，悲喜交加，全身战栗。礼拜佛陀，领会诗句的义理，当即进入禅定观想，就在佛陀面前证得罗汉道果，知道了自己过去生命中无数的世事渊源，随即通达了经、律、论三藏法意。

佛陀对摩诃卢说："穿好袈裟，拿着托钵到王宫用斋饭，坐在五百佛弟子的上座，他们就是你前世的五百弟子，为你前世的五百弟子解说佛法，使他们证得佛理，并且要使国王明白和相信罪业与福报的教义。"摩诃卢承蒙佛陀的教诲，径自入宫坐于上座。大家看到心里很气愤，不知道他为何如此，因为是在国王的宫殿中，不敢大声呵斥，只好归因于他的愚昧，不知道接受布施后要讲经，进行法布施的道理，心中为之不安。这时国王供上斋饭，亲手给佛弟子盛饭，摩诃卢当即为国王讲解法布施，声音如雷霆震耳，言词清晰滔滔如大雨滂沱，在座的佛弟子十分惊愕，暗自后悔刚才的想法，他们听了之后都证得了罗汉果位。摩诃卢为国王讲经说法，解释得莫不详尽清楚，大臣和文武百官们，也都证得了初果。

## 四十五　佛陀教化五百婆罗门的故事

从前佛陀在舍卫城传法，当时有五百位婆罗门信众，常想找佛陀的问题以便进行诽谤。佛陀以通达人心的智慧知道了他们的心思，怜悯并要教化他们，但苦于果实未熟，因缘未到。一切罪业福报，如果要来时，自有因缘来面对罪业或福报的到来。由于这些婆罗门过去有一些福德，应当得到度化，由福德业力的牵引，自然会有合适的时机。一天，这五百婆罗门共同商议说："应当指使屠夫宰杀生灵，然后请佛陀和僧人接受供奉，佛陀一定会接受邀请，赞叹屠夫的供奉，我们那时便一起上前，共同来讥讽佛陀。"于是就安排屠夫去请佛陀，佛陀随即接受了邀请，并告诉屠夫说："果实熟了就会自然坠落，福报的机缘成熟了也会自然化度。"屠夫回到家中后，就准备好了供奉的斋饭。

佛陀和弟子们随后来到屠夫居住的村里，进了施主屠夫的家中，婆罗门修行者们都很高兴。心想："今天终于抓住佛陀的把柄了，如果他当面称赞施主供奉之福德的话，我们就当面说屠夫多年来宰杀生灵，造作罪业已久，以此来讽刺他；佛陀如果解说屠夫所造罪业的前因后果时，就以今天的福报来诘难他。无论是说福报还是讲罪业，无非是这两方面，今天可以抓住佛陀的把柄了。"佛陀到后，便受邀入座，洗手之后用斋，佛陀知道大家心中所思，觉得应当度化。佛陀随即用长舌触面舔耳，大放光明，照亮了整个舍卫城，同时以字正腔圆的法音，用诗句祝福大家说：

犹如真谛教化人，恪守正道益身心。
愚昧之人生妒忌，产生邪见而为恶。
做了恶行得恶业，犹如种了苦涩种。
恶业自然遭罪过，善行自然受福报。
福报罪业各须熟，彼此并不相代替。
修习善因得善果，犹如种下甘甜种。

佛陀说完诗句后，五百婆罗门理解了义理，当即上前五体投地礼拜佛陀，双手合什对佛陀说："我们愚昧无知，不理解、不通达您神圣的教义，希望得到教化，成为佛弟子。"佛陀随即接受了他们，令他们都成为佛弟子。村里的男女老少看见佛陀神奇的变化，无不欢欣鼓舞，都悟得佛理，称佛陀是圣贤，再没有人做屠夫了。佛陀用完斋饭后，随即回到了寺院。

**【辨析】**

热爱人生，珍惜生命，这与佛教度脱人生苦难的教义并不矛盾。

在第一个故事中，老和尚的轻生之举，受到了佛陀的强烈谴责。大乘佛教常以此身比喻为承载众生度脱苦难的舟车，如果身体坏了，如同舟车毁了，将难以担负如来家业的使命。

这个故事描写人物从语言到行为，都具体细致，形象十分鲜活生动。老和尚从"数年之中不得一偈"到"音如雷震，清辞雨下"，完全出人意料之外，真可谓判若两人。在鲜明的对比中，形成强烈的反差，最终凸显了老和尚成为多言善辩"三藏沙门"的风采。

在第二个故事里，五百婆罗门修行者运用"二难"推理的形式，认为佛陀无论是讲屠夫供佛有福报，还是说杀生是罪业，都无法自圆其说。佛陀却明示，恶业所报一分不会少，福报所及一丝不会多，把善与恶两个不同的概念，分别加以解说，明确指出两者之间的不同。这种分清是非，反对那种非此即彼、二元对立的认识，对于我们在日常生活中，明辨是非曲直，也都有启发作用。同时，故事将婆罗门修行者们所运用的伎俩比喻为恶行，将佛陀的教化比喻为善举，在客观上形成了一种善和恶的对比，孰是孰非，一目了然。

# 二十一

# 世 俗 品

【题解】

本篇故事揭示了人们对金银财宝的占有欲，以及欲壑难填的心态特征，表明了佛教对此所持的批判立场和否定态度。

【经文】

## 世俗品第二十一

昔有婆罗门国王名多味写，其王奉事异道九十六种[1]。王忽一日，发于善心欲大布施，如婆罗门法，积七宝如山持用布施，有来乞者，听令自取重一撮[2]去，如是数日，其积不减。

佛知是王宿福应度，化作梵志往到其国。王出相见共相礼，问起居曰："何所求索？莫自疑难。"梵志答言："吾从远来，欲乞珍宝，持作舍宅。"王言："大善，自取重一撮去。"

梵志取一撮行七步，还着故处。王问："何故不取？"梵志答曰："此才足作舍庐耳，复当娶妇，俱不足用，是以不取。"王言："更取三撮。"

梵志即取，行七步复还着故处。王问梵志："何以复尔？"答曰："此足娶妇，复无田地、奴婢、牛马，计复不足，是以息意也。"王言："更取七撮。"

梵志即取行七步，复还着故处。王言："复何意故？"梵志答言："若有男女当复嫁娶，吉凶用费计不足用，是以不取。"王言："尽以积宝持用相上。"

梵志受而舍去。王甚怪之重问："意故？"

梵志答曰："本来乞丐，欲用生活。谛念人命，处世无几；万物无常，旦夕难保；因缘遂重，忧苦日深；积宝如山，无益于己。贪欲规图，唐自艰苦，不如息意，求无为道，是以不取。"王意开解，愿奉明教。于是梵志，现佛光相，踊住空中，为说偈言：

> 虽得积珍宝，崇高至于天。
> 如是满世间，不如见道迹。
> 不善像如善，爱如似不爱。
> 以苦为乐相，狂夫为所厌。

于是国王见佛光相遍照天地，又闻此偈，踊跃欢喜，王及群臣即受五戒，得须陀洹道。

【注释】

［1］异道九十六种：古代印度除佛教之外的六种哲学学派，因有九十六种论说，故称。佛教产生以后，称其为"六师外道"，其理论也被视为"邪说"，统称为"邪魔外道"。

［2］一撮（zuǒ）：容量单位，古时以六粟为一圭，十圭为一撮。对此还有不同说法。

【译文】

## 二十二章　欲壑难填的喻理

### 四十六　佛陀教化国王的故事

从前有一位信奉婆罗门教的国王，名叫多味写，他信奉六师外道的九十六种邪说。一天，国王多味写忽然大发善心，举行大布施，按照婆罗门法典，要以堆积如山的紫金、白银、琉璃、水晶、砗磲、珊瑚、琥珀等七宝来行大布施，凡是来乞讨的人，便让他自己取一撮去。他这样布施了许多天，结果堆积的财宝竟然没有丝毫减少。

佛陀知道这位国王宿世有福报，应当得到度化，于是就变成一位婆罗门修行者，来到这个国家。受到了国王的迎见，两人相互施礼后，国王就问婆罗门修行者说："你有什么要求呢？告诉我，不要有什么顾虑。"婆罗门修行者回答说："我从远方来，想得到一些珍宝，用来建造房屋。"国王说："很好，你自己取一撮珍宝去。"

婆罗门修行者取了一撮珍宝，但只走了七步，又把珍宝放回原处。国王问："为什么不拿走呢？"婆罗门修行者回答说："这些珍宝只够建造房屋，我还要娶妻，这些就不够用了，所以不拿也罢。"国王说："那你再取三撮好了。"

婆罗门修行者随即又取了三撮珍宝，走了七步之后，又把珍宝放回原处。国王问婆罗门修行者："为什么又放了回去呢？"他回答说："这些娶妻够了，但要买田地、奴婢、牛马，就又不够了，所以我还是不要了。"国王说："你再取七撮好了。"

婆罗门修行者随即又取了珍宝，但走了七步之后，又把珍宝放回原处。国王说："为什么又放回去了呢？"婆罗门修行者回答说："倘若有了儿女，他们又要嫁娶，还有家中的红白喜事，等等，这些还不够用，所以不拿了。"国王说："那你把堆积的珍宝都拿去吧。"

婆罗门修行者接受了布施，但之后又把珍宝放了回去。国王觉得非常奇怪，又问他："你这样做是为什么呢？"

婆罗门修行者回答说："我本来乞食为生，但想到人的生命短暂、有限，苦难无边、深重，世事无常，朝不保夕，各种因缘此起彼生。纵然财宝积累如山，也无益于己。贪欲的妄念，使得自己更加艰辛苦难，不如熄灭欲望的火焰，寻求无为无我的道果，所以不需要再拿这些财宝。"国王心开意解，愿意信奉圣明的教义。于是婆罗门修行者，显现佛陀光明的形象，升腾于空中，用诗句对国王说：

> 积攒金钱与珍宝，堆积如山至于天。
> 即使财富满世间，不如认知佛真谛。
> 不善貌似慈善行，贪得无厌似不贪。
> 所以苦中作乐相，尘世狂夫为人厌。

这时国王见到佛陀光明的形象照遍天地之间，又听到佛陀用诗句的解说，心中欢喜雀跃，国王及大臣们随即接受了不杀生、不偷盗、不邪淫、不妄语、不饮酒五戒，证得佛教的初果。

【辨析】

故事采用了"欲擒故纵"的手法，揭示了世俗人心欲壑难填的道理。佛陀先以婆罗门修行者的形象出现，面对国王的慷慨布施，从住宅到妻子，再到田地奴婢，进而到儿女嫁娶等，从一撮、三撮、七撮乃至于全部，然而全部的财物也满足不了他所有的欲望，最终不得不放弃。这种情节的发展，符合人的心态和常理。从"一"到"全部"的过程，既表现了人的欲望不断升级，也隐喻了人占有财富的贪婪之心永无休止。国王布施财宝越多，婆罗门修行者的欲望就越大，即使拿去了全部的财宝，也不会满足人的欲望，以此说明财宝有限、生命有限，而欲望无限，因而注定了人的欲望最终是无法满足的。

最后，婆罗门修行者舍弃全部的财宝，使不断膨胀的欲望戛然而止，表现了"即使财富满世间，不如认知佛真谛"的立意，借以烘托出国王布施财富的善行，也只不过是更引发了人的贪欲，因此"不善貌似慈善行"，即好像是行善的布施，究其效果却是"不善"，表达出佛教独有的慈善观以及对财富的理性认识。浅显的道理蕴含着深意，令人警醒，引人思考。

# 二十二

# 述佛品

【题解】

这一篇故事讲述了释迦牟尼悟道成佛的经过。当年佛陀在菩提树下，静坐思维，经过了四十九天的返观内照，证悟了"十二缘起"，认识到一切人生苦难产生的原因，从而创立了佛教。悟道之后即开始传法，最初度化的是憍陈如、摩诃男、跋提、婆沙波、阿说示五人，使他们成为最早的佛弟子，这就是所谓的初转法轮。

【经文】

## 述佛品第二十二

昔佛在摩竭提界善胜道场元吉树下[1]，德力降魔，坐自惟曰："甘露法鼓，闻于三千[2]，昔父王遣五人，供养麻米，执侍有劳，功报应叙。此五人者，在波罗奈国。"于是如来从树下起，相好严仪，明晖天地，威神震动，见者喜悦。至波罗奈国，未至中道，逢一梵志名曰忧呼，辞亲离家，求师学道，瞻睹尊妙，惊喜交集。下在道侧，举声叹曰："威灵感人，仪雅挺特，本事何师，乃得斯容？"

佛为忧呼而作颂曰：

> 八正觉自得，无离无所染。
> 爱尽破欲网，自然无师受。
> 我行无师保，志独无伴侣。
> 积一得作佛，从是通圣道。

忧呼闻偈，怅惘不解，即问世尊嵩如行？佛告梵志："欲诣波罗奈国，击甘露法鼓，转无上法轮，三界众圣，未曾有转法轮，迁人入泥洹，如我今者也。"忧呼大喜："善哉，善哉。如佛言者，愿闻甘露如应说法。"梵志揖已，即便过去。未到师所，于道路宿，至其夜半，卒便命终。

佛以道眼见其已终，憨伤之曰："世间愚痴，谓命有常，见佛舍去，而独丧亡。法鼓震动而独不闻，甘露灭苦而独不尝；展转五道生死弥长，经历劫数何时得度？"

佛以慈愍而说偈言：

> 见谛净无秽，已度五道渊。
> 佛出照世间，为除众忧苦。
> 得生人道难，生寿亦难得。
> 世间有佛难，佛法难得闻。

佛说此偈时，空中五百天人，闻偈欢忻，皆得须陀洹道。

**【注释】**

[1] 摩竭提界善胜道场元吉树下：摩竭提界，钵罗芨菩提山。善胜道场，殊胜之地。元吉树，菩提树。指佛陀净身受食，并登钵

罗茇菩提山，渡尼连禅那河，在达伽耶的菩提树下，敷吉祥草，入金刚座，静坐思维，以求正道。经过四十九天的"返观内照"，认识到世间一切痛苦皆由一系列的因果关系所造成，如果消灭了产生痛苦的最初原因"无明"，就可以彻底得到解脱，由此而形成了佛教的缘起学说。

[2] 三千：佛教认为宇宙由无数个世界构成。一千个"一小世界"称为一小千世界，一千个小千世界称为一中千世界，一千个中千世界称为一大千世界，合称为三千大千世界。"一小世界"，即以须弥山为中心，上自色界初禅，下至大地底下的风轮，其间包括四大洲、日月星辰、欲界六天及色界梵世天等。

【译文】

## 第二十二章　佛陀成道的喻理

### 四十七　佛陀初转法轮的故事

从前佛陀在达伽耶的菩提树下，福德的神力降服了魔力，静坐思维："佛法如甘露洒向世间，如擂动的法鼓，声闻于三千大千世界。过去我的父亲净饭王派遣憍陈如、摩诃男、跋提、婆沙波、阿说示五人，供我衣食，左右随侍。作为报答，我应当为他们讲述佛法。这五个人就在波罗奈国。"于是佛陀从树下起来，仪容庄严，瑞相光明，辉映天地，威德和神通震动大地，见到的人无不心生喜悦。佛陀前往波罗奈国，途中，遇到一位婆罗门修行者，名叫忧呼，他辞别亲人，离家求师，修学道果。他一看到佛陀奇妙庄严的容貌，便惊喜交加，停下来站在道路的一侧，大声赞叹说："你的威德和神妙如此令人震撼，仪表典雅高贵，以谁为师，才得到这样的瑞相？"

佛陀便用诗句为忧呼作颂词说：

自觉证悟八正道，不离尘世无所染。
渴爱罗网尽破除，自然无师受真谛。
我自修行无师保，志向独特无伴侣。
积累心得证作佛，从此通向圣明道。

忧呼听了诗句后，内心怅惘不已，便问佛陀要到那里去？佛陀告诉婆罗门修行者说："要去波罗奈国，把如甘露般的佛法洒向世间，把如鼓声般的法音传至人间，转动无上神圣的法轮，这是三界的圣贤们，从未有过的佛法，使人们证入涅槃境界，就像我一样。"忧呼听后高兴地说："好啊！好啊！如佛陀所言，将来我愿意听您解说如甘露般的佛法。"这位婆罗门修行者向佛陀行礼后，告别离去。但在他还没有找到导师的时候，有一天露宿街边，半夜便忽然发病而死。

佛陀以法眼看到此人已去世，悲伤地说："世间愚昧无知的人，都以为生命可以永恒，见到了佛陀，却不知把握机会，擦肩而去，最终孤独而死。当法鼓震动时，他却听不到了，佛法的甘露消灭苦难的时候，他却感受不到了。辗转于地狱、饿鬼、畜生、人、阿修罗五道之中，轮回不止，经历无数的岁月，不知到何时才能度脱苦海？"

佛陀以悲悯之心用诗句说：

真谛清净无污秽，五道深渊已渡脱。
佛陀光明照世间，为除众生忧患苦。
得生人间道遇难，人生寿者亦难得。
世间遇上佛陀难，佛法亦难得听闻。

佛说诗句时，空中五百天神，听到之后，欢欣鼓舞，都证得了佛法初果。

【辨析】

当佛陀证悟了三法印、四谛、八正道、十二因缘，其思想学说渐趋系统、完善之后，又度化了五位弟子，即法轮初转，由此佛、法、僧三宝俱足，标志着佛教正式创立。从"我行无师保，志独无伴侣"的表述中，可以想见佛陀创教之初的艰难，但从此也拉开了佛陀在恒河两岸传播教理，四十五年如一日的人生大幕。

以度一切众生脱离苦海劫波为己任的佛陀，以悲悯的情怀，用追忆的倒叙手法，讲述了他在寻找五个弟子时所遇到的一位婆罗门修行者。两人之间似乎达成了一个约定：就是婆罗门修行者所说的："好啊！好啊！如佛陀所言，将来我愿意听您解说如甘露般的佛法。"这表明了一个事实，佛陀曾满怀激情地大致为他解说了佛教教义的梗概，他也对佛陀表示了敬意。但最终佛陀去度化他的五位侍者，婆罗门又走上了继续寻求导师的漫漫征程。从而明喻婆罗门修行者失去了他一生和真谛的创立者千载难遇的一次同行机会；隐含着佛陀对这位不期而遇的修行者孜孜不倦的追求精神的肯定；还表现了佛陀对这位修行者日后的皈依充满了期待。当佛陀知道了这位婆罗门修行者"未到师所，于道路宿，至其夜半，卒便命终"时，对这位在寻求人生真理途中而死的修行者，表示了极大的悲悯之心，读到这里，使人备感人生有限，世事无常；因缘际会，然而却往往与其擦肩而过，不免感叹唏嘘，无限伤感。始终充溢其中的惋惜悲悯的情调，为本故事的一个显著特点。

# 二十三

# 安 宁 品

【题解】

这一篇故事讨论的是人如何克制自己的欲望、瞋怒，面对灾难、疾病、饥渴……如何免于恐惧，不受伤害，不为所动。佛教认为只有远恶近善，才能做到心定神安。

【经文】

## 安宁品第二十三

昔佛在罗阅祇，东南三百里，有山民村五百余家。为人刚强，难以导化，宿世福愿，应蒙开度。于是世尊化作沙门，至村分卫。分卫毕竟，出于村外树下坐定，入泥洹三昧[1]，至于七日，不喘、不息、不动、不转。村人见之，谓为命终，共相谓曰："沙门已死，当共葬送。"各持束薪，就往烧之。火然薪尽，佛从坐起，现道神化，光明照曜感动十方，现变毕讫，还坐树下，容体静安，怡悦如故。村人大小莫不惊惧，稽首谢曰："山民顽野，不识神人，妄以薪火烧于未然，自惟获罪重于太山，唯垂慈赦，不见咎怨。不审神人得无伤病乎？将无愁戚乎，将无饥渴乎，将无热恼乎？"

于是世尊和颜含笑，而说偈言：

> 我生已安，不愠于怨。
> 众人有怨，我行无怨。
> 我生已安，不病于病。
> 众人有病，我行无病。
> 我生已安，不戚于忧。
> 众人有忧，我行无忧。
> 我生已安，清净无为。
> 以乐为食，如光音天。
> 我生已安，恬惔无事。
> 弥薪国火，安能烧我？

尔时村中五百人闻说偈已，皆作沙门得罗汉道。村人大小，皆信三尊。佛与五百人飞还竹园。

贤者阿难见佛与得道者俱来，前白佛言："此诸比丘，有何异德乃使世尊自往临度？"

佛告阿难："我未下为佛时，世有辟支佛常处是山，去村不远在一树下欲般泥洹，现道神德便取灭度。村人持薪火就往烧之，敛取舍利着宝瓶中，埋在山顶，各共求愿：'愿后得道，如是沙门灭度，快乐也。'缘此福故，应当得道，是故如来往度之耳。"

佛说是时，天人无数皆得道迹。

昔佛在舍卫国精舍，时有四比丘坐于树下，共相问言："一切世间，何者最苦？"一人言："天下之苦，无过淫欲。"一人言："世间之苦，无过瞋恚。"一人言："世间之苦，无过饥渴。"一人言："天下之苦，莫过惊怖。"共诤苦义，云云不止。

佛知其言，往到其所，问诸比丘："属论何事？"即起作礼，具白所论。佛言："比丘，汝等所论不究苦义。天下之苦，莫过有身。饥渴、寒热、瞋恚、惊怖、色欲、怨祸，皆由于身。夫身者众苦之本，患祸之元，劳心极虑，忧畏万端，三界蠕动，更相残贼。吾我缚着，生死不息，皆由于身。欲离世苦，当求寂灭，摄心守正，怕然无想，可得泥洹，此为最乐。"于是世尊即说偈言：

热无过淫，毒无过怒。
苦无过身，乐无过灭。
无乐小乐，小辩小慧。
观求大者，乃获大安。
我为世尊，长解无忧。
正度三有[2]，独降众魔。

佛说偈已，告诸比丘："往昔久远无数世，时有五通比丘名精进力，在山中树下闲寂求道。时有四禽依附左右，常得安隐：一者鸽，二者乌，三者毒蛇，四者鹿。是四禽者，昼行求食，暮则来还。

"四禽一夜自相问言：'世间之苦，何者为重？'乌言：'饥渴最苦，饥渴之时，身羸目冥，神识不宁，投身罗网，不顾锋刃。我等丧身莫不由之，以此言之，饥渴为苦。'鸽言：'淫欲最苦，色欲炽盛，无所顾念，危身灭命，莫不由之。'毒蛇言：'瞋恚最苦，毒意一起，不避亲疏，亦能杀人，复能自杀。'鹿言：'惊怖最苦，我游林野，心恒忪惕，畏惧猎师及诸豺狼，仿佛有声，奔投坑岸，母子相捐，肝胆悼悸，以此言之，惊怖为苦。'

"比丘闻之即告之曰：'汝等所论，是其末耳，不究苦本。天下之苦，无过有身。身为苦器，忧畏无量。吾以是故，舍俗学道，灭意断想，不贪四大，欲断苦原，志存泥洹。泥洹道者，寂灭无形，忧患永毕,尔乃大安。'四禽闻之,心即开解。"

佛告比丘:"尔时五通比丘,则吾身是;时四禽者今,汝四人是也。前世已闻苦本之义,如何今日方复云尔?"比丘闻之,惭愧自责,即于佛前得罗汉道。

**【注释】**

[1] 入泥洹三昧:意为摆脱生死轮回,进入不生不灭、无始无终的境界。泥洹,即涅槃。三昧,梵文音译,又称"三摩地",意译为"正定",屏除杂念,专注一境,即心念定止的状态。

[2] 三有:指欲有、色有、无色有,与"三界"同义。

**【译文】**

## 第二十三章 心定神安的喻理

### 四十八 佛陀讲述五百村民前缘的故事

从前佛陀在摩揭陀国都王舍城时,城东南三百里处有个山村,居住着五百多户人家。他们顽固强硬,难以教化,但由于宿世的福报,应当蒙受教化。于是佛陀化作一位出家人,来到村里乞食。乞食之后,在村外树下坐禅修定,进入心念定止的状态,以至于一连七天,屏住呼吸、身体不动、眼睛不转。村里的人见到都以为他死了,一起商量说:"出家人已死了,应当把他安葬。"便各自拿了木柴,决定将他火葬。当柴火快要烧完时,佛陀从坐着的灰烬中起身,现出他神奇的变化,光明照耀十方世界,他恢复本相之后,又回到树下打坐,相貌庄严,身体康泰,神情怡然和悦。村里的男女老少无不惊异恐惧,跪拜佛陀表示忏悔,说道:"我们山里人顽固粗野,不识神异之人,竟然以火烧你,深感罪孽重于泰山,希望您慈悲宽恕,不要怨恨。不知道神异的您伤得怎样?有没有痛苦?有没有饥渴？有没有恼火呢？"

这时佛陀和颜悦色地笑了，用诗句说：

> 我的身心已安定，并无愠怒与怨恨。
> 众人如果有怨怒，我修佛道无怨怒。
> 我的身心已安定，并无痛苦和疾病。
> 众人如果有病痛，我修佛道无病痛。
> 我的身心已安定，不再悲戚与忧愁。
> 众人如果有忧患，我修佛道无忧患。
> 我的身心已安定，清净无为随遇安。
> 心中欢乐以为食，犹如光明洒满天。
> 我的身心已安定，恬静淡然无所求。
> 一堆木柴燃起火，安能烧我宁静心？

这时村里的五百人听闻佛陀的诗句后，都出家修行，证得了罗汉果位。其余的男女老少，都信奉了佛、法、僧三尊。于是佛陀就与这五百佛弟子一起飞回了王舍城的竹园寺院。

佛弟子中有"多闻第一"称誉的阿难看见佛陀和他们一起回来，就上前对佛说："这些佛弟子，有什么福德要您亲自前往教化呢？"

佛陀告诉阿难："我还未成为佛的时候，世上有一位独自修行的证悟者住在山中，在离村子不远的一棵树下证入涅槃境界，呈现出神异的福德，村里的人就点燃柴火将他火葬，随后把他的灵骨舍利放到宝瓶中，埋在山顶，他们还共同发愿：'愿今后证得道果，像这位出家人一样灭度，没有痛苦永远快乐。'他们曾有这段福缘，所以应当证得道果，因此我才亲自前往度化他们。"

佛陀解说福德的因缘时，有无数的天神听后都悟得了佛理。

## 四十九　佛说何为世间最苦的故事

从前佛陀在舍卫城的寺院时,当时有四位佛弟子坐在一棵大树下,相互争论:"世间的一切事中,什么最苦?"一个人说:"天下最苦的事,莫过淫欲。"另一个人说:"世间最苦的事,莫过瞋恚。"第三个人说:"世间最苦的事,莫过饥渴。"第四个人说:"天下最苦的事,莫过惊恐。"对苦的看法,四人争论不休。

佛陀知道了他们的争论,便来到树下,问他们说:"你们争论什么呢?"弟子们随即起身施礼,礼拜佛陀后,各自说出了自己的观点。佛陀说:"弟子们,你们都没有探究出苦谛教义。天下的苦难,莫过于身心的妄念,无论是饥渴交加、严寒炙热、瞋恚愤怒、惊吓恐怖、色欲渴望、怨恨灾祸,都出自于身心。所以,身心是一切苦难的根本,是忧患灾祸的源头。人们整天穷思极虑,忧劳恐惧,处于欲界、色界、无色界三界之中,相互残杀,这些都是受此身心的束缚。不断地生死轮回,就是由于身心的妄有。若要脱离世间的苦难,应当证求身心的寂灭,净心守意,淡泊无欲,才可以证得涅槃,这才是最快乐的事。"

这时佛陀随即用诗句说:

有说烦恼无过淫,有说狠毒无过怒。
最大痛苦无过身,轻安喜乐无过灭。
勿求世俗小快乐,小辩只得小智慧。
观想求得大智者,大乐大慧永安宁。
我为世人之独尊,可为众生解恼忧。
救度凡众脱三界,独降心中千万魔。

佛陀解说诗句后,告诉弟子们:"很久很久以前,当时有一位证得宿命通、天眼通、天耳通、他心通、身如意通五种神力的出家人,名叫精进力,在山中的大树下禅定修道。当时有鸽子、乌鸦、毒蛇、鹿四种动物围绕在他的左右,过得安闲自在。这四种动物,白天出去觅食,天黑回来歇息。

"一天夜里,它们相互讨论说:'世间的苦难,哪种最重呢?'乌鸦说:'饥渴交加最苦了,当饥渴的时候,浑身无力,眼睛昏花,心神不宁,落入猎人的罗网,无法逃避刀刃之祸。我们常在这种身不由己的情况下而丧命,由此说来,饥渴交加是世间最苦。'鸽子说:'淫欲最苦,情欲旺盛冲动之际,常常无所顾忌,以至于危害生命,这都是由淫欲引起的。'毒蛇说:'瞋恨和愤怒最苦,只要狠毒之心一起,便会不顾远近亲疏,既可能杀人,也可能自杀。'鹿说:'惊吓和恐怖最苦,我游走于原野山林,心中常常担忧,时刻保持警惕,害怕猎人和虎豹豺狼的侵袭,每有风吹草动,我们便四处逃散,或投入坑中,或逃向河岸,那时母子不能相助,肝胆为之碎裂,这样说起来,惊吓和恐怖最苦了。'

"出家人听到后随即告诉它们说:'你们所讨论的都是细枝末节,没有探究到苦的根本。天下的苦难,莫过于身心之妄念。身心为承载苦难的器物,给我们带来的忧患畏惧无法计量。我之所以像现在这样远离世俗,修学道果,断灭心意妄想,不贪爱这个由地、水、火、风四大和合的假有之身,就是要断除苦难产生的根源,证得涅槃境界。所谓涅槃境界,就是寂灭无形,永远消除忧患,脱离苦难,这样才能得到真正的永恒的安宁。'四个动物听了以后,即刻开迷解悟。"

佛陀告诉四位弟子:"当时那个有着五神通的出家人,就是我的前身;那时的四只动物,就是你们四个人。你们在前世已听到了苦难根源的义理,为什么今天又在讨论这件事呢?"弟子们听后,心中十分惭愧和自责,当即在佛陀面前证得了罗汉果位。

## 【辨析】

本篇中的两个故事所采用的叙事方法有所不同。

第一个主要用的是行为描写表现佛陀禅修的定力功夫。采用了动态与静态、神态与心态的对比：佛门的心念定止所达到的"不喘、不息、不动、不转"的神奇效果，与世人"各持束薪，就往烧之"的妄动之对比；佛门修行达到"容体静安，怡悦如故"的愉悦神态，与世人"大小莫不惊惧"的恐惧慌乱之对比；佛陀"我生已安，不愠于怨"的心如止水般的心态，与世人"众人有怨"的烦乱心绪之对比，在层层对比之中，将故事所要表达的佛陀智慧、世人愚昧的喻理凸显无遗。

第二个主要采用了夹叙夹议的方式，在争论中深化对教义的理解，表达人生是苦的喻理。

首先叙述了对苦的几种不同理解。四个佛弟子，四种看法，把"淫欲、瞋恚、饥渴、惊怖"等人间的种种苦难一一列举。佛陀"天下之苦，莫过有身。饥渴、寒热、瞋恚、惊怖、色欲、怨祸，皆由于身"的定论，既与弟子的认知进行了对比，又把对各种苦难的认知加以细化，增强了说服力。

此外，故事中四位僧人和四个动物的角色转换十分自然，描写得十分精彩，不仅运用了拟人化的手法，而且运用了换位思考的方法，从四种动物的生存环境，设身处地，逐一讲述，给人以真实的感受。尤其是对鹿的叙述描绘，把鹿的特点表现得活灵活现，如在眼前，也把人的贪婪和凶残，佛门的大悲情怀表现得淋漓尽致。

还有"四人"、"四畜"中的"四"与"实"谐音，暗喻人与动物都实实在在地生活在苦难之中，此也不可不察。

# 二十四

# 好 喜 品

【题解】

好喜，即人的嗜好、贪爱，佛教认为这是欲望的表现，如对财富、美色、歌舞、欢宴等等的渴望与追求，往往会招来祸端。只有清心静虑、修悟佛理才能得到真正的快乐，这是本篇故事所表达的喻理。

【经文】

### 好喜品第二十四

昔佛在舍卫精舍，时有四新学比丘，相将至奈树下坐禅行道。奈华荣茂，色好且香，因相谓曰："世间万物何者可爱，以快人情？"一人言："仲春之月，日木荣华，游戏原野，此最为乐。"一人言："宗亲吉会，觞酌[1]交错，音乐歌舞，此最为乐。"一人言："多积财宝所欲即得，车马服饰与众有异，出入光显，行者瞩目，此最为乐。"一人言："妻妾端正彩服鲜明，香熏芬馥[2]，恣意纵情，此最为乐。"

佛知四人应可化度，而走意六欲，不惟无常，即呼四人而问之曰："属坐树下共论何事？"四人以实具白所乐。

佛告四人："汝等所论，尽是忧畏危亡之道，非是永安最乐之法也。万物春荣秋冬衰落，宗亲欢娱皆当别离，财宝车马，五家[3]之分，妻妾美色爱憎之主也。凡夫处世，兴招怨祸，危身灭族，忧畏无量，三涂八难，苦痛万端，靡不由之矣。是以比丘舍世求道，志存无为，不贪荣利，自致泥洹，乃为最乐。"

于是世尊即说偈言：

爱喜生忧，爱喜生畏。
无所爱喜，何忧何畏？
好乐生忧，好乐生畏。
无所好乐，何忧何畏？
贪欲生忧，贪欲生畏。
解无贪欲，何忧何畏？
贪法戒成，至诚知惭。
行身近道，为众所爱。
欲态不出，思正乃语。
心无贪爱，必截流度。

佛告四比丘："昔有国王，名曰普安。与邻国四王，共为亲友。请此四王，宴会一月。饮食娱乐，极欢无比。临别之日，普安王问四王曰：'人居世间，以何为乐？'一王言：'游戏为乐。'一王言：'宗亲吉会，音乐为乐。'一王言：'多积财宝，所欲如意为乐。'一王言：'爱欲恣情，此最为乐。'普安王言：'卿等所论，是苦恼之本，忧畏之原。前乐后苦，忧悲万端，皆由此兴。不如寂静，无求无欲，淡泊守一，得道为乐。'四王闻之，欢喜信解。"

佛告四比丘："尔时普安王者，我身是也；四王者，汝四人是也。前已说之，今故不解，生死蔓蔓，何由休息？"时四比丘重闻此义，惭愧悔过，心意开悟，灭意断欲，得罗汉道。

**【注释】**

[1] 觞酌（shāng zhuó）：觞，酒器。酌，斟酒。觞酌，饮酒。

[2] 馥（fù）：指浓郁的香气。

[3] 五家：佛教认为，世上的财富为王、贼、火、水、恶五家所共有，不是个人所独有的。

**【译文】**

## 第二十四章　关于人的喜好的喻理

### 五十　佛说何为世间最乐的故事

从前佛陀在舍卫城寺院时，有四位刚出家修行的佛弟子，一起来到菩提树下坐禅修行。菩提树花荣叶茂，颜色美好，清香扑鼻，他们因此相互议论说："世间万物什么最可爱，可以愉悦人情？"一个人说："春光明媚，草木欣欣向荣，于原野郊游嬉戏，这是最令人快乐的。"另一个人说："亲友聚会，饮酒作乐，轻歌曼舞，这才是最快乐的。"第三个人说："多多积累并能够随心所欲地花费钱财，车马服饰与众不同，出入时光采显赫，为人瞩目，这才是最快乐的。"第四个人说："妻子侍女容貌端正，服饰艳丽，芬香浓郁，恣情纵意，这才是最快乐的。"

佛陀知道这四个人可以度化，他们沉溺于色、声、香、味、触、法六欲，没有认识到人生的无常，于是把他们叫来问道："你们坐在树下讨论什么事呢？"这四个弟子就如实说了自己认为的最快乐的事。

佛陀告诉这四个人说："你们所讨论的，都是世间忧患和危险之事，不是永久安乐之道。自然万物，春天繁盛，秋冬凋零；亲友欢娱，终当别离；财宝车马，为国王、盗贼、火灾、水患、不肖子孙这五家共有，妻妾美色也都会引发爱恨。凡俗之人行事处世，常会招惹怨恨灾祸，危及自身伤害亲族，忧虑恐惧无法计量，众生的种种严重灾难如三涂和八难，皆由此而来，所以佛弟子出世寻求佛道，志在清净无为，不贪恋荣华富贵，直到自己证悟到涅槃境界，这才是最快乐的事。"

这时佛陀随即用诗句说：

爱欲欢喜生忧患，爱欲欢喜生畏惧。
舍弃爱欲与欢喜，有何忧患有何畏？
喜好享乐生忧患，喜好享乐生畏惧。
舍弃喜好与快乐，有何忧患有何畏？
贪欲产生诸忧患，贪欲产生诸畏惧。
解脱之人无贪欲，有何忧患有何畏？
贪法不戒成恶果，至诚修行知惭愧。
修行自身亲近道，能为众生所爱戴。
欲念心态不生出，思维正定乃我语。
心无贪婪与渴爱，必断流转度苦海。

佛陀告诉四位弟子说："从前有一位国王，名叫普安。他与周边邻国的四位国王都是亲戚朋友。一次，普安请这四位国王，为他们举办了一个月的宴会。期间饮酒娱乐，欢乐无比。临别之日，普安国王问四位国王说：'人生在世，什么最为快乐？'一位国王说：'游玩嬉戏最为快乐。'另一位国王说：'亲人相聚会，轻歌曼舞最为快乐。'第三位国王说：'积蓄诸多财宝，随心所欲最为快乐。'第四位国王说：'男欢女爱，恣情纵欲最为快乐。'普安王言：'你们所说的，都是一切苦恼和忧患恐惧产生的根源。开始快乐随后痛苦，以致无穷无尽的忧患悲哀使人万般痛苦，而这一切都是由欲望引起的。因此不如修行静寂，无欲无妄，淡泊清净，守护一心，灭除妄念，证得佛果，这才是最为快乐的。'四位国王听了以后，心中欢喜，信奉并领悟了佛理。"

佛陀告诉四位弟子："那时的普安国王，就是我的前身；四位国王，就是你们四人。从前我就已经为你们解说过，今天怎么还不理解苦乐之意？像这样生死轮回不止，什么时候才会休止呢？"这时四位佛弟子再次听闻了佛陀的教义，心生惭愧，悔过自省，心开意解，断灭了欲望和妄想，证得了罗汉果位。

【辨析】

本篇故事和前一篇安宁品中的第二个故事，在立意上刚好相对。前者讨论的是"什么是人世间最痛苦的事"？本篇说的是"什么是人世间最快乐的事"？在表现手法上，两者都是采用了对话体，在一问一答之中，表达出各自不同的认识。通过正反论证的方法，阐发了佛教的教义，表现出世俗之乐恰为佛门之忧的喻理，在对比映衬中彰显信仰者的高尚情操。

故事中"财宝车马，五家之分"的认识，体现了佛教独特的财富观。在佛教看来，个人所拥有的财富并不真正属于自己，为"五家"所分。"五家"，指的是水灾、火灾、官吏、盗贼、不肖子孙。这是说人们所积聚的财物会遭遇无情水灾、火灾的毁坏，会遭官吏和盗贼的霸占抢夺，会遭不肖子孙的挥霍浪费，从而使得财富丧失。从佛教对财富丧失原因的分析中可以看出，其对社会的体察认知十分深切细微。这五种灾祸既有天灾也有人祸，既包括自然因素，也包括社会因素。更为难能可贵的是佛教将统治者的巧取豪夺、搜刮攫取视为最为重要的社会因素，体现了佛教所具有的社会批判态度。

财富还往往遭遇"不肖子孙"的挥霍浪费，所谓的富不过三代正是如此。中国古代先哲曰:"贤而多财,则损其志;愚而多财,则益其过。"子孙后辈如果真有能力,财富多了会令其有所依恃而懈怠,不思进取;如果没有能力,财富多了会使他们放纵欲望,更容易犯错。那么财富带给他们的就不是幸福而是祸患。老子《道德经》云:"金玉满堂,莫之能守;富贵而骄,自遗其咎。"道家对待财富的态度在这一点上与佛教是一致的。

# 二十五

## 忿 怒 品

【题解】

妒忌和愤怒，会使人失去理智。佛陀的堂弟调达，曾多次对佛陀下毒手，然而佛陀始终以慈悲为怀，一再地宽恕他，但他最后想用染了毒的手加害佛陀时，反而自破手指中毒而死。本篇故事表现了嫉恨是埋葬自己的坟墓的喻理。

【经文】

### 忿怒品第二十五

昔佛在罗阅祇耆阇崛山中，时调达与阿阇世王[1]共议毁佛及诸弟子。王敕国人不得奉佛，众僧分卫不得施与。时舍利弗、目连、迦叶、须菩提等，及波和提比丘尼等，各将弟子去到他国，唯佛与五百罗汉住崛山中。

调达往至阿阇世所与王议言："佛诸弟子今已迸散，尚有五百弟子在佛左右。愿王明日请佛入城，吾当饮五百大象令醉，佛来入城，驱使醉象，令踏杀之，尽断其种，吾当作佛，教化世间。"阿阇世王闻之欢喜，即到佛所稽首作礼，白佛言："明日设薄施，愿屈世尊及诸弟子于宫内食。"佛知其谋，答言："大善，明旦当往。"王退而去，还语调达："佛已受请，当念前计，饮象令醉伺候待之。"明日食时，佛与五百罗汉共入城门，五百醉象鸣鼻而前，搪突墙壁，树木摧折，行人惊怖，一城战栗。五百罗汉飞在空中，独有阿难在佛边住，醉象齐头径前趣佛，佛因举手，五指应时化为五百师子王，同声俱吼，震动天地。于是醉象屈膝伏地，不敢举头，酒醉寻解，垂泪悔过。王及臣民莫不惊肃。

世尊徐前至王殿上，与诸罗汉食讫咒愿。王白佛言："禀性不明，信彼谗言，兴造逆恶，图为不轨，愿垂大慈，恕我迷愚。"

于是世尊告阿阇世及诸大众："世有八事，兴长诽谤，皆由名誉，又贪利养，以致大罪，累劫不息。何等为八？利、衰、毁、誉、称、讥、苦、乐，自古至今，鲜不为惑。"

于是世尊即说偈言：

　　人相谤毁，自古至今。
　　既毁多言，又毁讷忍。
　　亦毁中和，世无不毁。
　　欲意非圣，不能折中。
　　一毁一誉，但为名利。
　　明智所誉，唯称正贤。
　　慧人守戒，无所讥谤。
　　如罗汉净，莫而诬谤。
　　诸天咨嗟，梵释所敬。

佛说偈已重告王曰："昔有国王，喜食雁肉，常遣猎师张网捕雁，日送一雁以供王食。时有雁王，将五百雁飞下求食，雁王堕网为猎师所得，余雁惊飞，徘徊不去。时有一雁连翻追随，不避弓矢，悲鸣吐血，昼夜不息。猎师见之，感怜其义，即放雁王，令相随去。群雁得王，欢喜回绕。尔时猎师具以闻王，王感其义，断不捕雁。"

佛告阿阇世王："尔时雁王者，我身是也；一雁者，阿难是也；五百群雁，今五百罗汉是也；食雁国王者，今大王是也；时猎师者，今调达是也。前世已来，恒欲害我，我以大慈之力因而得济，不念怨恶，自致得佛。"

佛说是时，王及群臣莫不开解。

**【注释】**

[1] 阿阇世王：摩揭陀国频婆娑罗王和皇后韦提希的太子，调达（即提婆达多）劝阿阇世篡位，阿阇世禁锢了他的父母，致使频婆娑罗王在牢中自杀。

**【译文】**

## 第二十五章　嫉妒作恶的喻理

### 五十一　调达欲害佛陀的故事

从前佛陀在摩揭陀国都王舍城外的灵鹫山中，当时自立邪教的调达与阿阇世国王共同商议杀害佛陀及其弟子。阿阇世王下令国人不得信奉佛教，僧人乞食时不能布施给他们。当时佛陀的弟子舍利弗、目犍连、大迦叶、须菩提以及比丘尼波和提等，各自带领众徒到别的国家传教，只剩下佛陀与五百罗汉住在灵鹫山中。

调达来到王宫与阿阇世国王商议说："佛陀的弟子们现在已经分散到邻国去了，还剩下五百弟子在佛陀身边。希望国王明天请佛陀进城供斋，到时候我会把五百头大象灌醉，等佛陀进城时，驱赶醉象，让大象踏死他们，全都杀灭，由我作佛，教化世间。"阿阇世国王听了之后心中欢喜，立即来到佛陀的住所，礼拜佛陀后说："我明天准备一些布施，愿佛陀及弟子们屈尊到宫中用斋饭。"佛陀知道他们的阴谋，就回答说："很好，明天清晨我们就会前去。"国王回去后，对调达说："佛陀已经接受了邀请，应当按先前的计划，把大象灌醉等候他们到来。"

第二天用斋饭的时候，佛陀与五百罗汉一起进入城门，这时五百头醉象呼啸着冲上前来，冲撞墙壁，撞断树木，沿路的行人一片惊恐，全城都笼罩在恐怖之中。五百罗汉立刻飞在空中，只有弟子阿难在佛陀的身边，醉象齐头并进冲向佛陀，佛陀这时举起手来，五指当时变成五百只巨狮，一起怒吼，声音震动天地。于是醉象都吓得屈膝伏地，不敢举起头来，醉意消解，落泪悔过。国王、大臣和人民无不惊奇并肃然起敬。

佛陀缓步来到国王的宫殿，与罗汉们用过斋饭后祝福全城的百姓。国王对佛陀说："我一时糊涂，听信了调达的谗言，做了大逆不道的恶行，图谋不轨，愿佛陀大慈大悲，宽恕我的愚昧。"

于是佛陀告诉阿阇世国王和大家说："世上有八种事，都是出于名誉地位而引来诽谤，又贪图利益和供养，招致大罪，长久不能平息。哪八种事呢？利益、衰败、毁灭、名誉、地位、讥讽、苦难、欢乐，从古至今，没有不为此而产生迷惑的。"

于是佛陀随即用诗句说：

    相互诽谤与诋毁，自古至今皆如是。
    言语过多遭诋毁，木讷寡言遭诽谤。
    中道和合亦诋毁，世间众生无不毁。
    有意毁谤圣贤者，自然不可中道行。
    一毁一誉论成败，但为世间名和利。
    明智之人所赞誉，只有贤人与之符。
    智慧之人守戒律，无所讥讽和诽谤。

犹如罗汉清净地，切莫诬陷与谤人。
天人为之来赞叹，释门修行人所敬。

佛陀解说诗句后，又告诉国王说："从前有一位国王，喜欢吃雁肉，常派遣猎人张网捕捉大雁，每天都要送一只大雁以供国王食用。当时有一只雁王，带领五百只大雁飞下来觅食，结果雁王坠入网中被猎人捕获，其余的大雁惊恐地飞上空中，悲鸣徘徊，不肯离去。当时有一只大雁，上下翻飞紧追着猎人，不避弓箭，在空中悲鸣吐血，日夜不息。猎人看见这种情形，感叹和怜悯其忠诚与仁义，随即放了雁王，让它们相随而去。群雁见到雁王，欢喜地围绕在它的身边。当时猎人把此事告诉了国王，国王也被大雁的情义所感动，再也不捕杀大雁了。"

佛陀告诉阿阇世国王说："那时的雁王，就是我的前身；紧随的那只大雁，就是阿难；五百只群雁，就是今天的五百罗汉；爱吃雁肉的国王，就是国王您的前身；当时的猎人，就是今天的调达。他前世就是如此，一直以来，想要杀害我，我以大慈大悲之力而得以解危救济，我不记念怨恨和恶行，所以才证得佛果。"

佛陀解说因缘时，国王以及大臣们无不心开意解。

【辨析】

调达欲害佛陀的故事，塑造了三个不同性格的人物形象，表达出丰富的寓意。

首先，是佛陀的形象。这一形象的特征是神化了的人物。佛陀预先就知道了国王和调达所设下的陷阱，但他并不说破，而是满口答应，欣然赴约。在国王和调达放出醉象想踏死佛陀和弟子时，证悟佛理的罗汉由于都具备了六种神通，飞身而上，佛陀伸出五指变成五百头雄狮，慑服了醉象。这一部分叙述得舒缓有致，在一连串的行动描写中，讲述了故事发展的来龙去脉。从国王和调达"设计"、"请佛"、"放象"到"伏象"、"讲因缘",不仅反映出佛陀的智慧和神通之力,还显示了佛陀的慈悲情怀。表现了佛陀面对危险,从容大度的心态和宽以待人的喻理。

　　国王的形象贪婪、愚昧。他的丑行,比喻王权的残暴;也隐喻出当时佛教和王权之间复杂的关系;暗喻神权和王权之间既有相互合作以稳定社会关系,也相互存在芥蒂,互为防范的情况。

　　至于调达,这位佛陀的同父异母兄弟,在故事中他心怀叵测,杀心已备,但又不愿公开跳出来承担杀兄的恶名。佛陀在讲述前世因缘的时候,把他比喻为一个以杀生为业的猎人,他"感怜一雁",为雁的"悲鸣吐血,昼夜不息"而感动。他"放雁"这一情节设置,则隐喻了堂弟阿难曾多次调解调达和佛陀的关系的事情;同时暗喻佛陀对调达弃恶向善的期盼和宽容慈悲的胸怀。

　　这一篇"放象杀佛"与"放雁逃生"两个故事中,所比喻的对象和人物,都一一相应,且十分吻合,故事的人物刻画、行为描写,都表现得惟妙惟肖,生动感人,极具丰富的想象力,令人回味无穷。

# 二十六

# 尘垢品

【题解】

好逸恶劳、不思进取、抱怨他人、不思反省,这些我们在现实生活中司空见惯的现象,在佛教看来都是人在妄有心的支配下产生的行为,是本自清净之心蒙尘的结果。认为只有通过返观内照,除去妄尘濡染的心垢,才能证得清净。

【经文】

## 尘垢品第二十六

昔有一人,无有兄弟,为小儿时父母怜爱。赤心悽悽[1],欲令成就。将诣师友,劝之书学。其儿憍蹇[2],永不用心,朝受暮弃,初不诵习,如是积年,无所知识。父母呼归,令治家业,其儿憍诞,不念勤力,家道遂穷,众事妨废。

其儿放纵,无所顾录;禀卖家物,快心恣意;乱头徒跣,衣服不净;悭贪搪揬[3],不避耻;愚痴自用,人所恶贱。国人咸憎,谓之凶恶,出入行步,无与语者。不自知恶,反咎众人;上怨父母,次责师友；先祖神灵，不肯祐助。使我赖带，轗轲[4]如此。不如事佛，可得其福。

即到佛所，为佛作礼，前白佛言："佛道宽弘，无所不容；愿为弟子，乞蒙听许。"佛告此人："夫欲求道，当行清净行。汝赍[5]俗垢入我道中，唐自去就，何所长益？不如归家，孝事父母，诵习师教。没命不忘，勤修居业，富乐无忧，以礼自将，不犯非宜。沐浴衣服，慎于言行；执心守一，所作事办；敏行精修，人所叹慕。如此之行，乃可为道耳。"

于是世尊即说偈言：

（一）

不诵为言垢，不勤为家垢。
不严为色垢，放逸为事垢。
悭为惠施垢，不善为行垢。
今世亦后世，恶法为常垢。

（二）

垢中之垢，莫甚于痴。
学当舍此，比丘无垢。

其人闻偈，自知悾痴，即承佛教，欢喜还归。思惟偈义，改悔自新。孝事父母，尊敬师长；诵习经道，勤修居业；奉戒自摄，非道不行；宗族称孝，乡党称悌；善名遐布，国内称贤。

三年之后，还至佛所，五体作礼，恳恻自陈："尊敬至真，得全形骸。弃恶为善，上下蒙庆。愿垂大慈，接度为道。"佛言："善哉。"须发寻落，即成沙门。内思止观、四谛、正道，精进日登，得罗汉道。

## 【注释】

[1] 偻偻（lóu lóu）：勤恳。

[2] 侨蹇（jiāo jiǎn）：侨，持矜，趾高气扬；蹇，跛，行走困难。侨蹇，即骄横。

[3] 搪揬（táng tū）：古同唐突，即冒犯，本文指固执己见。

[4] 轗轲（kǎn kē）：困顿，不得志。

[5] 赍（jī）：抱着、拿着。也指把东西送给别人，如赍粮，即送人以粮。

## 【译文】

### 第二十六章　除去心中尘垢的喻理

#### 五十二　佛陀教化青年的故事

从前有一个人，没有兄弟，从小备受父母宠爱，对他倾注了全部的心血，希望他将来能有成就。为他请了良师益友，劝勉他读书学习。但他却骄横自大，从来不用心学习，早晨所学，晚上就弃，也不背诵复习，这样过了十多年，没有学到什么知识。父母让他回家，专事治理家业，他心高气盛，不勤奋努力，使家道日益衰落贫穷，诸事荒废。

这个孩子放纵自己，无所顾忌；变卖家中财物，恣情纵意；蓬头光脚，衣服不净；贪婪固执，不知廉耻；愚昧无知，刚愎自用，为人们所厌恶和轻视，称他为凶恶的人。外出时也没有人搭理他。但是他却不知反省自己的恶行，反而归咎于他人。既抱怨父母，指责老师亲友，又称祖先的神灵没有护佑，才使他不得志，困顿到如此地步。后来他想，不如信奉佛教，也许还可以得到福报。

他随即来到佛陀的住所，礼拜佛陀后，上前对佛陀说："佛法宽宏大量，无所不容；愿成为弟子，恳求允许。"佛陀告诉他：

"要皈依佛法，应当清净修行。你带着世俗的怨恨来到佛门中，如果我随便答应，这样又对你有什么益处呢？不如回家，孝敬父母，谨从师教。努力工作，勤奋置业；富足快乐，无忧无虑。自我约束，不犯过错。衣服干净，慎于言行；专心一意，做好一切事务；敏于行而精于修，就会被人赞叹。像这样去做，才可以成为佛弟子。"

于是佛陀随即用两首诗句说：

（一）
不诵经为言之垢，不勤劳为家之垢。
不严律己为色垢，放逸自身为事垢。
怪吝便是惠施垢，不善之行为行垢。
无论今世与后世，邪恶之法为常垢。

（二）
尘垢之中最污垢，莫过愚昧与无知。
修学佛理当舍此，清净无垢出家人。

此人听完之后，认识到了自己的骄纵愚昧，便接受了佛陀的教诲，心中欢喜地回家去。他反复思考诗句的义理，从此悔过自新。孝敬父母，尊敬师长；诵经修道，勤俭持家；信奉戒律，非礼不行；亲属称孝，乡亲称好；美名传颂，人人称赞。

三年之后，他又来到佛陀的住所，礼拜佛陀后，诚恳地说："尊敬的佛陀，您使我成为了健全的人，从而弃恶向善，人人称赞。希望您发大慈悲心，接纳我为弟子。"佛陀说："很好。"随即削发剃须，成为出家人。他修行止观、领悟苦、集、灭、道四谛学说、勤修佛理，每日精进不已，因而证得了罗汉果位。

**【辨析】**

本篇的比喻故事，历数了人间世俗的种种妄尘，烘托出只有佛门才是驱恶行，走正道的喻理。作者在表述主人公"独生子"的劣迹时，采用了铺陈手法："其儿放纵，无所顾录；祟卖家物，快心恣意；乱头徒跣，衣服不净；悭贪掜挃，不避耻；愚痴自用，人所恶贱。"一气呵成，给读者留下深刻印象。接着又采用侧面描写的方式"出入行步，无与语者"，把其人的孤独和人们对他的冷漠都表现得十分清楚。然后以直接斥责的方法尽数其"不自知恶，反咎众人；上怨父母，次责师友；先祖神灵，不肯祐助"的可悲。

在世人皆冷漠他的情况下，佛陀"不如归家，孝事父母，诵习师教。没命不忘，勤修居业，富乐无忧，以礼自将，不犯非宜。沐浴衣服，慎于言行；执心守一，所作事办；敏行精修，人所叹慕。如此之行，乃可为道耳"的教诲，不仅和"独生子"的劣迹形成了对比，而且在这种一反一正的铺排中，使孰善孰恶跃然纸上。

接着佛陀用诗句一口气讲述了世俗社会的"八垢"，即言、色、施、家、事、行、常以及"诟中之垢"的痴，形成了与"比丘无垢"的强烈对比。明喻世事尘垢何其多，唯有佛门清净地。隐喻世人只言人间好，不知尘事少不了；教化人生走坦途，佛家义理真正好。暗喻众人皆浊我独清，清澄境界是净土的义理。

# 二十七

# 奉 持 品

【题解】

本篇故事旨在说明戒除贪婪奢侈,为习佛修道之人所应当具有的基本品质。不仅表现了出家修行者要摆脱世俗挂碍,严于律己的喻理,同时,还彰显了信仰者所应坚守的思想高度。

【经文】

### 奉持品第二十七

昔有长老婆罗门,名萨遮尼犍[1],才明多智,国中第一。有五百弟子,贡高自大,不顾天下,以铁鍱鍱腹,人问其故,答曰:"恐智溢出故也。"

闻佛出世,道化明达,心怀妒嫉,瘖瘶不安,语诸弟子:"吾闻瞿昙沙门,自称为佛,今当往问深妙之事,令其心悸,不知所陈。"即与弟子往到祇洹,列住门外,遥见世尊威光赫奕,如日初出,五情[2]腾踊,喜惧交错,于是径前为佛作礼,佛命就座。坐讫尼犍问佛言:"何谓为道,何谓为智,何谓为长老,何谓为端正,何谓为沙门,何谓为比丘,何谓为仁明,何谓为有道,何谓为奉戒?若能解答,愿为弟子。"

于是世尊观其所应以偈答言:

常愍好学,正心以行。
唯怀宝慧,是谓为道。
所谓智者,不必辩言。
无恐无惧,守善为智。
所谓老者,不以年耆。
形熟发白,惷[3]愚而已。
谓怀谛法,顺调慈仁。
明达清洁,是为长老。
所谓端正,非色如华
贪嫉虚饰,言行有违。
谓能舍恶,根原已断。
慧而无恚,是谓端正。
所谓沙门,不必除发。
妄语贪取,有欲如凡。
谓能止恶,恢廓弘道。
息心灭意,是谓沙门。
所谓比丘,非持乞食。
邪行望彼,求名而已。
谓舍罪业,净修梵行。
慧能破恶,是为比丘。
所谓仁明,非口所言。
用心不精,外顺而已。
谓心无为,内行清虚。
此彼寂灭,是为仁明。

所谓有道，非救一物。
普济天下，无害无道。
奉持法者，不以多言。
虽素少闻，身依法行。
守道不忘，是为奉法。

萨遮尼犍及五百弟子，闻佛此偈，欢喜开解，弃捐贡高，皆作沙门。尼干一人发菩萨心，五百弟子皆得阿罗汉道。

【注释】

［1］萨遮尼犍：耆那教的祖师。耆那教为修苦行以求解脱的教派，又称裸形外道。

［2］五情：佛教指由眼、耳、口、鼻、身五根产生的色、声、香、味、触等欲望、感触。

［3］憃（chōng）：愚蠢，失意的样子。

【译文】

## 第二十七章　出家修行的喻理

### 五十三　佛陀讲述出家修行者的故事

从前有一位婆罗门长者，名叫萨遮尼犍，他的聪明才智，在憍萨罗国无人能比。他高傲自大，目空一切，有五百弟子。他以铁片护住胸腹，有人问他为什么这样做，回答说："我怕智慧溢出来。"

萨遮尼犍听说佛陀在世，其教化圣明通达，于是心怀妒嫉，坐卧不安，对弟子说："我听说释迦族的出家人，自称为佛陀，我们应当前去，问询他那些深邃奥妙之事，让他不知如何回答而心慌、难堪。"随即与弟子们来到祇园寺院，站在门外，望见佛陀威仪万方，神采奕奕，如旭日初升，顿时心情愉悦，喜惧交加，于是赶快上前礼拜佛陀，佛陀请他们坐下来。坐定之后，萨遮尼犍问佛陀说："什么是正道？什么是智慧？什么是德高望重的长者？什么是行为端正？什么是出家人？什么是佛弟子？什么是仁德圣明？什么是正确的道路？什么是持守戒律？倘若能解答，我们愿意成为你的弟子。"

于是佛陀根据他的问题用诗句回答说：

> 敏捷而好学，正心以修行。
> 心怀智慧宝，就是所谓道。
> 所谓智慧者，不必善辩言。
> 无恐亦无惧，守善即为智。
> 所谓长老者，不以年事高。
> 形衰发白者，只是愚而已。
> 谓怀四谛法，仁慈心调顺。
> 明达又清净，就是尊长老。
> 所谓行端正，并非色如花。
> 贪嫉且虚饰，言行必有违。
> 谓能舍恶业，根源已断绝。
> 慧而无瞋恚，此等谓端正。
> 所谓出家人，不必皆除发。
> 妄语贪欲取，有欲即如凡。
> 谓能止恶行，志向在弘道。
> 息心又灭意，就是出家人。
> 所谓佛弟子，并非持乞食。
> 邪行望彼岸，寻求名而已。
> 谓能舍罪业，清净修梵行。
> 智慧能破恶，就是佛弟子。

所谓仁德明，并非口所言。
用心不精进，只是外和顺。
谓心修无为，内敛行清虚。
此彼皆寂灭，就是仁德明。
所谓有道者，并非救一物。
普济天下人，无害亦无道。
信奉佛法者，力行不多言。
虽素少听闻，修身依法行。
守道不忘戒，就是奉持法。

萨遮尼犍以及五百弟子，听了佛陀的诗句后，心中欢喜，迷开意解，不再自高自傲，都做了出家修行者。萨遮尼犍一人生发菩萨心，五百弟子都证得阿罗汉果位。

【辨析】

这篇比喻故事的内容是针对出家人而言的。其特点是语言丰沛有力，一气贯注，如长江大河，滚滚而来。萨遮尼犍的"何谓为道，何谓为智，何谓为长老，何谓为端正，何谓为沙门，何谓为比丘，何谓为仁明，何谓为有道，何谓为奉戒"，向佛陀连发九问，为我们展示出一位对人生真谛不倦探索者的形象，他的认真思考，穷究义理，反映了极为丰富的喻理。

佛陀对这些问题的回答，就更为精彩，全部用偈语，正面回应，一一阐述，繁简相间，从容道来。如在回答"何为道"、"何为智"时，佛陀都用"常愍好学，正心以行，唯怀宝慧，是谓为道"和"所谓智者，不必辩言，无恐无惧，守善为智"来回答，既表现了佛道以"正心"为要的喻理，又反映出面对诘难"不辩"与"无惧"的强大内心世界和对自己教义的高度自信，都用了两句来完成。而在回答"何为长老"的发问时，则以"所谓老者，不以年耆，形熟发白，憃愚而已。谓怀谛法，顺调慈仁，明达清洁，是为长老"来完成，较为详尽。这就具有明显的针对性，明喻作为宗教领袖，不以年高而为尊，要以"怀谛"即心怀正确的人生理想为标志；隐喻"法顺"，即对教义法理明辨无碍，心怀慈悲，而不是"贡高自大，不顾天下"的自以为是；暗喻只有佛教才是"清洁"即清澄高洁的信仰，婆罗门长老只有皈依佛法才是"明达"之举。接下来的"如花"、"如凡"等喻词都各有意蕴。总之，萨遮尼犍的九问与佛陀的九答，意蕴深厚，值得品味。

另外，本篇的细节描写也十分精彩，读之使人心领神会。如写婆罗门长老高傲自大，目空一切的特点时，以长老用铁片盖住腹部，人问为什么这样时，他回答恐怕智慧溢出，所以才这样。读后令人哑然失笑。而且，一"盖"一"溢"，一实一虚，两相对应而成意趣，极具表现力，既增强了表达效果，又增强了故事的感染力。

# 二十八

# 道 行 品

【题解】

人生是苦,既反映了佛教对世界、人生的根本看法,也是佛教哲学理论与全部教义的出发点。因为佛教是在对人生的各种烦恼和苦难的深入体察与认识的基础上而创立的。洞察世事、深谙人心,是出家人修行的重要内容。本篇故事阐述了解脱人生苦难的方法,体现了佛陀的教理与婆罗门的"道行"大不相同的喻理。

【经文】

## 道行品第二十八

昔有婆罗门,年少出家学道,至年六十不能得道。婆罗门法,六十不得道,然后归家娶妇为居。生得一男,端正可爱,至年七岁,书学聪了,才辩出口,有逾人之操。卒得重病,一宿命终。梵志怜惜,不能自胜,伏其尸上气绝复苏。亲族谏喻,强夺殡殓,埋着城外。

梵志自念:"我今啼哭,计无所益,不如往至阎罗王[1]所,乞索儿命。"于是梵志沐浴斋戒,赍持华香,发舍而去,所在问人:"阎罗王所治处,为在何许?"展转前行,行数千里,至深山中,见诸得道梵志,复问如前。诸梵志问曰:"卿问阎罗王所治处,欲求何等?"答言:"我有一子,辩慧过人,近日卒亡,悲穷懊恼,不能自解。欲至阎罗王所,乞索儿命,还将归家,养以备老。"诸梵志等愍其愚痴,即告之曰:"阎罗王所治处,非是生人可得到也,当视卿方宜,从此西行四百余里有大川,其中有城,此是诸天神案行世间停宿之城,阎罗王常以月八日案行,必过此城,卿持斋戒,往必见之。"

梵志欢喜,奉教而去。到其川中,见好城郭。宫殿屋宇如忉利天。梵志诣门,烧香、翘脚、咒愿,求见阎罗王。王敕门人问之,梵志启言:"晚生一男,欲以备老,养育七岁近日命终,唯愿大王垂恩,布施还我儿命。"阎罗王言:"大善,卿儿今在东园中戏,自往将去。"梵志即往,见儿与诸小儿共戏,即前抱之,向之啼泣曰:"我昼夜念汝,食寐不甘,汝宁念父母辛苦以不?"小儿惊唤,逆呵之曰:"痴騃老翁,不达道理。寄住须臾,名之为子,勿妄多言,不如早去。今我此间,自有父母,邂逅之间,唐自抱乎?"梵志怅然,悲泣而去。即自念言:"我闻瞿昙沙门,知人魂神变化之道,当往问之。"于是梵志即还,求至佛所。

时佛在舍卫祇洹为大众说法,梵志见佛稽首作礼,具以本末向佛陈之:"实是我儿,不肯见认,反谓我为痴騃老翁,寄住须臾,认我为子,永无父子之情。何缘乃尔?"

佛告梵志:"汝实愚痴,人死神去,便更受形,父母妻子,因缘会居,譬如寄客,起则离散。愚迷缚着,计为己有,忧悲苦恼。不识根本,沉溺生死,未央休息。唯有慧者,不贪恩爱,觉苦舍习,勤修经戒,灭除识想,生死得尽。"

于是世尊即说偈言:

人荣妻子，不观病法。
死命卒至，如水湍骤。
父子不救，余亲何望？
命尽怙亲，如盲守烛。
仂[2]行度世，一切除苦。
远离诸渊，如风却云。
已灭思想，是为知见。
智为世长，惔[3]乐无为。
如受正教，生死得尽。

梵志闻偈豁然意解，知命无常，妻子如客。稽首委质，愿为沙门。佛言："善哉。"须发自落，法衣在身，即成比丘。思惟偈义，灭爱断想，即于座上，得阿罗汉道。

**【注释】**

[1] 阎罗王：简称阎王，佛典汉译为"缚"，即捉拿有罪过之人。阎罗王是统领阴间的神，也是汉地民间传说中阴间的主宰，掌管人的生死和轮回。在民间信仰中，人死后要去阴间报到，接受阎王的审判。

[2] 仂（lè）：余数，零数。本文意为去。

[3] 惔（dàn）：安静，恬淡，泰然。

**【译文】**

## 第二十八章 修行者品行的喻理

### 五十四 佛陀教化婆罗门修行者的故事

从前有一位婆罗门修行者，少年时就出家学道，到了六十岁仍然没能悟道。按照婆罗门吠陀法典，六十岁不能证得"梵我一如"的境界，就还俗回家娶妻过日子。归家之后，他娶妻生了一个男孩儿，长得端正可爱，到了七岁的时候，读书学习十分聪明，能言善辩，有过人的才华。但突然得了重病，一夜之间就死了。这位婆罗门修行者十分痛惜，无法克制自己的悲伤，伏在孩子的尸体上哭得死去活来。在亲友们的极力劝说下，才把孩子的尸体从他怀中夺下入殓，埋在城外的墓地。

婆罗门修行者心想："我现在痛哭，也不会有什么用了，不如前往阎罗王的住所，向他乞求讨回儿子的命。"于是婆罗门修行者沐浴斋戒，手拿着香花，从家中出发，他一路上向人问道："阎罗王住在何处，怎样才能找到他？"就这样一路前行，走了好几千里路，来到一座深山中，看见一些得道的婆罗门修行者，又向他们打听。修行者们问他："你问阎罗王在哪里，想求他什么事？"他回答说："我有一个儿子，能言善辩，聪明过人，最近突然死了，我悲痛万分，无法化解。想找到阎罗王，向他乞求讨回我儿子的命，把儿子带回家，抚养长大以备养老。"婆罗门修行者们怜悯他的一片痴心，随即告诉他说："阎罗王的住所，不是活人能够去的，但你可以试一下自己的运气，从此向西走四百多里处，有一条大河，河中有一座城，这是天神们巡查世间所停留和住宿的地方，阎罗王每月初八到这里巡查判案时，会经过此地，你要持守斋戒，去了一定能见到他。"

这位年长的婆罗门修行者听后心中欢喜，就按他们所说的去做。他来到大河边，看见一座很大的城市。宫殿房屋庄严宏伟，如天一般高大。他来到城门，跪拜烧香，然后抬脚，口念祝词，求见阎罗王。阎罗王让守门人问他有什么事，老婆罗门修行者说："我晚年生了一个男孩，准备以后养老，抚养他到七岁，不幸却在最近死了，期望阎罗王施恩，还我儿子的生命。"阎罗王说："好吧！你儿子现在东边的花园里玩，你自己去把他带走吧。"

老婆罗门修行者立即前往，看见儿子与一群小孩正在玩游戏，当即上前把他抱在怀里，泣不成声地对他说："我日夜思念你，寝食不安，你知不知道父母是怎样苦苦地思念你的？"小孩吃惊地叫了起来，反而呵斥他说："你这个傻老头，怎么这么不通达事理。我只是曾在你家中短暂寄托，才成为你的儿子。你不要在这里胡说了，还不如赶快回去。我在这里还有自己的父母，你和我在这只是偶尔相遇，你怎么能随便就来抱我呢？"老婆罗门修行者满腹惆怅，只好悲伤地抽噎着，失望地离开。后来，他自言自语说："我曾听说佛祖释迦牟尼，能够懂得人的魂魄变化的道理，我应该去请教他。"于是老婆罗门修行者随即返还，来到了佛陀的住所。

这时佛陀在舍卫城祇园寺院为大家解说佛法，老婆罗门修行者见到佛陀，叩首礼拜后，如实向佛陀诉说了自己的经历："那个孩子确实是我的儿子，却不肯相认，反而说我是痴傻老翁，只是暂时寄托在我家，成为我的儿子，永远不再有父子之情。为什么会是这样呢？"

佛陀告诉婆罗门修行者："你实在是愚蠢呆痴！人死之后心识便去，又去投胎，能够成为父母妻子，都只是因缘聚合而已，如同寄宿的客人，起来上路就从此离散。被世情所迷惑的愚昧之人，却以为父母妻子都归自己所有，所以为此忧愁苦恼，这是不知人生是由因缘和合而成的根本道理，而沉溺于生死苦海之中，永不止息。只有智慧之人，不贪恋于恩爱的妄念，觉悟人生是苦的义理，诵读经书，勤修戒律，灭除心识的妄有形态，才能解脱生死轮回的苦难。"

于是佛陀随即用诗句说：

    人恋妻与子，不观空坏法。
    死亡瞬间至，如水湍急流。
    父子不相救，余亲更何望？

命尽视亲人，如盲守灯火。
　　智慧是真意，可修经与戒。
　　勤修度世间，一切苦皆除。
　　远离诸深渊，如风吹散云。
　　熄灭妄有想，就是正知见。
　　智者为世长，淡泊乐无为。
　　如受正教理，生死得解脱。

　　老婆罗门修行者听了诗句后，豁然心解，了悟了生命无常，妻子和儿女犹如过客。接着又礼拜佛陀，表示愿意成为佛弟子。佛陀说："好啊。"老婆罗门修行者的须发自然脱落，袈裟穿在身上，成为了佛弟子。他思考领悟了佛陀的教义，断除了渴爱的妄念，随即在座位上证得了阿罗汉果位。

【辨析】

　　白发人送黑发人，乃人生大不幸之一。故事中的老翁，老年喜得贵子，孩子又是如此的聪明可爱，然而不幸的是，年仅七岁便突然夭折，老年丧子，对人的打击可想而知。悲痛至极的老翁竟然到阎王处索要儿子，然而却意外地遭到拒绝，原因在于：此人已非彼人，此生已非彼生。

　　故事的情节虽然简单，但构思却巧妙离奇，给我们展现了一个想象中的阎王的"办公"场所——水中的一座高大宫殿。阎王也不像传说中的那样恐怖可怕，而是知情达理、善解人意。不拂老人心，自去看究竟；成全不成全，只看个中缘。这一情节把佛教前世今生各有因缘的教义暗喻其中。

　　人生免不了生离死别，佛教对待生离死别，并非冷漠无情、不近情理，而是力图引导人们认识到，要摆脱痛苦，就要去除妄有之心，如果执迷不悟，只会越陷越深，难以自拔。本篇故事以妻子和儿女犹如过客的比喻，来使人们认知生命无常的道理，体现了佛门"放下得自在"的破除我执的方法，把解脱生死的理念，从故事的字里行间以及情节的推进中，巧妙地呈现给读者，使人在慨叹之余，得以开悟。

　　故事所描绘的老父的无限怀念，孩子的漠然相告，两者形成了巨大的反差，在一热一冷、一喜一惊的对比中寄寓佛理，表现出作者在布局谋篇上举重若轻的功力和匠心。

# 二十九

# 广 衍 品

【题解】

所谓广衍，意为宽广绵长，传播广泛久远。本篇故事主要是讲如何调养身心，延年益寿。虽然由一篇比喻故事构成，但其所涉及的对象和问题，以及"若欲不肥，减食粗燥，然后乃瘦"的道理，在今天看来仍然大有益处。

【经文】

## 广衍品第二十九

昔佛在舍卫国说法教化，天龙、鬼神、帝王、人民，三时[1]往听。彼时国王名波斯匿，为人憍慢，放恣情欲。目惑于色，耳乱于声，鼻着馨香，口恣五味，身受细滑。食饮极美，初无厌足；食遂进多，恒苦饥虚；厨膳不废，以食为常。身体肥盛，乘舆不胜；卧起呼吸，但苦短气；气闭息绝，经时惊觉；坐卧呻吟，恒苦身重。不能转侧，以身为患，便敕严驾，往到佛所。侍者扶持问讯，却坐叉手，白佛言："世尊，违远侍觐，咨受无阶，不知何罪，身为自肥。不能自觉，何故使尔？每自患之，是以违替，不数礼觐。"

佛告大王："人有五事，令人常肥：一者数食，二者喜眠，三者悀乐，四者无愁，五者无事。是为五事，喜令人肥。若欲不肥，减食粗燥，然后乃瘦。"

于是世尊即说偈言：

  人当有念意，每食知自少。
  从是痛用薄，节消而保寿。

王闻此偈，欢喜无量，即呼厨士，而告之曰："受诵此偈，若下食时，先为我说，然后下食。"王辞还宫，厨士下食，辄便说偈，王闻偈喜，日减一匙，食转减少。遂以身轻，即瘦如前。自见如此，欢欣念佛，即起步行，往到佛所，为佛作礼。佛命令坐，而问王曰："车马人从，为所在也，何缘步行？"王喜白佛："前得佛教，奉行如法。今者身轻，世尊之力，是以步来，知为何如？"

佛告大王："世人如此，不知无常，长身情欲，不念为福。人死神去，留身坟墲[2]。智者养神，愚者养身。若能解此，奉修圣教。"

于是世尊重说偈言：

  人之无闻，老如特牛。
  但长肌肥，无有智慧。
  生死无聊，往来艰难。
  意倚贪身，更苦无端。
  慧人见苦，是以弃身。
  灭意断欲，爱尽无生。

王重闻偈，欣然意解，即发无上正真道意，听者无数，皆得法眼。

**【注释】**

[1] 三时：古代印度把一天一夜分为昼三时，夜三时，共六时。故佛家常讲六时吉祥。

[2] 坟墭（péng）：坟头上的扬尘。

**【译文】**

## 第二十九章　益寿延年的喻理

### 五十五　佛陀向国王传授养生之道的故事

从前佛陀在舍卫城解说佛法教化众生，天龙八部、大力鬼神、帝王、人民，白天都前去聆听。当时侨萨罗国国王名叫波斯匿，为人傲慢，恣情纵欲。终日眼迷美色，耳闻美声，贪闻馨香，贪恋美食，贪着美服。尤其是他的饮食极为讲究，各种美味从不厌足；饮食过度，但他仍然感到饥饿无力，以至于厨师要不停地给他提供美食，国王则不断地进食，享受各种美味。因此他的身体日益肥硕，连车都载不动他；甚至在睡觉时也感到呼吸困难，气短而不顺畅，经常在睡时惊醒，只好坐起来痛苦地呻吟。只觉得身体越来越沉重，自己无法翻身。因此他乘车来到佛陀的住所，由侍者搀扶着他坐下来，然后双手合什，对佛陀说："受世人尊敬的佛陀，很久没有来朝觐您了，今天来接受您的教诲。不知道是什么罪过，我的体重急剧增加，自己无法控制，为什么会这样呢？我每天为此发愁，所以才没能常来礼拜和朝觐您。"

佛陀告诉国王："有五种情形会使人肥胖：一是食多，二是贪睡，三是享乐，四是没有忧愁，五是心中无事。这五种情形，都会使人肥胖。倘若不想肥胖，就要减少饭量，多吃粗粮，这样才会瘦下来。"

于是佛陀随即用诗句说：

> 平时生活常念想，每日饭食要减少。
> 从此坚决用粗食，节制体重而保寿。

国王听了诗句后，心中十分欢喜，立即叫来厨师，告诉他说："背诵这诗句，以后用饭时，先要为我诵一遍，然后再上饭。"国王辞别佛陀后回到宫中。此后每当厨师准备给他用饭时，便诵一遍诗句，国王听后心情愉快，每天减一勺饭，饭量逐渐减少，体重逐渐减轻，和从前一样了。他看到自己现在的样子，非常高兴，感念佛陀的教诲，就步行来到佛陀的住所礼拜佛陀。佛陀请他坐下后，便问道："你的车马和随从在哪里呢，今天为什么步行而来？"国王高兴地对佛陀说："之前承蒙您的教诲，按照您所说的来执行，现在体重已经减轻了，所以步行来了，这样不是很好吗？"

佛陀告诉国王："世人不知生命无常，常常放纵情欲，不知积善造福，死后神识离去，只留身后坟土一堆。智慧之人调养精神，愚昧之人养肥身体。倘若能了解这样的道理，就会信奉佛教了。"

于是佛陀又用诗句说：

> 若不听闻知佛法，到老犹如一头牛。
> 饱食终日肌体肥，徒有体重无智慧。
> 从生到死皆无益，往生来世更艰难。
> 心中贪此假有身，愈加痛苦无尽头。
> 智慧之人认识苦，所以弃除妄有身。
> 断灭心意断欲念，渴爱除尽无处生。

国王听了诗句，心中欣喜，心开意解，随即生心发愿，要追随无上正确的佛法，旁边听到教诲的许许多多的人，都悟得了佛理。

**【辨析】**

这篇比喻故事，以憍萨罗国王波斯匿减肥的经历，表明了智者和愚者的不同做法。

故事首先叙述了国王身体肥胖的原因，国王为了满足自己的感官享受和口腹之欲，过着奢侈逸乐的生活，其结果导致了他的身体肥硕，以至于严重地影响到他的生活和健康。其实，这也正是对饱食终日无所用心的国王乃至权贵生活状态的真实写照。可以想见，他们奢靡淫逸的生活是建立在对民众的巧取豪夺上的。

佛陀分析的致人肥胖的五种原因，具有普遍的意义，对好吃懒做、无所事事之人进行了揭露和批判，用"生前一肥牛，死后一坟头"的比喻，概括了放纵一生的结局，表现出佛教健康而简朴的生活理念和方式。

故事写此后国王饭前听佛语，每顿减一勺，最后得以步行到佛陀寺院，这一内容与他见到佛陀之前的情形，形成了"肥"与"瘦"的鲜明对比，从身体状况、心态、行为等方面一一描绘，给读者留下了深刻的印象。

# 三十

# 地 狱 品

【题解】

地狱学说是佛教信仰世界的一个组成部分，其除了具有信仰的因素之外，还具有伦理价值，符合人们去恶向善的价值取向。在笔者看来，地狱所描绘的种种苦难，也都是现实生活苦难的一种折射，是对现实的一种真实的"复制"。

【经文】

## 地狱品第三十

昔舍卫国有婆罗门师，名富兰迦叶[1]，与五百弟子相随，国王人民先共奉事。佛初得道与诸弟子从罗阅祇至舍卫国，身相显赫，道教弘美，国王中宫率土人民，莫不奉敬。于是富兰迦叶起嫉妒意，欲毁世尊独望敬事，即将弟子见波斯匿王而自陈曰："吾等长老，先学国之旧师，沙门瞿昙后出求道，实无神圣，自称为佛。而王舍我，欲专奉之，今欲与佛，捔[2]试道德，知谁为胜？胜者王便终身奉之。"王言："大善。"王即严驾往到佛所，礼毕白言："富兰迦叶欲与世尊捔尽道力现神变化,不审世尊为可尔不?"佛言:"大佳。"

结期七日当捔变化,王于城东平广好地,立二高座,高四十丈,七宝庄校,施设幢幡,整顿座席,二座中间,相去二里。二部弟子各坐其下,国王群臣,大众云集,欲观二人捔其神化。于时迦叶与诸弟子先到座所,登梯而上。有鬼神王名曰般师,见迦叶等虚妄嫉妒,即起大风吹其高座。坐具颠倒,幢幡飞扬,雨沙砾石,眼不得视;世尊高座,淡然不动。

佛与大众庠序而来,方向高座忽然已上,众僧一切寂然次坐。王及群臣加敬,稽首白佛言:"愿垂神化厌伏邪见,并令国人明信正真。"于是世尊即于座上霍[3]然不现,即升虚空,奋大光明。东没西现,四方亦尔,身出水火,上下交易,坐卧空中,十二变化,没身不现,还在座上。天龙、鬼神华香供养,赞善之声,震动天地。富兰迦叶自知无道,低头惭愧不敢举目。于是金刚力士举金刚杵,杵头火出,以拟迦叶:"何以不现卿变化乎?"迦叶惶怖,投座而走,五百弟子奔波迸散。世尊威颜容无欣戚,还到祇树给孤独园,国王群臣欢喜辞退。

于是富兰迦叶与诸弟子,受辱而去。去至道中,逢一老优婆夷,字摩尼,逆骂之曰:"卿等群愚,不自忖度,而欲与佛比捔道德,狂愚欺诳,不知羞耻,亦可不须持此面目,行于世间也。"富兰迦叶羞诸弟子至江水边,诳诸弟子:"我今投水,必生梵天,若我不还,则知彼乐。"诸弟子待之不还,自共议言:"师必上天,我何宜住?"一一投水,冀当随师。不知罪牵,皆堕地狱。

后日国王闻其如此,甚惊怪之,往到佛所,白佛言:"富兰迦叶师徒迷愚,何缘乃尔?"佛告王曰:"富兰迦叶师徒重罪有二:一者三毒炽盛,自称得道;二者谤毁如来,欲望敬事。以此二罪,应堕地狱,殃咎催逼,使其投河。身死神去,受苦无量。是以智者,守摄其心,内不兴恶,外罪不至。譬如边城与寇连接,守备牢固,无所畏惧。内人安隐，外寇不入，智者自护，亦复如是。"

于是世尊即说偈言：

> 妄证求赂，行已不正。
> 怨谮良人，以枉治世。
> 罪牵斯人，自投于坑。
> 如备边城，中外牢固。
> 自守其心，非法不生。
> 行缺致忧，令堕地狱。

佛说偈已，重告王曰："乃往昔时有二猕猴王，各主五百猕猴。一王起嫉妒意，欲杀一王，规图独治，便往共斗，数数不如，羞惭退去。到大海边海曲之中，有水聚沫风吹积聚，高数百丈，猕猴王愚痴，谓是雪山，语群辈言：'久闻海中有雪山，其中快乐，甘果恣口，今日乃见，吾当先往行视。若审乐者，不能复还，若不乐者，当来语汝。'于是上树，尽力跳腾，投聚沫中，溺没海底。余者怪之不出，谓必大乐，一一投中，断群溺死。"

佛告王曰："尔时嫉妒猕猴王者，今富兰迦叶是也；群辈者，今富兰迦叶弟子五百人是也；彼一猕猴王者，我身是也。富兰迦叶前世，坐怀嫉妒，为罪所牵，自投聚沫，绝群断种，今复诽谤，尽投江河。罪对使然，累劫无限。"王闻信解，作礼而去。

昔有七比丘，入山学道，十二年中不能得道。自共议言："学道甚难，毁形执节，不避寒苦，终身乞食，受辱难堪，道卒叵得，罪难可除。唐自劳勤，殒命山中，不如归家，修立门户娶妻养子，广为利业，快心乐意。安知后事？"

于是七人即起出山。佛遥知之，应当得度，不忍小苦，终堕地狱，甚可怜伤。佛即化作沙门往到谷口，逢七比丘，化人问曰：

"久承学道，何以来出？"七人答言："学道勤苦，罪根难拔，分卫乞食，受辱难堪。又此山中无供养者，玃玃[4]积年，恒守俭约，唐自困苦，道不可得。且欲还家，广求利业，大作资财，后老求道。"化沙门言："且止，且止，听我所言。人命无常，且不保夕，学道虽难，前苦后乐。居家艰难，亿劫无息。妻息会止，愿同安利，欲望永乐，不遭患难，是犹治病服毒，有增无损也。三界有形，皆有忧恼，唯有信戒，无放逸意，精进得道，众苦永毕。"

于是化沙门现佛身相，光像巍巍即说偈言：

　　学难舍罪难，居在家亦难。
　　会止同利难，艰难无过有。
　　比丘乞求难，何可不自勉。
　　精进得自然，终无欲于人。
　　有信则戒成，从戒多致宝。
　　亦从得谐偶，在所见供养。
　　一坐一处卧，一行不放恣。
　　守一以正心，心乐居树间。

于是七比丘见佛身相，又闻此偈，惭怖战栗，五体投地稽首佛足，摄心悔过，作礼而去。还入山中，殒命精进，思惟偈义，守一正心，闲居寂灭，得罗汉道。

【注释】

[1] 富兰迦叶：佛陀时的六师外道之一，住于中印度，常以裸形修苦行。主张无因论，认为众生之迷与悟无因缘，善恶亦无果报。

[2] 捔（jué）：比，竞力。

[3] 霍：原字为古今皆无的异体字，根据文义改之。

[4] 璅璅（suǒ）：同"琐"，这里指默默地过了几年。

【译文】

## 第三十章　关于地狱的喻理

### 五十六　婆罗门投江而死的比喻故事

从前舍卫城有一位婆罗门师父，名叫富兰迦叶，他有五百弟子跟随修行，国王和人民先前都信奉婆罗门教。佛陀证得佛理后，与弟子们从摩揭陀国的王舍城来到憍萨罗国的国都舍卫城，佛陀法相庄严殊胜，佛教被人们接受，国王以及人民，无不信奉恭敬。然而却引起了富兰迦叶的嫉妒，想要诋毁佛陀，从而希望成为唯一受到恭敬和信奉的宗教，随即派弟子到国王波斯匿的宫中说："我们的导师，是先前国王的导师，佛陀是后来出家修行的人，并无神圣之处，还自称为佛。国王舍弃了我们，一心信奉佛陀，我们要和佛陀比试道行和品德的高下，然后看谁是胜者。得胜者国王便应当终身信奉。"国王说："很好。"国王随即驾车来到佛陀的住所，礼拜佛陀后说："富兰迦叶想和佛陀比试道力，表现神通变化，不知道佛陀可以比试不？"佛陀回答："太好了。"

他们约定七天后比试神通变化，国王在城东的广场上，建了两座高四十丈的高台，用七宝装饰，并设置了旌旗风幡和坐席，两座高台相距二里路。婆罗门教和佛教的弟子们都各自坐在自己一方的台下，国王和群臣，以及民众云集此地，都来观看富兰迦叶和佛陀两人神通变化的较量。当时富兰迦叶和弟子们先来到高台下面，登着梯子上台，这时有一位大力鬼神之王名叫般师，知道富兰迦叶的嫉妒心理，便掀起一阵大风，把富兰迦叶他们高台上面的座位都掀倒了，风幡飞扬，飞沙走石，吹得他们睁不开眼；佛陀和弟子的高台上，座位却岿然不动。

佛陀和弟子们依次而来，忽然之间就登上了高台，僧人们井然有序地坐下。国王以及大臣这时更加敬佩，礼拜佛陀后说："希望施神通变化降伏邪恶的偏见，使人们明白和信奉真谛。"这时佛陀从座位上忽然消失，升到空中，大放光明。一会儿在东边，一会儿在西边，东、南、西、北四方反复变化，身现水火，上下翻腾，坐卧空中，各种变化多达十二种。然后佛陀隐身，又回到了座位上。这时天龙八部、大力鬼神都遍洒香花供奉，赞叹之声震天动地。富兰迦叶自知没有道行，低下头来惭愧得不敢看大家。金刚大力士举起手中的金刚杵，杵头喷出火来，对着富兰迦叶说："为什么不现出你的神通变化来？"富兰迦叶惶恐不安，离开座位落荒而逃，五百弟子也跟着逃散。佛陀面色一如往日的平静，回到舍卫城祇园寺院，国王和大臣们也欢喜地回到宫中。

富兰迦叶和弟子们受到羞辱后离去。在回去的路上，遇到一位年长的在家修行的女佛弟子，法名叫摩尼，迎面叱责他们说："你们这一群愚昧的人，不自量力，想和佛陀比道行品德的高下，狂妄至极，不知羞耻，真不知道还有什么脸面活在世上。"富兰迦叶羞愧地和弟子们来到江边，骗弟子们说："我今天投水后，必会往生于梵天，倘若我投水后不回来，你们就知道我已在梵天享乐。"弟子们等了很久不见他回来，共同商议说："师父肯定上了梵天，我们为什么不去呢？"于是就一一投入江中，希望追随师父，却不知道这是罪业的牵引全都堕入地狱之中。

后来国王得知他们投江的事，感到十分惊愕，就来到佛陀的住所，问佛陀说："富兰迦叶师徒如此痴迷愚昧，是什么原因呢？"佛陀告诉国王说："富兰迦叶师徒犯了两种重罪：一是贪、瞋、痴三毒盛行，自称证得道果；二是诽谤和诋毁佛教，妄求人们信奉敬仰他们。犯了这两种重罪，应当堕入地狱，罪业的催逼，致使他们投江。死后神识离去，遭受的苦难无法计量。所以智慧之人，守护其心，心中不生恶念，不会招来罪业，比如在边关与敌寇对阵，只有守备牢固,才无所畏惧,自身安全没有隐患,外敌就不能侵入。智慧的人保护自己,也是这样的道理。"

于是佛陀随即用诗句说:

> 妄称得道求供养,自身修行已不正。
> 嫉恨怨怒谤贤良,欲以邪道蒙世间。
> 罪业牵引做恶人,自设陷阱投火坑。
> 犹如守备边关城,城中城外皆牢固。
> 守护正心无妄念,非佛之法不萌生。
> 修行缺失致忧患,自堕地狱永受苦。

佛陀解说诗句后,又告诉国王说:"从前有两只猕猴王,各自带领五百只猕猴。一只猴王萌生了嫉妒之心,想杀死另一只猴王,以使猴群都归属自己。便前去找另一只猴王争斗,一连多次都没能打赢,只好羞愧地败退。退到大海海湾之处,海风掀起海水,积聚成许多水沫,高达几百丈,猕猴王愚昧无知,以为是雪山,就对猴群说:'很久以来就听说海中有雪山,其中快乐无比,还有甘甜鲜美的果子可吃,今天总算看见了,我应当先前去探视。倘若是乐园,就不回来了,倘若不是乐园,我再回来告诉你们。'于是猴王爬上树,用尽全力腾跳起来,纵身跳入海中聚起的泡沫中,一下子沉入海底淹死了。其余的猕猴见猴王没有出来,认为那里一定很快乐,于是就一一跳入海中,就这样一群猕猴全都被淹死了。"

佛陀告诉国王说:"当时嫉妒另一只猕猴王的,就是今天的富兰迦叶;一群猕猴,就是今天富兰迦叶的五百弟子;另一只猕猴王,就是我的前身。富兰迦叶的前世,因为心怀嫉妒,为罪业所牵引,自投于海水的泡沫中,猴群绝了种,今生又因诽谤佛教,所以全都投入江中。这是罪业所致,要遭受无尽的苦难。"国王听后明白了事情的原委,领悟了佛理,礼拜佛陀后而去。

## 五十七　佛陀教化七位弟子的故事

从前有七位佛弟子，到山中修行，修了十二年还没能修得道果。他们一同商议说："修学佛道太难了，劳形伤神持守戒律，还要耐住贫寒艰苦，终身乞食，所受的屈辱和难堪难以言说，最终却难以得道，罪业难以去除。徒自辛劳勤修一生，最后老死山中。不如还俗回家，娶妻生子建立家庭，置办家业，惬意快乐地生活。谁能知道身后的事呢？"

于是七位出家人随即出山。佛陀在远方知道了他们的想法，认为他们应当得到度脱。如果不能忍受小的苦难，终究会堕入地狱，那实在令人悲悯。于是佛陀化作一位修行者来到山口，迎面遇上七位出家人。修行者问出家人说："你们修学已经很久了，为什么要出山呢？"七位出家人回答说："修学辛勤艰苦，罪业之根难以拔除，一生乞食，遭受屈辱令人难堪。而且在山中又无人供养，默默无闻多年，长期勤俭节约，未证得佛果而徒自辛苦。与其这样还不如还俗，回去置办家业，积累财富，等老了再来寻求佛理。"修行者说："不要这样，请听我说。人的生命无常，朝不保夕，修学虽然艰难，但前面辛苦是为了以后的快乐。还俗回家生活艰难，所受苦难永不止息。世人希望妻子儿女团聚，永远平安快乐，无灾无难，然而你们现在的做法，就犹如人治病却服用了毒药一样，有害而无益。欲界、色界、无色界三界中的一切生灵，都有忧愁和烦恼，只有信守戒律，无放纵淫逸之心，精进修行证得佛果，才会永远断除一切苦难。"

于是修行者现出了佛陀的身相，光芒照耀，并当即用诗句说：

　　修学舍罪本艰难，还俗居家亦艰难。
　　家人团聚同利难，艰难莫过是妄有。
　　出家乞求斋饭难，为何不能求自勉。

精进证得法自然，终究无欲于世间。
正信则能戒行成，从戒守律多致宝。
修行证得有同道，在所遇见人供养。
一坐一卧修行处，一言一行不放恣。
一心一意以正心，居住林间心自乐。

七位出家人看见佛陀现身，又听了诗句，顿时惭愧得浑身战栗，五体投地礼拜佛足，诚心悔过。随后又合掌作礼后，回到了山中。他们发奋努力，精勤勇进，深入思考领悟佛陀诗句的义理，正心守一，恬然静寂，终于证得罗汉果位。

【辨析】

这两个比喻故事，都是佛陀针对出家修行者而阐发的教义。

第一个介绍了婆罗门修行者，因妒成恨，不仅最终落了个葬身水中的下场，而且堕入地狱，永受煎熬。其中以猕猴喻人，以猴王之妒反喻富兰迦叶的诽谤，以前生论今生，又由今生情事之果导出前世之因，来解说前缘，表现出构思的巧妙。猴王投海而群猴仿效，一死俱死，令人深思。这样类似的故事情节虽在佛教故事中不止一次出现，但这里表现的立意，却暗含杀机。隐喻着在佛陀时代，信仰者之间的辩难，需要用生命来捍卫。

此外，故事中运用了丰富的想象，以及夸张、渲染的手法，显得生动而富有感染力。如佛陀现出水和火的形态，上下翻腾变化，坐卧于空中，各种形态十几种；诸如佛陀的神力可以扬起"雨沙砾石"，让人可以想见飞沙走石的场面；再如人们赞美佛陀的"赞善之声，震动天地"；渲染了金刚大力士举起手中的金刚杵，杵头喷出火来，使婆罗门落荒而逃。此外，人物语言极具个性化，如女佛弟子斥责富兰迦叶及其弟子时所说的："真不知你们还有什么脸面活在世上？"辛辣的语言，讥刺的口吻，让人如见如闻。

第二个则是劝诫佛弟子如法修行。阐发了只要守信如一，持之以恒，最终会证得佛果的喻理。

本篇故事颇具人情味，表现出佛陀传教的艰苦，以及传教过程中佛陀的耐心引导，入情入理，循循善诱，使人认识到修行先苦后乐的道理。其实七位佛弟子对世俗生活的憧憬，不过是人们所希望的最平凡的生活。佛教引导信众用理念战胜欲念的修行实践，也在故事的叙述中逐一展现在读者面前。山中的艰苦修行、孤独寂寞比喻人生在艰难中挣扎，希望往往最终难以实现。可见出家难，证悟佛理更难，但正是这些在修行中不断战胜自我的人，开辟着解脱人生苦难的道路，昭示着佛门永不停息的探索追求精神。

# 三十一

# 象 品

【题解】

本篇两个故事以"惜象"与"调象"为主旨分别展开，揭示出修行如"调象"的喻理。

【经文】

### 象品第三十一

昔者罗云[1]未得道时，心性粗犷，言少诚信。佛敕罗云："汝到贤提精舍中住，守口摄意，勤修经戒。"罗云奉教作礼而去，住九十日，惭愧自悔，昼夜不息。佛往见之，罗云欢喜趣前礼佛，安施绳床，摄受震越。佛踞绳床告罗云曰："澡盘取水，为吾洗足。"罗云受教为佛洗足。

洗足已讫，佛语罗云："汝见澡盘中洗足水不？"罗云白佛："唯然见之。"佛语罗云："此水可用食饮盥漱以不？"罗云白言："不可复用。所以者何？此水本实清净，今以洗足受于尘垢，是以之故不可复用。"

佛语罗云："汝亦如是，虽为吾子，国王之孙，舍世荣禄，得为沙门，不念精进，摄身守口，三毒垢秽，充满胸怀，亦如此水，不可复用。"佛语罗云："弃澡盘中水。"罗云即弃。

佛语罗云："澡盘虽空，可用盛饮食不耶？"白佛言："不可用。所以然者，用有澡盘之名，曾受不净故。"佛语罗云："汝亦如是，虽为沙门，口无诚信，心性刚强，不念精进，曾受恶名，亦如澡盘，不中盛食。"佛以足指，拨却澡盘，澡盘应时轮转而走，自跳自堕，数返乃止。

佛语罗云："汝宁惜澡盘恐破不？"罗云白佛："洗足之器，贱价之物，意中虽惜不大殷勤。"佛语罗云："汝亦如是。虽为沙门，不摄身口，粗言恶说，多所中伤，众所不爱。智者不惜，身死神去，轮转三涂，自生自死，苦恼无量。诸佛贤圣，所不爱惜，亦如汝言，不惜澡盘。"罗云闻之，惭愧怖悸。

佛告罗云："听我说喻。昔有国王有一大象，猛黠[2]能战，计其力势胜五百小象。其王兴军，欲伐逆国，被象铁铠，象士御之。以双矛戟系象两牙，复以二剑系着两耳，以曲刃刀系象四脚，复以铁挝，系着象尾，被象九兵，皆使严利。象虽藏鼻，护不用斗，象士欢喜，知象护身命。所以者何？象鼻软脆，中箭即死，是以不出鼻斗耳。象斗殊久，出鼻求剑，象士不与，念此猛象，不惜身命，出鼻求剑，欲着鼻头。王及群臣惜此大象，不复使斗。"

佛告罗云："人犯九恶，唯当护口，如此大象，护鼻不斗。所以然者，畏中箭死。人亦如是，所以护口，当畏三涂地狱苦痛。十恶[3]尽犯不护口者，如此大象分丧身命，不计中箭出鼻斗耳。人亦如是，十恶尽犯，不惟三涂，毒痛辛苦。若行十善，摄口身意，众恶不犯，便可得道，长离三涂，无生死患。"

于是世尊即说偈言：

我如象斗，不恐中箭。

常以诚信，度无戒人。
譬象调伏，可中王乘。
调为尊人，乃受诚信。

罗云闻佛恳恻之诲，感激自励克骨不忘，精进和柔怀忍如地，识想寂静，得罗汉道。

昔佛在舍卫国祇树精舍，为四部弟子、天龙、鬼神、帝王、臣民敷演大法。时有长者居士，名曰呵提昙，来诣佛所，为佛作礼，却坐一面、叉手长跪白世尊曰："久承洪化钦仰奉颜，逼私不获，愿垂慈恕。"世尊令坐，即问所从来，姓字为何？长跪答曰："本居士种，字呵提昙，乃先王时为王调象。"

佛问居士："调象之法有几事乎？"答曰："常以三事用调大象。何谓为三？一者刚钩钩口，着其口鞯[4]；二者减食，常令饥瘦；三者捶杖，加其楚痛。以此三事，乃得调良。"又问："施此三事，何所摄治也？"曰："铁钩钩口，以制强口；不与食饮，以制身犷；如捶杖者，以伏其心。正尔便调。"曰："作此伏者，为何所施用？"答曰："如是伏已，可中王乘，亦可令斗，随意前却，无有挂碍。"又问居士："正有此法，复有其异？"答曰："调象之法，正如此耳。"

佛告居士："但能调象，复能自调。"即曰："不审自调，其义云何？唯愿世尊彰演未闻。"佛告居士："吾亦有三事，用调一切人，亦以自调，得至无为。一者至诚，制御口业；二以慈贞，伏身刚强；三以智慧，灭意痴盖。持是三事，度脱一切，离三恶道自致无为，不遭生死忧悲苦恼。"

于是世尊即说偈言：

## （一）

如象名护财，猛害难禁制。
系絆不与食，而犹慕逸象。
本意为纯行，及常行所安。
悉舍降结使，如钩制象调。
乐道不放逸，能常自护心。
是为拔身苦，如象出于陷。

## （二）

虽为常调，如彼新驰。
亦最善象，不如自调。
彼不能适，人所不至。
唯自调者，能到调方。

居士闻偈，喜庆难量，内情解释，即得法眼，听者无数，皆得道迹。

【注释】

[1] 罗云：即罗睺罗（前五三四年—?），是佛陀的独生子，亦为有"密行第一"称誉的佛陀十大弟子之一。他十五岁出家，因为没有达到二十岁受具足戒的年龄，所以成为佛教僧团中第一位沙弥。

[2] 黠（xiá）：聪明而狡猾。

[3] 十恶：佛教指杀生、偷盗、邪淫、妄语、恶口、绮语、两舌、悭贪、瞋恚、愚痴十种恶业，反之为十善。

[4] 絆（bàn）：驾车时套在牲口后部的皮带，即驭具。

【译文】

## 第三十一章　调伏大象的喻理

### 五十八　佛陀"洗脚水"和"象喻"的故事

从前罗云没有证得佛理时，心性粗疏，说话缺少诚信。佛陀告诉罗云说："你住到贤提寺院中去，守口正意，诵念佛经勤修戒律。"罗云遵照教诲，礼拜佛陀后离去，经过九十天的返观内照，他悔过自新，日夜不息。佛陀前去看他，罗云欢喜地上前礼拜佛陀，然后，为佛陀备好绳床坐具，准备接受教诲。佛陀坐在床边，告诉罗云说："用澡盆取来水，为我洗脚。"罗云接受教谕为佛陀洗脚。

洗完之后，佛陀对罗云说："你看见澡盆中的洗脚水了吗？"罗云回答说："看见了。"佛陀对罗云说："这水可以用来饮用和盥洗漱口不？"罗云回答说："不可以了。为什么这样说呢？因为这水本来是干净的，现在用来洗了脚就变脏了，所以不可以再用了。"

佛陀对罗云说："你也是如此，虽然是我的儿子，国王的孙子，舍弃了世代的荣华富贵，成为出家修行者，但不思精进，不能修身慎言，心中充满了贪、瞋、痴三毒的污垢，犹如这盆脏水，不可以再用了。"佛陀对罗云说："把盆中的水倒掉。"罗云便把脏水倒掉了。

佛陀对罗云说："现在盆已空了，可以用来盛饭食不？"罗云回答佛陀说："不可以。这是由于澡盆这样的用具，曾经洗过不干净的身体。"佛陀对罗云说："你也是如此，虽然成为出家人，但说话不讲诚信，心性刚强，不思精进，曾经有过坏名声，犹如澡盆一样，已不能盛放饭食。"说罢，佛陀用脚趾拨开澡盆，澡盆就像轮子一样在地上滚动了起来，滚了好几圈才停住。

佛陀对罗云说："你可惜澡盆会被摔破不？"罗云回答佛陀说：

"只不过是洗脚的用具,低廉的物品,虽然爱惜但并不太在意。"佛陀对罗云说:"你也是这样。虽然为出家人,但不修身慎言,却恶言恶语,中伤他人,为众人所讨厌,也不为智者所爱惜,等你死后,心识离去,堕入地狱、饿鬼、畜生三恶道中,生死轮回,痛苦无法计量。佛和贤圣大德,也不怜爱和痛惜这种人,正像你所说的不珍惜澡盆那样。"罗云听了以后,深受震动,心里更加惭愧。

佛陀告诉罗云:"听我说一个比喻。从前有一位国王,他有一头大象,勇猛善战,它的力量足可以胜过五百头小象。国王发兵出征,要讨伐敌国,就给大象披上铠甲,由驯象师驾驭。将双矛捆在两只象牙上,用双剑捆在两只耳朵上,用弯刀捆在象的四脚,又用铁链捆住象尾,大象身披双矛、双剑、四刀、一铁链,共九种兵器,装备得十分严实。只把大象的鼻子隐藏起来,保护着不让受到伤害。驯象师心中欢喜,知道大象爱护自己的身体和生命。这是为什么呢?因为大象鼻子软弱,中箭后当即就会死去,所以把鼻子藏起来了。大象在战斗中英勇顽强,久战之后想用鼻子再卷一把剑杀敌,驯象师没有给它,担心这头勇猛的大象,不惜牺牲自己的生命,用鼻子卷剑作战,伤着软弱的鼻子。国王和大臣们都爱惜这头大象,不再让它拼死作战。"

佛陀告诉罗云说:"人常犯有十种恶业,其中要特别注意应当慎言,犹如这头大象护鼻不斗的道理一样。之所以如此,就是害怕中箭而死。人也是这样,所以要慎言,就是畏惧堕入地狱、饿鬼、畜生三恶道遭受痛苦。犯十种恶之一的不慎言,就如大象不顾生命,不怕中箭用鼻子作战一样。人也是如此,犯十种恶行,不仅会堕入三恶道,而且痛苦万分。倘若修行十善,修身正心,不犯恶行,就可以证得佛理,远离三恶道,更无生死轮回之大患。"

这时佛陀随即用诗句说:

我如大象披甲战,不怕身中敌军箭。

常以诚信对众生，度脱尚未持戒人。
比如调教驯伏象，可以充当王驾乘。
调正人心为尊者，持守诚信不妄语。

罗云听了佛陀恳切的教诲后，非常感激，决心自励自勉，永远铭记这番教诲，精勤勇进，心怀慈悲，忍辱修行，如同大地包容尘土一般，修习禅定，静寂澄明，终于证得罗汉果位。

## 五十九　修行如调象的比喻故事

从前佛陀在舍卫城祇园寺院时，为出家修行的男女僧人和在家修行的男女信众四辈弟子、天龙八部、大力鬼神、国王和大臣以及民众讲说佛法。有一位在家修行的年长者，名叫呵提昙，来到佛陀的住所，礼拜佛陀后，在佛陀对面双手合什跪拜说："长久以来承蒙教化敬仰供奉着您，由于俗务一直没能前来拜见，希望您宽恕。"佛陀请他坐下，问他从哪里来？姓什名谁？年长者跪拜回答："我是在家修行的居士，名叫呵提昙，是已故国王的驯象师。"

佛陀问他："调教大象的方法有哪几种呢？"他回答说："通常用三种方法来调教大象。哪三种呢？一是用钢钩钩住象口，加上勒口的驭具；二是减少大象的进食，使它又饥又瘦无力对抗；三是用棍棒捶打，让它痛苦害怕，服从驾驭。用这样三种办法，就可以把大象调教好。"佛陀又问："用这三种办法，对治的是什么呢？"呵提昙说："铁钩钩住口，用强制的方法制服象口；不给进食，是制服大象粗壮的身体；用棍棒捶打，是降伏大象的心性。正确地运用这些方法便可以调教好大象。"佛陀再问："这样调教制伏的大象，可以用来做什么呢？"呵提昙回答说："这样制伏的大象，可以作为国王的乘驾，可以令它作战，便于指挥它前行后退，没有阻碍。"佛陀又问这位居士："还有别的什么方法吗？有不同之处吗？"呵提昙回答说："调教大象的方法，只有这些了。"

佛陀告诉呵提昙："你能调教大象，也就能调养自己。"呵提昙随即说："我不知道如何调养自己，其中的道理是什么呢？希望您能为我解说我还未曾听到的道理。"佛陀告诉他说："我也有三种方法，用来调养教化一切人，也可以调养自己，达到去除妄有、无为清净的境界。一是要诚信，制止从口而出的恶业；二是慈悲，制伏身心的强直鲁莽；三是智慧，灭除心中的愚痴。以这三种方法，可以度脱一切众生，脱离地狱、饿鬼、畜生三恶道，自我修行达到清净境界，不再遭受生死轮回的痛苦。"

佛陀随即用两首诗说：

（一）

调象如同护钱财，凶猛害人难禁制。
系上驭具不与食，仍羡安乐思原野。
本意是为纯修行，德行无亏心平安。
心中烦恼皆舍除，如钩制服调教象。
修行乐道不放逸，就能摄妄护己心。
此为拔除人身苦，如象走出陷阱中。

（二）

象虽已驯服，亦会突狂奔。
象师善御象，不如御己心。
象之未行处，人修所不至。
只有自调者，方能达安乐。

佛弟子呵提昙听了诗句后，欢喜无比，深感幸运，解除了心中的困惑，当即证得佛理，在座的无数听众，也都悟得了佛法的真谛。

**【辨析】**

第一个故事中佛陀以"洗脚水"为喻，来教育罗睺罗这位没成年的出家修行者。采用了连比叠喻的方法，先指出不讲诚信的恶习犹如脏水一样；再以脏水污秽不堪用，喻妄语招致众人弃；然后以澡盆不能盛饭，喻人不能成器；又以澡盆低廉，喻恶语伤人者得不到贤者的关心和爱惜。如此教诲就像剥茧抽丝一般，把佛陀的拳拳之心、慈爱之意表现得淋漓尽致。

这样以小见大、以生活常理解释佛教义理的比喻方式，既言简意赅，又发人深省。同时，为了使道理讲述得更为透彻，让罗睺罗领悟得更为深刻，佛陀在这篇故事中又引出了另一个比喻故事来进一步说明，同样也采用了连比叠喻的方法。先说精进修行之人，犹如勇猛的大象；再说出家人诚信慎言，犹如大象保护自己的鼻子一样；又说犯十种恶且不慎言的人，犹如大象不顾生命，用鼻子作战，其结果只能是危及生命、自食恶果。

这种多重叠喻，反映出作者巧妙的构思，缜密的思维。尤其是成功地描写了作为人生导师的鲜明形象。佛陀教育弟子持守戒律的苦口婆心和循循善诱，读来不仅让人心悦诚服，而且令人如沐春风，突出了一位诲人不倦、善施教化的伟大教育家的风范。

第二个故事用驯象师调教大象，比喻佛教教化人心。调象的三种方法分别对应身、口、意，比喻对人施教也要让其除去身、口、意三恶业。进而提出了自我教化、自我修行、自我完善、自我调养身心的喻理。故事由"调象"而及调人，自然过渡，轻接妙传，显得从容有序，既亲切又令人信服。

# 三十二

# 爱欲品（上）

【题解】

利禄功名、酒色财气，是许多人一生追逐的目标。对俗世之人来说，执著物欲享受是很自然的事。但在佛门看来这正是痛苦的根源，因为欲壑难填，人一旦陷入或迷失于渴爱与欲望之中，将被烦恼纠缠，永无宁日。只有了知一切无常、本自无我，破除渴爱，了结尘缘，才能使妄心随起随收，做到心无挂碍，宁静清澄。

【经文】

## 爱欲品第三十二上

昔佛在罗阅祇国耆阇崛山精舍之中，为天人、龙、鬼转大法轮。时有一人，舍家妻子来至佛所，为佛作礼求为沙门，佛即受之令作沙门，命令树下坐，思惟道德。比丘受教，便入深山，去精舍百余里，独坐树间，思道三年。心不坚固，意欲退还，自念舍家求道勤苦，不如早归见我妻子。作此念已，便起出山。

佛以圣达见此比丘，应当得道，愚故还归。佛以神足，化作沙门，便往逆之，道路相见。化人即问："所从来也？此地平坦，可共坐语。"于是二人便坐息语，即答化人："吾舍家妻子求作沙门，处此深山不能得道，与妻子别不如本愿，唐丧我命，劳而无获，今欲悔还，见我妻子，快相娱乐，后更作计。"

须臾之间有老猕猴，久已远离树木之间，在无树之处于中生活。化沙门问此比丘："是猕猴何故独在平地，无有树木，云何乐此？"比丘答化人言："我久见此猕猴，以二事故来住此耳。何等为二？一以妻子眷属群多，不得饮食快乐恣口；二常昼夜上下树木，脚底穿坏，不得宁息。以此二事故舍树木，来住是间。"

二人语顷，复见猕猴走还上树。化沙门语比丘言："汝见猕猴还趣树木不也？"答曰："见之，此虫愚痴得离树木，群从愦[1]闹，不厌劳烦而还入中。"化人复言："卿亦如是，与此猕猴复何异矣？卿本以二事，故来入此山中。何等为二？一以妻妇舍宅为牢狱故，二以儿子眷属为桎梏故。卿以是故来索求道，断生死苦，方欲归家，还着桎梏入牢狱中，恩爱恋慕径趣地狱。"化沙门即现相好丈六金色光明，普照感动一山，飞鸟走兽寻光而来，皆识宿命，心内悔过。

于是世尊即说偈言：

如树根深固，虽截犹复生。
爱意不尽除，辄当还受苦。
猕猴如离树，得脱复趣树。
众人亦如是，出狱复入狱。
贪意为常流，习与**憍**慢并。
思想猗淫欲，自覆无所见。
一切意流衍，爱结如葛藤。
唯慧分别见，能断意根源。
夫从爱润泽，思想为滋蔓。

爱欲深无底，老死是用增。

比丘见佛，光相炳着。又闻偈言，悚然战栗，五体投地，忏悔谢过，内自改责，即便却息，数随止观，在于佛前，逮得应真。诸天来听，闻皆欢喜，散华供养，称善无量。

法句譬喻经卷第三

昔罗阅祇南四千里有国，奉事梵志数千人。时国大旱，三年不雨。祷祠诸神，无所不遍。王问梵志，问其所由。诸梵志言："吾等当斋戒讫竟，当遣人与梵天相闻，问其灾异。"王言："大善，斋戒所乏，愿见告示。"诸梵志言："当得二十车薪、酥蜜、膏油、华香、幡盖、金银祭器，尽用须之。"王即办送，出至城外，去城七里平广之地，积薪如山，共相推奖其有不惜身者，终生梵天。选得七人，当就火烧，遣至梵天。七人受祭咒愿讫，踧[2]使上薪，从下放火当烧杀之。烟焰炯然，热气直至，七人惶惧，左右求救，无有救者，举声曰："三界之中，宁有大慈愍念我厄者，愿受自归。"佛遥知之，寻声往救，在虚空中显现相好，七人见佛，悲喜跳踊："唯愿自归，救我痛热。"

于是世尊即说偈言：

或多自归，山川树神。
厝[3]立图像，祷祠求福。
自归如是，非吉非上。
彼不能来，度汝众苦。
如有自归，佛法僧众。
道德四谛，必见正慧。
生死极苦，从谛得度。
度世八难[4]，斯除众苦。

自归三尊，最吉最上。
　　唯独有是，度一切苦。

佛说偈讫，火声寻灭，七人获安，心喜无量。梵志国人，莫不惊悚。仰瞻世尊光相赫奕，分身散体，东没西现，存亡自由，身出水火，五色晃昱[5]，众人见之，五体归命。于是七人从薪下出，悲喜交集而说偈言：

　　见圣人快，得依附快。
　　得离愚人，为善独快。
　　守正见快，互说法快。
　　与世无诤，戒具常快。
　　使贤居快，如亲亲会。
　　近仁智者，多闻高远。

于是七人说此偈已，及诸梵志，愿为弟子。佛即受之，皆为沙门，得罗汉道。国王、臣民咸各修道，天寻大雨，国丰民宁，道化兴隆，莫不乐闻。

**【注释】**

[1] 愦（kuì）：糊涂、昏乱。

[2] 踧（cù）：通"蹙"，困窘。本处指迫使。

[3] 厝（cuò）：安置。

[4] 八难：佛家语，指修行佛法的八种障碍（参见本书第七十一页注）。

[5] 五色晃昱（yù）：五色，一般指青、黄、赤、白、黑。昱，光亮。晃昱，闪亮。

## 第三十二章 灭除爱欲的喻理（上）

### 六十 出家人舍弃爱欲的比喻故事

从前佛陀在摩揭陀国都王舍城东北方的灵鹫山寺院之中，为天神、天龙八部、大力鬼神讲说佛法。这时有一个人，舍妻别子，离弃家庭来到佛陀的住所，礼拜佛陀后请求成为出家人，佛陀便接受了他，就让他在树下坐禅，思考人生的道理。这位出家人听了佛陀的教诲，便来到离寺院一百多里的深山中，独坐树林间禅思了三年。但因修行之心不坚定，想要还俗回家，心想舍弃家庭以求佛道十分辛苦，不如早日回家与妻儿团聚。想到这里，便起身出山回家。

佛以其圣明通达知道这位出家人应当证得佛理，因为愚昧所以才要还俗回家。佛陀以神足通赶去，变成一位修行者，迎面而行，在道路上与他相遇。修行者问出家人说："你从哪里来？这个地方平坦，我们可以坐下聊聊。"于是两人便坐下来休息，出家人回答修行者说："我舍离妻儿出家做了佛弟子，在这深山里修行，但不能证得佛理，离别妻儿不是我的本意，修行劳而无获，徒然浪费生命，如今很后悔，准备回家与我的妻儿快乐相聚，今后再作打算。"

两人说话间，看见一只老猕猴，这只猕猴离开树林已经很久了，来到没有树木的平地生活。修行者问这位佛弟子："这只猕猴为什么独自生活在平地？没有树木，它为什么乐于这样呢？"佛弟子回答修行者说："我看见这只老猕猴已经很久了，由于两个原因所以来到这里。哪两个原因呢？一是妻眷太多，食物不足，不能一饱口福；二是无论白天夜晚常常要在树林里爬上爬下地觅食，脚底磨坏了，也不能得到休息，所以才离开树林，住到这里来了。"

两个人的话刚说完，看见老猕猴又回到树林中。修行者对佛弟子说:"你看见猕猴回到树林了吗?"回答说:"看见了,这个愚昧的老猕猴得以离开树林,离开群猴的喧闹,又不厌劳苦地回到了林中。"修行者说:"你也是这样,和这只老猕猴有什么差异呢?你本来因为两个原因才来到山中。哪两个原因呢?一是认为宅屋妻子犹如牢狱,二是认为儿子和眷属如同桎梏。你是因为这两种原因才来证求佛理,希望断除生死轮回的苦难。但是现在又要回家,套上枷锁再入牢狱之中。倾慕恩爱留恋难舍,则会通向地狱。"修行者随即显现出佛陀一丈六尺高的、美好的、金色光明的身相,普照山林,大地震动,所有的飞鸟走兽都寻着光芒前来,都知道了自己的前世今生,内心真诚悔过。

于是佛陀随即用诗句说:

爱欲如树根深固,虽断犹能再复生。
若不连根尽断除,仍然还要受苦难。
犹如猕猴离树林,得到解脱复趣树。
众人亦如此猕猴,出狱复入牢狱中。
贪恋心意为常流,积习并与傲慢行。
思想若被淫欲缠,遮蔽心灵无所见。
一切意念流衍处,爱欲攀缘如葛藤。
只有智慧分别见,能够断除意根源。
若被爱欲润泽心,思想定会枝蔓生。
爱欲难填深无底,到老至死作用增。

出家人看见佛陀光芒四射的形象。又听了诗句后,浑身战栗,五体投地礼拜佛陀,痛心自责,诚心悔过,随即数息入定,持止观禅法,在佛陀面前即证得阿罗汉果位。来听佛法的天神,都皆大欢喜,同声赞叹,散天花供奉佛陀。

法句譬喻经第三卷完。

## 六十一　婆罗门用人祭天的比喻故事

从前，在摩揭陀国都王舍城南四千里处有一个国家，信奉婆罗门教者达几千人。当时国家遇到大旱，连续三年没有下雨。人们到处祭祀祈求各种神灵，都毫无作用。

国王问婆罗门修行者这是什么缘故，婆罗门修行者们说："我们应当在斋戒之后，派遣使者与梵天相见，问明这次灾害的原因。"国王听后说："很好，你们斋戒所要用的，告诉我来办。"这些婆罗门修行者说："应当准备二十车木柴、蜂蜜、油脂、香花、锦旗、伞盖、金银、祭器等，这些都必须齐全。"国王于是按此置办后送到城外，在离城七里的一块平坦广阔的地方，堆积了如山的木柴，相互推举那些不惜生命，愿意往生梵天的人。一共选了七个人，当场以火焚烧，要将他们送到色界四重天中的初禅天。这七个人接受祭祀的祝愿后，便爬上柴堆，人们从下面点火焚烧。只见熊熊大火燃烧起来，烈焰冲天，七个人惊恐万状，大声呼号求救，但没有人肯救他们。他们放声哀号着："三界之中，如有大慈大悲者怜悯解救我们逃出厄运，我们愿意接受皈依。"佛陀在遥远之处听到后，便寻着喊声前来解救。佛陀在空中显现出美好的三十二相，七个人见到佛陀，悲喜交加，欢呼雀跃喊道："我们愿意皈依您，快救我们逃出痛苦的烈火。"

这时佛陀随即用诗句说：

修行供奉诸圣灵，山川树木众神明。
设立图像敬天神，祈祷祭祀以求福。
自归佛法非如是，并非求吉上天界。
天神不能来此处，救度你们出苦难。
如有自觉皈依者，供奉三宝佛法僧。
谨守道德四真谛，必定见识正法慧。

> 生死轮回极痛苦，遵从道谛得救度。
> 度脱世间八种难，解除众生一切苦。
> 三自归依佛法僧，最为吉祥最上乘。
> 只有人间戒定慧，度脱人生一切苦。

佛陀的诗句说完后，烈火应声熄灭，七个人因此获救，心中的欢喜难以言说。婆罗门修行者和这个国家的人们，无不惊异惶恐。他们仰望着佛陀神采奕奕的形象，一会儿散开，一会儿聚合，东现西没，隐现自如，身上涌出水、火，青、黄、赤、白、黑，五色闪亮耀眼，众人见到后，五体投地，虔诚地皈依佛陀。这时七个人从柴堆上下来，悲喜交加地用诗句说：

> 见圣人快乐，追随得快乐。
> 离愚人快乐，为善独快乐。
> 守正见快乐，共说法快乐。
> 无所争快乐，守戒常快乐。
> 敬贤者快乐，亲友聚快乐。
> 近仁者快乐，多闻者快乐。

这七个人说完诗句后，便和那些婆罗门信众都表示愿意皈依做佛弟子，佛陀当即接受他们为出家人，并且证得罗汉果位。国王、大臣和民众也都开始信奉和修行佛道，此时天降大雨，从此国泰民安。佛理教化日益兴隆，人们无不喜闻佛法。

**【辨析】**

第一个故事讲的是出家人如何才能舍弃爱欲。其中以老猕猴离开树林，脱离烦恼，比喻出家人脱离世俗生活；又以猕猴离开平地返回树林，比喻山中修行的出家人，耐不住寂寞，丧失信念，想要还俗过世俗的家庭生活。这种相互参照的比喻方法，打破了人与动物之间的界限，反映了佛陀善于观察现实生活的一切事物，从中参悟人生哲理，这种体认方法、思维方式都给我们很好的启示。在偈语中，又以"如树根深固，虽截犹复生"来比喻"爱意不尽除，辄当还受苦"的佛理，其目的就是告诫出家人，出家修行这一人生选择，本身就是一种承受，一种艰苦而长期的磨难，任何动摇和意志不坚定都只能半途而废，使人坠入深渊。从而揭示了一个常理：放纵自身易，严于律己难；放弃理想易，坚持不懈难。

第二个故事的背景似乎离我们今天的现实生活已经十分遥远了，其中描述的事情与远古时代人们祭拜天地，祈求神灵护佑，以期风调雨顺，去凶消灾相类似，实际上是以婆罗门修行者荒谬愚昧的做法来表明婆罗门教的落后。但从中我们可以认识到，当人面对自然灾害时，期冀和祭祀天神是行不通的。在这一点上，佛陀具有清醒的认识。

在故事情节的叙述中，运用了对比烘托的手法。面对天灾，婆罗门修行者采用了烧死活人以祭神的方法；佛教则是以悲悯情怀救人于烈火之中，孰善孰恶，也就不言自明了。尤其是在被烧的七个人大声哀号呼救而无人理会时，绝望之中，他们喊出了"三界之中，宁有大慈愍念我厄者，愿受自归"，后来被佛陀救出而自然皈依佛教，这一情节突出地体现了佛门救苦救难的教义，也有力地烘托出只有佛陀才有大慈大悲之心，才能救生灵于水火之中。

这个故事还向人们揭露了国王和婆罗门教相互结合，草菅人命，作恶多端的残暴行径。

# 喻爱欲品（下）

**【题解】**

这一篇故事用四个比喻故事构成了佛教对贪婪人心的斥责。四个故事中的人物分别为长者、青年男女、少年和流浪汉，反映出无论男女老幼，对欲望的渴求都是一致的。比喻只有信奉佛法，才能使人灭除爱欲，去恶向善。

**【经文】**

## 喻爱欲品第三十二下

昔佛在舍卫国为天人说法，时城中有婆罗门长者，财富无数，为人悭贪，不好布施，食常闭门，不喜人客。若其食时，辄敕门士坚闭门户，勿令有人妄入门里，乞丐求索、沙门梵志不能得与其相见。

尔时长者欻思美食，便敕其妻令作饭食，教杀肥鸡，姜椒和调，炙之令熟。饮食饤饾[1]，即时已办，敕外闭门，夫妇二人坐，一小儿着聚中央，便共饮食。父母取鸡肉着儿口中，如是数过，初不肯废。

　　佛知此长者宿福应度，化作沙门，伺其坐食现出坐前，咒愿且言："多少布施，可得大富。"长者举头见化沙门，即骂之曰："汝为道士而无羞耻，室家坐食，何为搪揆？"沙门答曰："卿自愚痴，不知惭羞，今我乞士，何为惭羞？"长者问曰："吾及室家自相娱乐，何故惭羞？"沙门答曰："卿杀父、妻母，供养怨家，不知惭羞，反谓乞士何不惭羞？"

　　于是沙门即说偈言：

　　　　所生枝不绝，但用食贪欲。
　　　　养怨益丘冢，愚人常汲汲。
　　　　虽狱有钩鍱[2]，慧人不谓牢。
　　　　愚见妻子饰，染着爱甚牢。
　　　　慧说爱为狱，深固难得出。
　　　　是故当断弃，不亲欲为安。

　　长者闻偈惊而问之："道人何故而说此语也？"道人答曰："案上鸡者，是卿先世时父，以悭贪故，常生鸡中，为卿所食。此小儿者，往昔作罗刹，卿作贾客，大人乘船入海，每辄流堕罗刹国中，为罗刹所食。如是五百世寿尽，来生为卿作子，以卿余罪未毕，故来欲相害耳。今是妻者，是卿先世时母，以恩爱深固，故今还与卿作妇。今卿愚痴不识宿命，杀父养怨、以母为妻，五道生死轮转无际，周旋五道谁能知者？唯有道士见此睹彼，愚者不知，岂不惭羞？"于是长者，憴[3]然毛竖如畏怖状，佛现威神，令识宿命。长者见佛，即识宿命，寻则忏悔谢佛，便受五戒。佛为说法，即得须陀洹道。

　　昔佛在舍卫国祇洹说法。时有年少比丘入城分卫。见一年少女人端正无比，心存色欲迷结不解，遂便成病，食饮不下。颜色憔悴，委卧不起。同学道人往问讯之："何所患苦？"年少比丘具说其意，欲坏道心，从彼爱欲，愿不如意，愁结为病。同学谏喻，不入其耳，便强扶持将至佛所，具以事状，启白世尊。

佛告年少比丘："汝愿易得耳，不足愁结也，吾当为汝方便解之，且起食饮。"比丘闻之坦然意喜，气结便通。于是世尊将此比丘并与大众，入舍卫城到好女舍。好女已死，停尸三日。室家悲号，不忍埋藏，身体臭胀，不净流出。佛告比丘："汝所贪惑好女人者，今已如此，万物无常，变在呼吸。愚者观外，不见其恶，缠绵罪网，以为快乐。"

于是世尊即说偈言：

见色心迷惑，不惟观无常。
愚以为美善，安知其非真。
以淫乐自裹，譬如蚕作茧。
智者能断弃，不眄除众苦。
心念放逸者，见淫以为净。
恩爱意盛增，从是造牢狱。
觉意灭淫者，常念欲不净。
从是出邪狱，能断老死患。

于是年少比丘见此女人，死已三日，面色膀烂。其臭难近，又闻世尊清诲之偈，怅然意悟，自知迷谬。为佛作礼，叩头悔过。佛授自归，将还祇洹。没命精进，得罗汉道。所将大众无央数人，见色欲之秽，信无常之证，贪爱望止，亦得道迹。

昔佛在舍卫精舍，为天人、龙、鬼说法。时世有大长者，财富无数，有一息男，年十二三。父母命终，其儿年小未知生活理家之事，泮[4]散财物，数年便尽。久后行乞，由不自供。

其父有亲友长者，大富无数。一日见之，问其委曲，长者愍念，将归经纪，以女配之。给与奴婢车马，资财无数，更作屋宅，成立门户。为人懒惰，无有计校，不能生活。坐散财尽，日更饥困。长者以其女故，更与资财，故复如前，遂至贫乏。长者数饷，用之无道，念叵成就，欲夺其妇更嫁与人，宗家共议。女窃闻之，还语其夫："我家群强，势能夺卿，以卿不能生活故，卿当云何，欲作何计也？"其夫闻妇言，惭愧自念："是吾薄福，生失覆盖，不习家计，生活之法。今当失妇，乞丐如故。恩爱已行，贪欲情着，今当生别，情岂可胜？"思惟反覆，便兴恶念，将妇入房，今欲与汝共死一处，即便刺妇，还自刺害，夫妇俱死。奴婢惊走，往告长者。长者大小惊来看视，见其已然，棺殓遣送，如国常法。

长者大小忧愁念女不去，须臾闻佛在世教化说法，见者欢喜，妄忧除患。将家大小往到佛所，为佛作礼却坐一面。佛问长者："为所从来，何以不乐，忧愁之色？"长者白言："居门不德，前嫁一女，值遇愚夫不能生活，欲夺其妇，便杀妇及身，共死如此。遣送适还，过觐世尊。"

佛告长者："贪欲瞋恚，世之常病；愚痴无智，患害之门。三界五道，由此堕渊，展转生死，无央数劫，受苦万端，由尚不悔，岂况愚人能得识此？贪欲之毒，灭身灭族，害及众生，何况夫妇？"

于是世尊即说偈言：

愚以贪自缚，不求度彼岸。
贪为财爱故，害人亦自害。
爱欲意为田，淫怒痴为种。
故施度世者，得福无有量。
伴少而货多，商人怵惕惧。
嗜欲贼害命，故慧不贪欲。

尔时长者闻佛说偈，欣然欢喜忘忧除患，即于座上一切大小及诸听者，破二十亿恶，得须陀洹道。

昔佛在舍卫精舍中，为天、龙、鬼神、帝王、臣民说法。时有游荡子二人，共为亲友，常相追随，一体无异。二人共议，欲作沙门。即便相将来至佛所，为佛作礼，长跪叉手白佛言："愿欲作沙门，唯见听许。"佛便受之，即作沙门。

佛令二人，共止一房。二人共止，但念世间恩爱荣乐，更共咨嗟情欲形体，说其姿媚专著不舍，念不止息，不计无常，污露不净，以此郁怫[5]，病生于内。佛以慧眼知其想乱，走意于欲，放心不住，以是不度。佛令一人行，便自化作一人入房，问之言："吾等所思意志不离，可共往观，视其形体，知为何如？但空想念，疲劳无益。"二人相随至淫女村，佛于村内化作一淫女人，共入其舍，而告之曰："吾等道人受佛禁戒，不犯身事，意欲观女人形容，当顾直如法。"于是化女即解璎珞、香薰衣裳，裸形而立，臭处难近。二人观之，具见污露，化沙门即谓一人言："女人之好，但有脂粉芬薰，众华沐浴涂香，着众杂色衣裳，以覆污露，强薰以香，欲以人观。譬如革囊，盛屎有何可贪？"

于是化比丘即说偈言：

欲我知汝本，意以思想生。
我不思想汝，则汝而不有。
心可则为欲，何必独五欲。
速可绝五欲，是乃为勇力。
无欲无所畏，恬惔无忧患。
欲除使结解，是为长出渊。

佛说偈已，现其光相，比丘见之惭愧悔过，五体投地为佛作礼。重为说法，欣然得解，便得罗汉。

一人行还，见伴颜姿欣悦于常，即问其伴："独何如斯？"即如事说，佛之大慈愍度如此，蒙世尊恩得免众苦。于是比丘重为说偈言：

> 昼夜念嗜欲，意走不念休。
> 见女欲污露，想灭则无忧。

其伴比丘闻此偈已，便自思惟，断欲灭想，即得法眼。

【注释】

[1] 饤饾（dìng dòu）：将食品放在盘中，摆设出来。
[2] 钩鍱（yè）：鍱，指金属薄片。钩鍱，指枷锁。
[3] 懎（sè）：悲恨，本文指悔恨。
[4] 泮（pàn）：分散，消解。
[5] 郁怫（yù fú）：郁闷惆怅。

【译文】

## 第三十二章　灭除爱欲的喻理（下）

### 六十二　食肉如食父的比喻故事

从前佛陀在憍萨罗国都舍卫城为天神解说佛法，当时城中有一位年长的婆罗门，家中有无数的财富，但他为人吝啬，不愿意布施。吃饭时经常关起门来，不喜欢有客人造访，而且还让门卫关紧大门，不许任何人进入，即便是讨饭的乞丐、佛弟子和修行者都不能够在这时见到他。

有一天这位长者突然想吃一顿美餐，便让妻子做饭，杀了一只肥鸡，用生姜和花椒等调料，把鸡烤熟。又把各种菜肴食品摆放在盘中，当一切准备好了之后，就让人关上大门，夫妇二人坐在两边，一个小儿坐在中间，一同享用美食。父母两个不停地夹着鸡肉往儿子嘴里塞。

　　佛陀了知这位长者过去的福报，应当得到教化。于是就化身为一位出家人，在吃饭的时候出现在他们的面前，并为他们祈愿说："多少布施一点，您可以得到大富贵。"长者抬起头来见到出家人，随即骂道："你作为修行者怎么不知羞愧，我们全家在用餐你随便闯进来不觉得荒唐莽撞吗？"出家人回答："是你自己愚昧无知，不知羞愧，我是一位乞食者，有什么可羞愧的呢？"长者就问："我和家人欢聚一堂享用美食，又有什么可羞愧的呢？"出家人回答说："你杀了你前生的父亲、娶了你前生的母亲为妻，还养育了你的仇人，自己不知羞愧，反而说乞食的出家人为什么不羞愧？"

　　于是出家人随即用诗句说：

　　　　如树所生枝不绝，用饭即见可贪欲。
　　　　育养仇人益丘冢，愚痴之辈常庸碌。
　　　　虽然地狱有枷锁，智慧之人不进牢。
　　　　愚者看见妻与子，染着爱欲甚于牢。
　　　　慧者以爱为牢狱，幽深牢固难出逃。
　　　　因此应当断弃爱，远离贪欲得平安。

　　长者听了诗句后惊慌地问道："你为什么说出这样的话呢？"出家人回答说："饭桌上的鸡，就是你前世的父亲，由于他十分吝啬，死后转生成为鸡，今天被你所食。你这个孩子，过去是罗刹鬼，你那时为商客，乘船入海时，遇到逆流被卷入罗刹国中，被罗刹吃掉。罗刹鬼经过五百世之后，投生成为你的儿子，由于你的罪业未了，所以前来加害你。你现在的妻子，就是你前世的母亲，由于母子情深，所以今生来给你做妻子。你愚昧无知不知道你的前世和来生，杀了父亲以养育仇敌，娶母亲为妻，在地狱、畜生、饿鬼、阿修罗、人五道中，不断地生死轮回。辗转于五道谁能知道呢？只有修行者能看见，知道其中的前因后果，愚昧的人全然不知。你难道不羞愧吗？"这位长者听了此话，羞愧得毛发倒竖，如受到惊吓一般。这时佛陀以其神威，使长者知道了自己前世之事。长者看见佛陀的本相后，随即认识了自己的宿命，衷心地忏悔并拜谢佛陀，他随即接受了不杀生、不偷盗、不邪淫、不妄语、不饮酒五戒。佛陀为他解说佛法，当即证得佛门初果。

## 六十三　出家人单相思的比喻故事

　　从前佛陀在舍卫城祇园寺院解说佛法，当时有一位年轻的佛弟子进城乞食。他看见一位年轻的女子长得十分漂亮，不禁心驰神往，迷恋不已，乃至于相思成疾，茶饭不思，容颜憔悴，卧床不起。同修的出家人前来探望他说："你因为什么而生病呢？"年轻的佛弟子如实地说出了遇见女子的经过，自己的心病是想放弃出家，实现对爱的渴求，但又不能如愿，因而心中愁思郁结。同修者都劝说他不要因爱欲破坏道心，但他听不进去。于是大家只好搀扶着他勉强来到佛陀的住所，把事情的原委告诉了佛陀。

　　佛陀告诉年轻的出家人："你的愿望很容易实现，不必为此烦恼，我可以为你轻松地解开心结，你先去吃饱饭。"年轻的佛弟子听后心中欢喜，郁结之气便消散得一干二净。于是佛陀领着这位出家人和弟子们，来到舍卫城中那个漂亮女子的家中。但这位美女已经死了，尸体已经停放了三天，家里的人悲痛地哭号着，不忍心埋葬她，身体已经肿胀发臭，流出脓血。佛陀告诉年轻的弟子说："你所迷恋的美女，现在已经死了。世间万物皆无常，变故的发生往往就在一呼一吸的瞬间。愚昧的人只看外表，没有看到丑恶的一面，沉溺于罪业的罗网之中，误以为是快乐之乡。"

于是佛陀随即用诗句说：

> 看见美色心迷惑，观想世事皆无常。
> 愚人只知色貌美，岂知并非是真实。
> 自陷淫欲享乐中，如蚕作茧以自缚。
> 智慧之人能断弃，不遭迷惑除众苦。
> 心中欲念放逸者，见到淫乐以为净。
> 恩爱情意盛增时，就是造就牢狱日。
> 觉悟心意断灭淫，常念欲望实不净。
> 从此走出邪恶狱，能断老死和忧患。

这时年轻的佛弟子见到美女已死了三天，面容肿胀腐烂，尸臭气味使人难以靠近，又听了佛陀开示的诗句，心中豁然领悟，认识到了自己迷恋美色的错误，礼拜佛陀，表示悔过。佛陀便授他皈依的戒律，带他一起回到寺院。这位年轻的佛弟子精勤勇进，努力修行，证得了罗汉果位。随行的无数民众，也认识了色欲的污秽，相信了生命无常的教理，破除了贪欲渴爱，接受了佛法。

## 六十四　败家子杀妻的比喻故事

从前佛陀在舍卫城祇园寺院，为天神、天龙八部、大力鬼神解说佛法。当时有一位德高望重的长者，家中有无数的财富，只有一个男孩，年约十二三岁。这个孩子的父母死后，由于年少无知，不会安排和打理生活，只不过几年之间，就将家中的财物用尽，后来无法养活自己，只好外出乞讨。

男孩父亲生前的一位好友，家中十分富有。有一天见到男孩，就问他的状况，这位富有的长者非常同情怜悯他，把他领回家教他经营生意，并把女儿许配给他，还给了他奴仆、车马和许多财物，又给他另建了房屋，让他自立门户。但这个男子为人懒惰，不会计划和安排生活，坐享其成，很快就把财物挥霍尽了，日子日渐贫困。长者因为女儿的缘故，不断地给他资助，但每次都和此前一样，很快就花费完了。长者多次给他资助，但他总是用在不当的地方，长者从他身上看不到成就家业的希望，就想让女儿改嫁他人，并和家里的人一起商议。女儿听到之后，回家转告她的丈夫说："我的家族势力强大，能剥夺你的权利，由于你不能独立生活，你该怎么办，有什么打算呢？"丈夫听了妻子的话后，惭愧地心想："是我的福薄，生活失去了依靠，不会经营家业，不懂谋生的方法。今后会失去妻子，和过去一样做乞丐。夫妻恩爱一场，情意缠绵，现在要活生生地分别，让我情何以堪？"再三思考之后，便产生了罪恶的想法，将妻子叫进房中，要和妻子死在一起，随即用刀刺死了妻子，又把刀刺向自己，夫妻二人都死了。奴仆发现后惊慌地跑去告诉长者所发生的事。长者全家老少惊慌地来看时，见到人都已经死了，就把夫妻二人的尸体入殓，按当地的习俗下葬了。

长者全家想念女儿，无法化解心中的悲伤和忧思，听说佛陀在世间教化，解说佛法，听到的人都能心中欢喜，忘却忧患。于是全家人来到佛陀的住所，拜见佛陀后坐在对面。佛陀问长者说："你们从哪里来？为什么不快乐？为什么面容愁苦呢？"长者回答说："家门不幸，出嫁的一个女儿，遇上愚蠢的丈夫，生活不下去，我们想让女儿改嫁，丈夫知道后便杀了妻子，然后自杀一起死了。我们把他们埋葬了，一起过来拜见您。"

佛陀告诉年长者说："贪欲和愤怒，是世人的通病；愚昧无知，就是祸害之门。欲界、色界、无色界三界和地狱、畜生、饿鬼、阿修罗、人五道，都是由此坠入深渊，流转于生死轮回，经历无数的岁月，受尽万种苦难，仍然不知悔改。然而愚昧无知的人又怎么能认识这些佛理呢？贪婪欲望的毒害，不仅能毁灭自己和毁灭种族，还会伤害到一切生灵，更何况是夫妇呢？"

于是佛陀随即用诗句说：

愚昧贪婪自束缚，不求度脱到彼岸。
贪欲为财和欲望，既害他人亦自害。
爱欲妄有意为田，淫欲瞋怒痴为种。
所以布施度世者，修善得福无有量。
同伴人少而货多，商人担忧心恐惧。
贪图财富贼害命，智慧之人不贪欲。

长者听了佛陀解说的诗句后，心中欢喜，忘却了忧愁，当即和在座的全家老少以及听了佛陀教化的人，破除了二十亿年积累的恶业，证得了佛门初果。

### 六十五　出家人思欲成疾的比喻故事

从前佛陀在舍卫城的寺院中，为天神、天龙八部、大力鬼神、帝王、大臣和人民解说佛法，有两个流浪汉，关系亲密，形影相随，如同一个人一样。他们共同商量，想一同出家修行。于是就来到佛陀的住所，双手合什跪拜佛陀说："愿意成为佛弟子，听从您的安排。"佛陀便接受了他们，这两个人就出家做了佛弟子。

佛陀让他们两人共住同一间房中，但他们还念想着世间的情爱和享乐，私下里一起谈论男欢女爱，说到女子的倩姿丽影时恋恋不舍，欲念不止，不知人生无常，受俗事污染而不得清净，并因此郁闷惆怅，积思成疾。佛陀以慧眼知道他们心中所想，放纵欲念，妄心不止，所以不能度脱欲海劫波。佛陀就让一个人出来，自己变成这个人来到房间，对另一个人说："我们天天想的那些事总是摆脱不掉，不如一起前往，看一下女人身体，不就知道了吗？在这里空想，真是徒劳无益。"于是两人一起来到淫女村，佛陀在村里又分身化作一位卖淫女，两人来到她住的屋子，便对她说："我们出家人要受佛法戒律的约束，不和你同床，只是想看一看女人的身体，不要有所顾虑。"于是卖淫女随即解下佩戴的璎珞、脱下用香熏过的衣服，裸体站立，这时身上的臭味使人难以靠近。这两人都看见女子身体流出的污秽。佛陀变的出家人则对同伴说："女人的美好，只是用了脂粉和芬芳的熏香将不洁之处掩饰起来了，用各种花香沐浴，穿上各种色彩的服装用以遮盖污秽，把香熏的外表让人观看。好比用皮囊盛满屎尿，有什么可留恋的呢？"

于是出家人随即用诗句说：

> 我知欲望之根本，意根妄想从中生。
> 我若不以假为真，情欲幻相不生有。
> 心起欲相则欲现，何必色声香味法。
> 若能速断此五欲，便是世间真勇士。
> 无欲就能无所畏，恬淡清净无忧患。
> 欲除人生烦恼无，便可永远出深渊。

佛陀解说诗句后，现出光明的本相，佛弟子看见心中惭愧，立即悔过，五体投地礼拜。佛陀又重新为他解说佛法，使其高兴地领会了佛理，证得了罗汉果位。

另一位佛弟子回来后，看见同伴一脸轻松，喜形于色，便问他："你怎么会这样呢？"同伴向他如实说了事情的经过。佛陀的大慈悲心教化了我，承蒙佛陀的恩德使我免除了苦难。于是这位出家人又重新为他的同伴用诗句说：

> 昼思夜想念色欲，心意纷扰念不休。
> 见识淫女污秽身，妄想心灭则无忧。

他的同伴听了诗句后，便禅定观想，断灭了欲念，随即证得了佛理。

## 【辨析】

本篇由四个比喻故事构成，其宣说的义理相同，但故事中的人物及其欲望的表现形式却各有不同，叙述和表达方式也有很大差异。

第一个故事中的人物是一位十分富有但又极其吝啬的年长者，他的吝啬表现在他怪异的行为上：每当吃饭之时就将门紧紧关上，还派人把守，为的是不向那些乞食的出家人布施。"吃饭关门"以及"自己吃"与"不肯施"的对比，把他的惜财和贪欲、待人的苛刻表现得入木三分。

接着，故事以超乎寻常的想象力，以他们全家在一起"吃鸡"的场景为中心，通过比喻推进情节：吃鸡喻指吃父；喂子喻指养育仇人，即吃人的罗刹鬼；夫妻和睦亲爱喻指以母为妻。比喻的离奇诡异，出人意料，毫无疑义地起到了振聋发聩的作用。其最大特点在于，选取的场景是世俗社会中人们最为熟悉的家庭生活，以真实的生活内容证实信仰者心中的过去、现在、未来的世界，具有以此岸的人尽皆知，推论彼岸的人皆不知。

事实上，这种喻证方法的立论前提，必须是对轮回学说深信不疑，或至少也要略有所知，否则就不仅不能使人相信，还会带来听者的极大愤怒。在古代印度，轮回学说经历了漫长的发展过程，在婆罗门教的教义里，就有灵魂不死，轮回不止的思想。轮回学说具有极为广泛的社会基础，佛教创立后把轮回学说和业力果报学说结合起来，融摄到其十二因缘的理论之中，形成了过去、现在、未来三世和过去与现在、现在与未来两重因果关系。这样一来，就把生活中的常理，和信仰的彼岸完美地结合在一起，形成了陈陈相因的理论体系。

第二个故事反映的是青年男女都会有的"青春萌动"。故事中的年轻人对自己心仪的异性因单相思而得了"心病"。以对美貌女子的倾慕，比喻人的欲望；以"病"隐喻爱欲的危害；以女子的死亡，比喻人生的无常；以身体的腐烂，暗喻人们钟情的只是人的外表。当人红颜不再，身体衰朽之时，自然也就遭人抛弃而不再让人爱恋了。佛教站在这一角度引导人们认识人生无常，由触目惊心之所见，从而留下刻骨铭心之记忆，也使人们对佛教教义的理解更加深刻。

第三个故事实际上是一个家庭生活悲剧。常言道："可悲之人，定有可恨之处。"故事中的丈夫正是这样一个既可悲又可恨的人。他出身于一个富裕的家庭，从小娇生惯养，使他丧失了独立生活的能力。在父母去世后，年少的他在耗尽家财后，流落街头，以乞讨为生。是父亲的故友帮助了他，为他成了家，把自己的女儿嫁给了他。但他坐享其成，不思进取，身上固有的恶习并没有改变，一次次将家产挥霍殆尽，这告诉人们一个真理，对于不肖之子，财富越多带来的灾祸越大。而且他既无良知又极端自私，既害人又害己，他给关心他、爱他的人，留下的只有不尽的悲痛。杀妻和自杀，揭示了人性的凶残。

这一悲剧的酿成，有多方面的因素：一是丈夫对妻子的占有欲。杀妻虽然并不是出于仇恨，而是源自不舍之情，然而其行为无疑是极端自私和残忍的；二是妻子对丈夫的温情，使她没有决然离开丈夫；三是家庭的干预，这种干预也是一种无奈的选择。这个悲惨凄凉的故事，表达了贪婪欲望能够毁灭自身，毁灭种族，以及伤害到一切生灵的喻理。

第四个故事与第二个故事有相似之处。所不同的是，前者是对美女的思慕，后者是对女性的欲望。故事中"无欲无所畏，恬惔无忧患"的喻理，不仅仅是针对出家人的，对于我们每一个人来说，都是至理名言。

# 三十三

# 利养品

【题解】

利养意为养育，佛教认为养育自己身心最宝贵的就是摒弃贪念，清心寡欲。本篇故事讲述了国王纳娶美妾使后宫不宁的故事，反映出色欲"妖蛊"必成灾的喻理。

【经文】

## 利养品第三十三

昔佛将诸弟子至俱昙弥国美音精舍[1]，为诸天人、神、龙说法。时彼国王名曰优填，有大夫人执行仁爱，显誉清洁，王珍其操，每私恭敬。

闻佛来化，严驾共出，往至佛所，为佛作礼却坐常位。佛为国王及夫人、婇女说无常、苦、空，人所由生，合会、别离、怨憎会苦，由福生天、由恶入渊。国王夫人，欢欣信解，各受五戒，为清信士女，礼佛辞退还入宫中。

时有婆罗门，名曰吉星，生一好女，世间少比。至年十六，无能诃者。悬金千两，积九十日，募索智者："有能诃此女为不端正者，以金与之。"无敢应者。女以长大，应当嫁处，念："当与谁？若有端正如我女者，以女与之。听闻沙门瞿昙释迦之种，姿容金色，世所希有，当以此女，往配与之。"即便将至佛所，为佛作礼，白佛言："我女好洁，世间无双，年大应嫁，世无匹偶，瞿昙端正，可以为双，故远将来，以配世尊。"

佛告吉星："卿女端正，是卿家好，如我之好，是诸佛好，我之所好，其道不同。卿自誉女，端正姝好。譬如画瓶中盛屎尿，有何奇特，好为所在？着眼、耳、鼻、口，身之大贼，面首端正，身之大患。破家灭族，杀亲害子，皆由女色。吾为沙门，一身独立由尚恐危，况受祸灾，残贼之货也。卿自将去，吾不受之。"于是梵志瞋恚便去。

到优填王所，赞女姿媚，具白王言："此女应相，当为王妃，今以年大，故送与王。"王见欢喜，即纳受之，拜为第二左夫人。即以印绶[2]、金银珍宝，赐与吉星，拜为辅臣。此女得叙，每协嫉妒，妖蛊迷王，数谮大夫人，如是非一。王返辱曰："卿等妖媚，言返不逊，彼人操行可贵，而返谮之。"此女心忌，犹欲害之。数谮不已，王颇惑之，前后心谋，伺其斋时，因劝白王："今日之乐，宜请右夫人。"王便普召，敕令皆会，大夫人持斋，独不应命，反覆三呼，执斋不移。王怒隆盛，遣人拽出，缚着殿前，欲射杀之。

夫人不怖，一心归佛，王自射之，箭还向王后，射辄还，数箭亦尔。时王大怖，自解而问之曰："汝有何术，乃致如此？"夫人对曰："唯事如来，归命三尊，朝奉佛斋，过中不餐，加行八事，饰不近身，必是世尊，哀顾若兹。"王曰："善哉，岂可言不？"即出吉星女，还其父母，以大夫人正理宫内。

王与大夫人、后宫太子，严驾群臣，往到佛所。作礼却坐，叉手听法。王即白佛，具以如事，向佛陈之。佛告大王："妖蛊女人，有八十四态，大态有八，慧人所恶。何谓为八？一者嫉妒，二者妄瞋，三者骂詈，四者咒诅，五者镇厌，六者悭贪，七者好饰，八者含毒，是为八大态。"

于是世尊即说偈言：

天雨七宝，欲犹无厌。
乐少苦多，觉之为贤。
虽有天欲，慧舍不贪。
乐离恩爱，为佛弟子。

佛告大王："人行罪福，各有本性，所受影报，万倍不同。若行六德[3]，持斋福多，诸佛所誉，终生梵天，福乐自然。"

佛说是时，王及夫人、婇女、大臣，一切心解，皆得道迹。

**【注释】**

[1] 俱昙弥国美音精舍：俱昙弥，为中印度古国，又名憍赏弥国、憍饷弥国、憍闪毗国等。美音精舍，佛陀传法布道的住所之一。佛陀在世时，除了有知名的"五精舍"（即竹林、祇园、灵鹫山、庵罗树园、猕猴池五处精舍）之外，还有中印度娑枳多城附近的安阇那林精舍，憍赏弥城外的美音精舍等多处。

[2] 印绶：古时指系印的丝带，佩戴身上。也借指官爵。

[3] 六德：中国古代指君子之德，即以圣、智、仁、义、忠、信"六德"配君、臣、父、子、夫、妇"六位"，所谓"人无德不立，国无德不兴"。这里指持守佛家的"六度"，即布施、持戒、忍辱、精进、禅定、智慧。

## 【译文】

## 第三十三章　养育身心的喻理

### 六十六　国王贪色的比喻故事

从前佛陀带领弟子来到俱昙弥国的美音寺院，为天神、大力鬼神、天龙八部解说佛法。当时这个国家的国王名叫优填，王后仁慈宽厚，品行高洁，声誉很好，国王也很赞赏她的操守，私下对她十分敬重。

他们听到佛陀要来此说法，就乘着车马来到佛陀的住所，礼拜佛陀后坐了下来。佛陀就为国王以及王后、侍女解说人生无常、一切皆苦、万法皆空的教义，以及爱别离、怨憎会之苦。讲解行善积福往生天界、造恶堕入地狱深渊的佛理。王后听后欢欣鼓舞，悟解和信奉了佛法，受持不杀生、不偷盗、不邪淫、不妄语、不饮酒五戒，成为在家修行的女信众。然后礼拜佛陀，回到宫中。

当时有一位婆罗门，名叫吉星，生了一个花容月貌的女儿，世间很少有人能和她比美的。长到十六岁的时候，更是美得无可挑剔。吉星就悬赏千金，一连九十天招募天下人，称："有谁能找出我女儿的缺点，我以金子一千两相赠。"结果没有人来回应。等女儿长大，到了谈婚论嫁的年龄，吉星心想："应当嫁给谁呢？如果有长得如同我女儿一样端正的人，就把女儿嫁给他。我听说修行者佛陀出生于高贵的释迦族，容姿庄严，金光闪烁，为世间所稀有，应当将女儿许配给他。"他随即领着女儿来到佛陀的住所，礼拜佛陀后，对佛陀说："我女儿美好纯洁，娇媚无双，到了出嫁的年龄，世上没有与她般配的人，佛陀您有庄严的三十二美相，正好相配，所以才远道而来，把女儿许配给您。"

佛陀告诉吉星说："你女儿相貌美好，是你家的福气，而我的庄严好相，是诸佛所共有的，我所说的美好，和你所说的美好不同。你夸赞自己女儿的美好相貌，在我看来，就好比在漂亮的瓶子盛上屎尿，这有什么特别之处？那美好的外形，长着眼、耳、鼻、口，这些是盗窃清净之心的大贼，虽然俊美，却是人生的大患，反而可能带来诸多灾祸，况且许多败家灭族，杀害亲人子女，都是由女子的美色引起的。我出家修行，独自一人还担心有危险，更何况要我接受一个可能带来灾祸、残害清净之心的女子？你还是把她带回去吧，我不会接受的。"于是婆罗门吉星心怀忿恨领着女儿走了。

吉星把女儿领到国王优填的宫中，称赞女儿的绝世美貌，对国王说："我女儿的相貌，应当成为王妃，到了出嫁的年龄，现在把她献给国王。"国王见了吉星的女儿后十分欢喜，当即娶了她，封为王妃。又赏赐给吉星印绶和许多金银珍宝，拜他为辅佐大臣。吉星的女儿得宠后，非常嫉妒王后，就用妖蛊迷惑国王，不止一次在国王面前诋毁王后。国王知道王后的修养德行，听了吉星女儿的话后斥责她说："你为人妖媚，出言不逊，王后操行可贵，而你却总是说她的坏话。"这位女子听后心中更加妒忌，更想谋害王后。于是她继续进献谗言，国王渐渐地被她迷惑。她想出了一个计谋，一天，趁着王后七日斋戒时，她劝诱国王说："今天是个好日子，宫中宴会应当请王后来。"国王便下令，要求众多大臣及后宫佳丽都要到会。唯有王后持斋戒，不肯听从命令，国王派人叫了三次，王后坚持守斋戒不肯前来。国王勃然大怒，派遣宫中卫士把王后强行捆绑到大殿前，要用箭射死她。

王后毫不畏惧，一心皈依佛陀，国王亲自持弓射箭，向王后射去，但是箭却飞向国王的身后，再射仍然这样，反复多次皆是如此。见到这般情景，国王心中十分恐惧，亲自上前解开王后身上的绳子，问她说："你有什么法术，能使箭倒射回来？"王后回答说："我真诚信奉佛陀，皈依佛、法、僧三尊，持守斋戒，过午不食，修行八正道，身上不佩挂饰物。一定是佛陀慈悲哀悯，垂怜护佑我的结果。"国王说："很好，你怎么不告诉我呢？"当即把婆罗门吉星的女儿赶出宫,让她回到父母身边去,让王后管理宫中的事务。

国王与王后、太子、群臣乘车前往拜谒佛陀,向佛陀施礼,双手合什听佛陀讲法。国王随即将发生的事情如实地告诉了佛陀。佛陀告诉国王说:"妖媚惑众的女人,有八十四种害人的媚术,其中最主要的有八种,为正人君子所不齿。哪八种呢?一是嫉妒,二是谎言和愤怒,三是辱骂,四是诅咒,五是用妖术蛊惑,六是贪婪吝啬,七是喜好佩饰、装扮,八是内心恶毒。"

于是佛陀随即用诗句说:

苍天下雨降七宝,贪欲之心犹无厌。
人生乐少苦难多,觉悟之人为贤者。
虽有天下欲念事,慧者舍弃不贪婪。
快乐远离恩与爱,清净成为佛弟子。

佛陀告诉国王说:"人的罪业和福报,各有本来的因缘,所受的因果报应自然也千差万别。倘若能奉行善法,修行布施、持戒、忍辱、精进、禅定、智慧六德,福报就多,被诸佛所赞誉,死后往生初禅天界,福报和欢乐自然而来。"

佛陀解说义理时,国王以王后、侍女、大臣等人,都理解领悟了教诲,证得了佛理。

【辨析】

这篇比喻故事的情节较为复杂,反映出的社会问题也比较广泛,令人深思。

故事对人物形象的塑造十分生动逼真。王后和婆罗门的女儿是故事中的两个主要人物,对这两个女性的刻画是在对比中完成的。前者年长,即使往昔如花似玉,如今也是红颜已老,青春不再,但她仁慈宽容,诚心信奉佛教,她以内在的品德令人敬重;后者年轻，以外表的美艳，出众的姿色赢得了国王的宠爱，但她狠毒好妒，妖蛊迷惑国王。故事通过这一正一反两个形象，展示了帝王后宫之间的激烈争斗。当国王娶了貌若天仙的吉星之女为妃，实际上王后就已失宠了，她主动退出了邀宠的角逐，在斋戒之日她不肯出来陪同国王和他的新欢，国王便派人将她捆绑起来拖上大殿，在众目睽睽之下，竟然当众亲自挽弓射箭，全然不顾往日的恩爱以及多年的相伴，要将其射杀于新欢的面前，实在是令人发指。这样的场面，无非就是要杀鸡给猴看，让后宫美女都甘心做他的"性奴"。这就充分地揭示了"豪门之中，仁义焉存"的事实，以及国王无耻的嘴脸和血淋淋的残暴。可以看出，后宫女子表面看来安享荣华富贵，背后却有着多少不为世人所知的心酸故事。为了邀媚争宠，她们个个使出了浑身解数。她们所处的不过是一个尔虞我诈、钩心斗角的场所，这里轮番上演着一幕幕的悲剧。

婆罗门吉星并不是故事中的主要人物，但他始终伴随着情节的发展，与女儿同命运共进退，他的一系列行为推动了这个故事的展开。他为了提高女儿的知名度，不惜花费重金，想找人挑出女儿相貌的缺陷，从这一行为可以看出他的苦心。在女儿成年后，他首先想到的是把女儿嫁给佛陀，认为女儿美好纯洁，娇媚无双，世间无人能和她相配，只有佛陀具有庄严神圣的三十二瑞相，要把女儿许配给他。故事这样叙述，看似无心，却起到了一箭双雕的功效。一是既表现了女儿倾城倾国之美貌，又借此烘托出了佛陀形象的"金光闪烁"，以及美名传天下；二是如此美色却遭佛陀拒绝，反衬出佛教对世事人生的深刻认识，能够透过一切表象看到本质。

吉星在佛陀那里遭到拒绝，最终把女儿嫁给了好色的国王。作为一位父亲，在世俗社会看来，他的做法似乎无可厚非。但从带有社会批判者的佛教的立场看，他却把女儿送进了虎口，其结局是不幸的。事实上，无论中外，历代后宫的嫔妃，她们的命运往往是可悲的。因为这里佳丽云集，即使有压倒群芳的美色也不一定能得到君王的宠幸，即便是有幸得到宠爱，又有随时失宠的可能，因为再美的容颜也经不住岁月的摧折，更何况美貌往往还会因他人的嫉妒而招来祸患。所谓的幸运得宠者，最终不免以悲剧结束。她们因色而成，因色而衰，也常常因色而亡。所谓"自古红颜多薄命"、"自古红颜多祸水"、"嫁与帝王家，悲情如江水"，古今中外，身罹苦楚者，数不胜数，生活美满者，几无一人。

本故事中佛陀将女子美好的相貌比作盛有屎尿的花瓶；将人的眼、耳、鼻、舌比作窃人清净之心的盗贼；把色相比作是祸患。这一连三个比喻，"瓶中屎"、"盗贼"、"大患"，一气呵成，给人留下深刻的印象。通过对美貌的认识，把佛教对人生的认识、对社会的认识揭示了出来，告诫人们不要为事物外在的表象所迷惑，否则会落得个"破家灭族，杀亲害子"的结局。

另外，故事中佛陀所说的"妖蛊女人，有八十四态，大态有八，慧人所恶"，也是佛陀自幼生活在宫廷中，对后宫嫔妃之间争风吃醋、相互算计的了解和高度概括，恰恰隐喻出帝王的丑恶。因为妖蛊女人施妖迷惑的对象，只能是男人，是帝王。而八十四种丑态，也从反面印证了好色男人的八十四种心态，尤其是帝王的心态。所谓"上有所好，下必甚焉"，这八十四种媚态，正好满足了充满权力欲望的帝王们的畸形心理。实际上，佛陀揭露的就是活脱脱的帝王丑态，真是痛快淋漓，令人拍案叫绝。

# 三十四

# 沙门品

【题解】

本篇故事是针对出家人守戒而言的。佛陀通过一个小和尚听到女子歌声的魂不守舍，差一点中箭身亡的故事，训诫佛弟子修行要严守戒律，如此才能解脱苦难，达至清净。

【经文】

## 沙门品第三十四

昔佛在舍卫国精舍之中，为天、龙、鬼神、国王、人民说法。时有一年少比丘，晨旦着衣服，拄杖，持钵至大村中分卫。时大道边有官菜园，外面种黍穄[1]，其田外草中施张发箭，若有虫兽盗贼来者，触网箭发中箭则死。

有一端正年少女子独守此园，人欲往者，遥唤示道，乃得入园，不知道者，必为发箭所杀。而此女子，独守悲歌，其声妖亮，听者莫不顿车止马，回旋踯躅[2]而欲趣之，盘桓不去，皆坐声响。

时此比丘分卫行还，道闻歌声，侧耳听音，五情逸豫，心迷意乱，贪着不舍。想是女人，必大端正，思想欲见，坐起言语。便旋往趣，未到中间，意志恍惚，手失锡杖，肩失衣钵，殊不自觉。佛以三达，见此比丘，小复前行，为箭所杀，福应得道，为愚所迷，欲盖所覆，怜愍其愚，欲度脱之。自化作白衣，往到其边，以偈呵之曰：

> 沙门何行，如意不禁。
> 步步着粘，但随思走。
> 袈裟被肩，为恶不损。
> 行恶行者，斯堕恶道。
> 截流自持，折心却欲。
> 人不割欲，一意犹走。
> 为之为之，必强自制。
> 舍家而懈，意犹复染。
> 行懈缓者，诱意不除。
> 非净梵行，焉致大宝。
> 不调难诫，如风枯树。
> 自作为身，曷不精进。

说此偈已，即自复形，相好炳然，光照天地。若有见者，迷解乱止，各得其所。比丘见佛，心意豁开，如冥睹[3]明，即五体投地为佛作礼，叩头悔过。忏悔谢佛，内解止观，即得罗汉，随佛还精舍。听者无数，皆得法眼。

## 【注释】

[1] 黍稷（shǔ jì）：黍，禾属而黏者，北方谓之黄米。稷，草本植物，即不黏的黍类，又名穈（méi）子。

[2] 蹀躞（dié niè）：蹀，顿足，小步走。躞，踏，跟随，轻

步行走。蹀躞，小步走路的样子。

［3］闚（kuī）：同窥，即视。

## 三十四章　出家人的喻理

### 六十七　小和尚听歌入迷的比喻故事

从前佛陀在憍萨罗国都舍卫城的寺院之中，为天神、天龙八部、大力鬼神、国王和民众解说佛法。有一位年轻的佛弟子，清晨穿着袈裟，拄着手杖，拿着饭钵来到一个大村子中乞食。当时路边有一片官家的菜园，菜园外面种着谷物，在外围的草丛中设置了机关暗箭，倘若有野兽和盗贼进来，触到设置的罗网，就会中毒箭而死。

有一位年轻美貌的女子独自看守这片菜园，如果有人想进到园中，就要在远处叫来女子领路，才能进入园中，如果不知道的人乱走，就会被暗箭射死。这位年轻的女子，独自守着菜园，经常唱着忧伤的歌，声音凄婉清亮，听到歌声的人无不下马停车，想坐下来听一听姑娘的声音，或与姑娘交谈，在此逗留徘徊而不肯离去。

年轻的佛弟子乞食回来，在途中听到了优美动人的歌声，被深深地吸引了，侧耳倾听，更是意乱神迷，心驰神往，停下脚步，不忍离去。心想唱歌的女子，一定十分娇媚，便很想见到她，和她一起坐下来说一说话。便转身往菜园走去，还没走到园中，便神情恍惚，手中的法杖丢了，身上的袈裟滑落且食钵也丢失了，自己竟然完全没有觉察到。佛陀以通达宿命、天眼、漏尽的智慧看到了，如果这位弟子再向前走一步，就会被箭射死，但这位弟子的福报应该证得佛果，只是一时愚昧，被情欲所迷惑，佛陀怜悯他的愚痴，想要教化和救度他。于是变成一位在家修行的佛弟子，走到他的身边，用诗句呵斥他说：

出家修行为那般，如何欲望不禁止。
一步一步渐迷情，思欲牵走无定止。
袈裟被肩修佛理，为恶为邪不减损。
自行恶业修行者，终将堕入三恶道。
截断欲流自持守，折断心枝离却欲。
欲望若未尽割弃，一意犹存堕地狱。
好自为之自持守，必须强制伏妄心。
舍家修行不松懈，妄想心意犹复染。
修行懒散缓进者，外染尘缘念未除。
绝非清净修梵行，如此焉能得三宝。
不调妄心难持戒，犹如狂风摧枯树。
自己作为佛弟子，为何不能勤精进。

说完诗句后，佛陀复现身相，光明美好的形象，照亮了整个天地。一切见到的人，都迷止惑解，各有所悟。弟子见到佛陀，心中豁然开朗，如同在黑暗中看到了光明，随即五体投地礼拜佛陀，表示悔过。忏悔拜谢佛陀后，年轻的佛弟子修习止观禅定，随即证得罗汉果位，跟随佛陀回到寺院。听到佛陀传法的无数人，也都悟得了佛理。

【辨析】

本篇叙述的是一个小和尚被情欲牵引而差一点丧命的故事。故事情节简单，但不乏趣味，读来亲切自然。其中对女子"悲歌"与佛弟子"迷情"描绘得有声有色，人物富有立体感和可视性。

故事对孤守菜园的年轻姑娘没有进行正面刻画，而是运用了侧面烘托的手法，以行人的驻足、寒暄，突出了歌声的悲咽和纯真清亮，借声传情，这样既能调动读者的想象，又巧妙地表达了作者意蕴深邃的潜台词。可谓：满园暗箭关不住，曲曲悲歌出墙来。歌声代表着姑娘心中的渴望和柔情；四周草丛中的罗网和毒箭，象征着官府草菅人命的凶残与疯狂；揭露了巧取豪夺的权贵们对财富的贪婪、对女性的压迫以及对人民的惧怕。

同时，对歌声的描绘，还体现了古代印度人在声音方面的深入探讨，有自己独特的理解。古印度各派哲学对声音都做过细致的研究，曾有过关于声音是有常还是无常的争论，即"声论"。对此争论，在这里可以给出一个我们自己所理解的答案，即留在心中的声音是长存的。可以想见那位被佛陀救回的佛弟子，那使他意乱神迷的悲歌，会永远留在他的心底，伴随着他直到生命的终点。

至于对小和尚的描写，则突出在"神迷"上，当他被歌声牵引以至于神情恍惚，魂不守舍的时候，已经离死亡只有一步之遥了。这里以小和尚的意乱神迷比喻出家人丧失定力，而丧失定力往往可能会丧失生命。另外，小和尚的"神迷"，也从侧面表现了他专注一心的性格特征。

# 三十五

# 梵志品

【题解】

梵志,指佛教以外的出家修行者,佛典中一般指婆罗门信众。在汉地人们常常把其和佛弟子混淆,也称佛弟子的修行为梵行。本篇故事旨在说明婆罗门教的教义不能使人脱离苦难,只有皈依佛陀才能修悟正果。

【经文】

## 梵志品第三十五

昔私诃牒国中有大山,名私休遮他。山中有梵志五百余人,各达神通。自相谓曰:"吾等所得正是涅槃。"佛始出世,初建法鼓,开甘露门[1]。此等梵志,闻而不就。宿福应度,佛往就之,独行无侣。到其路口,坐一树下,三昧[2]定意,放身光明。照一山中,状如失火,山中尽燃。梵志怖惧,咒水灭之,尽其神力,不能使灭。怪而舍走,从路出山。

遥见世尊树下坐禅,譬如日出,金山之侧,相好炳然,如月星中。怪是何神,就而观之。佛命令坐,问所从来?梵志对曰:"止此山中修道来久,旦欻火起,烧山树木,怖而走出。"

佛告梵志:"此是福火,不伤损人,欲灭卿等痴结之垢。"梵志师徒顾相谓曰:"是何道士也?九十六种未曾有此。"师曰:"曾闻白净王子,名曰悉达,不乐圣位,出家求佛。将无是也?"徒等启师:"可共问佛,梵志所行事,为如法不也?"师徒之等共起白佛:"梵志经法名四无碍[3],天文地理,王者治国领民之法,并九十六种道术所应行法,此经为是涅槃法不?愿佛解说开化未闻。"

佛告梵志:"善听思之。吾从宿命无数劫来,常行此经,亦得五通移山住流,更历生死不可计数,既不得涅槃,亦复不闻有得道者。如汝等行,非名梵志。"

于是世尊以偈报曰:

截流如渡,无欲如梵。
知行已尽,是谓梵志。
以无二法,清净渡渊。
诸欲结解,是谓梵志。
非蔟[4]结发,名为梵志。
诚行法行,清白则贤。
饰发无慧,草衣何施。
内不离着,外舍何益。
去淫怒痴,憍慢诸恶。
如蛇脱皮,是谓梵志。
断绝世事,口无粗言。
八道审谛,是谓梵志。
已断恩爱,离家无欲。
爱着已尽,是谓梵志。
离人聚处,不堕天聚。

诸聚不归，是为梵志。
自识宿命，本所更来。
生死得尽，睿通道玄。
明如能嘿，是谓梵志。

佛说偈已，告诸梵志："汝等所自谓已达涅槃，如少水鱼，岂有长乐？合本无者也。"梵志闻经，五情[5]内发喜悦，长跪白佛："愿为弟子。"头发自堕，即作沙门。本行清净，因而得道为阿罗汉，天龙鬼神皆得道迹。

【注释】

[1] 甘露门：甘露，比喻涅槃。甘露门，指超脱生死，到达涅槃的无上妙法。又叫甘露法门。

[2] 三昧：佛教术语，又称三摩地、三摩提，意译为等持、正心行处等，即专注一境，定念止观、心不散乱的状态。

[3] 四无碍：也叫四无碍法界，即四种法界，一般指理无碍、事无碍、理事无碍、事事无碍。婆罗门的吠陀经典亦有此自谓。

[4] 蔟（cù）：聚集。

[5] 五情：此处指五蕴，即色、受、想、行、识。

【译文】

## 三十五章　婆罗门修行者的喻理

### 六十八　婆罗门修行者皈依佛陀的比喻故事

从前私诃牒国有一座大山，名叫私休遮他。山中有五百多婆罗门修行者，都具备了一定的神通，自夸说："我们所证得的就是涅槃境界。"当时佛陀已证悟得道，建立了佛教开始弘法，广度众生脱离苦难。这些婆罗门修行者，虽然听说过佛陀，但没有见到因而并不信奉。根据他们修行的福报应当得到救度，佛陀就前往他们修行的地方，独自一人来到进山的路口，坐在一棵大树下，专注一境，定念止观，全身放光，照在山中，仿佛火烧山林，一片光明。婆罗门修行者看到后十分惊恐，一起持咒喷水来灭火，用尽了神通之力，却不能使光明消失。他们觉得很奇怪，就一起离开山中，走到了山口。

远远看见佛陀在大树下禅定，如同升起的太阳，照亮了对面的大山，美好的形象，如群星中的一轮明月。他们很奇怪，不知是何方神圣，就上前观看。佛陀让他们坐下来，问他们从哪里来？婆罗门修行者回答说："我们一直在这山中修行，刚才忽然看见火光四起，遍烧山林，吓得走了出来。"

佛陀告诉婆罗门修行者说："这是福德之光，不会损伤人，却能灭除你们心中的愚昧和黑暗。"婆罗门师徒相互议论说："这人是什么修行者呢？是九十六种学说中都没有的。"婆罗门修行者的导师说："我曾经听说过释迦族的王子，名叫悉达多，不愿意继承王位，出家创立了佛教。会不会就是他呢？"徒弟们对导师说："可以一同问佛陀，我们所修行的，和佛法一样不？"师徒们一起对佛陀说："婆罗门吠陀法典被称为四无碍，天文地理，国王统治国家和领导人民之法，包括九十六种学说所讲述的法理，都包含在里面，它是通向涅槃境界的法典吗？希望您能解说我们未曾听闻过的教理。"

佛陀告诉婆罗门修行者说："你们听了要认真思考。我从前世经历无数的岁月以来，也常修习吠陀经典，也证得了五种神通，能移山倒海，历度了不可计数的生死轮回。然而婆罗门教既不能使我证得涅槃境界，也从没有听说过有证得道果的人。所以你们的修行，并非是清净高尚的志向。"

于是佛陀用诗句回答他们说：

截住流转如渡河，无欲无相如清净。
尘世妄行已除尽，才是出家证悟行。
能以人法二皆空，清净修行渡深渊。
除欲消灭诸烦恼，就是出家清净心。
并非聚集同修习，就可称为证涅槃。
诚心修行持戒行，自身清白才为贤。
只是削发无智慧，身着草衣有何用。
内心不离贪欲想，舍弃外相有何益。
去除人生淫怒痴，怃慢瞋恚诸恶行。
犹如蟒蛇蜕旧皮，脱胎换骨涅槃行。
断绝世俗烦恼事，出口没有粗劣言。
思考真谛八正道，才是通向涅槃行。
人若已经断恩爱，离家修行无贪欲。
爱欲烦恼驱除尽，才可是谓涅槃行。
离开世人聚集处，不堕天界诸般乐。
三界色欲皆不着，就是证悟涅槃行。
自己认识三世命，过去现在与未来。
生死轮回解脱尽，睿智通达佛玄妙。
明了佛理能反思，就是静寂涅槃行。

佛陀用诗句说完后，告诉婆罗门修行者："你们自认为已经到达涅槃境界，其实只是如浅水中的鱼儿，怎么会有长久的快乐呢？根本没有的事。"婆罗门修行者听了佛陀所讲的义理后，心中无比喜悦，跪拜佛陀说："愿意成为佛弟子。"于是他们的头发自然落下，随即成为出家人。由于他们原本在山中修行清净，因而证得阿罗汉果位，天神和天龙八部以及大力鬼神也都证得佛理。

**【辨析】**

　　这篇佛陀教化婆罗门修行者的故事，反映了佛教创立之初的情形。其实佛陀在未证悟三法印、四谛、十二因缘学说之前，一直按照婆罗门教修行的要求，在山林之中修习苦行。然而六年的修习苦行并没有使他找到解脱人生苦难的真谛，因而他放弃了婆罗门教的教义，开始了创立佛教的事业。因此，他对婆罗门教修行的方式有着深刻的了解，教化婆罗门修行者自然也就得心应手。

　　故事巧设比喻，借物喻理，诸如把佛理比喻为福德的火光，去除黑暗；从信奉婆罗门教转而信奉佛教，比喻为蛇行脱皮；又把婆罗门教修行的境界，比喻为浅水中的鱼儿，不会长久快乐。使得说理既生动形象又深入浅出，特别贴近生活，反映出佛陀对生活观察的认真和细致。

　　故事中有许多想象的成分，说明在佛教的长期发展中，佛教信众对佛陀所倾注的无比深厚的信仰热情，赋予了他诸多卓异超群的神力和威德，这也是宗教情结的一种表现形式。这种文化现象给我们展现了一个神奇美妙的信仰者的世界，极大地开阔了我们的视野。因此，佛教比喻故事中这些极具想象力的表达方式，恰恰是它的独特魅力所在。

# 三十六

# 泥洹品

## 【题解】

泥洹，即涅槃，意为清凉寂静、恼烦不现，指摆脱轮回之苦，进入永寂澄明的状态，是佛教修行所要达到的最高境界。本篇故事表现的是放弃暴力征伐，化干戈为玉帛的喻理。在国家关系的处理上，佛陀反对恃强凌弱的不义之战，主张文德教化，消除矛盾，避免战祸。

## 泥洹品第三十六

昔佛在王舍城灵鹫山中，时与诸比丘千二百五十人俱。时摩竭国王号名阿阇世，所领五百国各有姓名。近有一国，名曰越祇，不顺王命。欲往伐之，即召群臣，讲宣议曰："越祇国人，富乐炽盛，多出珍宝，不首伏于我。宁可起兵往伐之不？"国有贤公承相，名曰雨舍，对曰："唯然。"王告雨舍："佛去是不远，圣哲三达，靡事不贯，汝持吾声，往至佛所，如卿意智，委悉问之，欲往伐彼，宁得胜不？"

承相受教，即严车马往至精舍，前到佛所，头面着地为佛作礼。佛命令坐，公即就坐，佛问国承相："从何所来？"公言："王使臣来。稽首佛足，问讯起居，餐食如常？"佛即问公："王及国土人民臣下，皆自平安不？"公言："国主及民皆蒙佛恩。"公白佛言："王与越祇国有嫌，欲往伐之，于佛圣意，为可得胜不？"

佛告承相："是越祇国人民，奉行七法，不可胜之。王可谛思，勿妄举动。"公即问佛："何等七法？"佛言："越祇国人数相聚会，讲议正法，修福自守，以此为常，是谓为一。越祇国人君臣常和，所任忠良，教谏承用，不相违戾[1]，是谓为二。越祇国人奉法相牵，无取无舍，不敢犯过，上下循常，是谓为三。越祇国人礼化谨敬，男女有别，长幼相承，不失仪法，是谓为四。越祇国人孝养父母，逊悌师长，受诚教诲，以为国则，是谓为五。越祇国人承天则地，敬畏社稷，奉顺四时，民农不废，是谓为六。越祇国人尊道敬德，国有沙门、得道应真，方远来者，供养衣被、床卧、医药，是谓为七。夫为国主，行此七法，难可得危。极天下兵共往攻之，不能得胜。"

佛告承相："若使越祇国人持一法者，尚不可攻，何况尽持如是七法？"

于是世尊即说偈言：

利胜不足恃，虽胜犹复苦。
当自求胜法，已胜无所生。

雨舍承相闻佛说偈，即得道迹，时会大小，皆得须陀洹道。公即从坐起，白佛言："国事烦多，欲还请辞。"佛言："可，宜知是时。"即从坐起，礼佛而去，还至具事白王，即止不攻，持佛严教，以化国内。越祇国人即来顺命，上下相奉，国遂兴隆。

## 【注释】

[1] 违戾（lì）：违背。

## 【译文】

### 三十六章　修行境界的喻理

#### 六十九　佛陀制止攻打邻国的比喻故事

从前佛陀在摩揭陀国都王舍城灵鹫山中，和一千二百五十位佛弟子一起修行。当时摩揭陀的国王名叫阿阇世，他所统领的五百多个小国也各有国名。邻近摩揭陀国有一个国家，名叫越祇，不服从阿阇世王的命令，所以阿阇世王准备征讨它。他召集大臣商议说："越祇国，人民富裕快乐，出产珍宝，不肯臣服于我，是否可以发兵前去讨伐呢？"摩揭陀国有一位贤明的丞相，名叫雨舍，回答说："我听从国王的命令。"国王对雨舍说："佛陀离这里不远，具有通达宿命、天眼、断除烦恼的三种智慧，无事不知，你代表我去佛陀那里请教，把我的意思向佛陀说清楚，如果我们攻打越祇国，能得胜而归吗？"

丞相雨舍奉命，立即乘车前往寺院，到了佛陀的住所后，顶礼膜拜佛陀。佛陀让雨舍坐下，然后问他："你从哪里来？"雨舍回答："国王派我前来拜谒，让我问候您一切安好吗？"佛陀也问丞相："国王以及百姓，都生活得平安幸福吗？"丞相回答："国王以及百姓承蒙您的恩泽都好。"丞相接着又对佛陀说："国王对越祇国很不满，想派兵攻伐，不知圣明的佛陀您意下如何？这样做我们能得胜吗？"

佛陀告诉丞相："这个越祇国的人民，奉行七种法理，恐怕你们无法战胜他们。请国王一定要三思，不要轻举妄动。"丞相雨舍又问佛陀："越祇国奉行哪七种法理？"佛陀说："越祇国人民经常聚会，宣讲佛法，坚持修积福德，这已经是习以为常的事情，这是第一种。越祇国人民和君臣之间和睦友好，任用忠诚贤良之士，教化与劝谏并施，上下团结，不相违背，这是第二种。越祇国人民遵守法律，不谋非分，彼此相勉，依法办事，不敢违犯，这是第三种。越祇国人民以礼相待，男女有别，长幼有序，崇尚仪礼法度，这是第四种。越祇国人民孝敬和赡养父母，尊重师长，乐于接受劝诫和教诲，将此定为国家的法则，这是第五种。越祇国人民敬畏天地，维护国家利益，遵循自然规律，根据四季变化耕种收获，农业发达，这是第六种。越祇国人民尚德崇礼，凡是本国的出家人、证悟者，以及远方来的修行者，都给以供养，为其提供衣服被褥、安排住宿、医疗药物，这是第七种。作为国王，实行这七种法理，国家就不容易出现危机。即使你们以举国之兵力攻打他们，也不能取得胜利。"

佛陀告诉丞相说："即使越祇国人民奉行其中一种法理，别人都不可能打败他们，更何况他们奉行了七种法理呢？"

于是佛陀随即用诗句说：

　　恃强不足以得胜，即使得胜复遭苦。
　　应当自求永胜道，自胜永远无烦恼。

丞相雨舍听佛陀解说诗句后，随即悟得佛理，当时在场的人们，也都证得初果。雨舍于是起身行礼，对佛陀说："因国事繁忙，我就此辞别告退。"佛陀说："好，要能审时度势。"雨舍立即起身，礼拜佛陀后离去。他回到宫中，把佛陀的话如实向国王汇报，国王于是放弃了攻打越祇国的计划，并按照佛陀的教导来教化人民。而越祇国从此向阿阇世国王表示臣服，以附属国的地位供奉摩揭陀国，摩揭陀国的国运也日益兴隆。

**【辨析】**

这篇故事反映了早期佛教提出的有关国家治理方面的思想理念和具体措施,是极为宝贵的历史资料。其中佛陀所阐述的治国七法可以归纳为:循守正法,以德治国;任用贤良,上下一心;不谋非分,遵守法律;重礼尚义,家庭和睦;孝顺父母,尊敬师长;敬畏天地,尊崇祖先;供养比丘,多行布施。这几乎囊括了一个国家巩固稳定、繁荣发展的基本策略。关于处理国家之间的关系,佛陀反对相互征伐,反对暴力与杀生,强调以道德的感化力量使对方不战而服;提倡邻邦之间和睦相处,主张彼此学习,见贤思齐。长期以来,人们对佛教思想中有关王法政道的研究有所忽视,这显然是有偏颇的。

在本故事的人物对话中,巧妙地运用了"数喻"和层层铺垫的手法,表明了佛陀的立场和对国王、丞相所持立场的批评态度,谴责摩揭陀国王恃强凌弱、以大欺小、以暴对德的行为。又通过"一"与"七"、"多"与"寡"的对比,以一喻七,不仅褒贬分明,而且恳切动人,让我们深切感受到了佛陀的良苦用心。佛陀的劝说不仅循循善诱、以理服人,而且论说透彻,逐层推进,最终使得摩揭陀国王放弃了对越祇国的攻伐,从而避免了一场不义之战,故事的结局恰好体现了佛陀的教化方式所达到的良好效果。

# 三十七

# 生 死 品

【题解】

佛教认为，人在生死轮回之中，如同在痛苦的深渊中挣扎。行善积德则能往生到三善道，作恶多端就要堕入三恶道而饱受折磨。本篇故事讲述了善恶有报，业力不失的喻理。

【经文】

## 生死品第三十七

昔佛在舍卫国祇洹精舍，为天人、国王大臣广说妙法。有一梵志长者，居在路侧，财富无数。正有一子，其年二十，新为娶妇未满七日，夫妇相敬，言语相顺。妇语其夫："欲至后园中看戏，为得尔不？"上春三月夫妇相将至后园中，有一柰树[1]高大华好，妇欲得华，无人与取，夫知妇意欲得柰华，即便上树正取一华。复欲得一，展转上树乃至细枝，枝折堕地，伤中即死。

居家大小奔波跳走，往趣儿所，呼天伤哭，断绝复苏，中外宗族来者无数，皆甚悲痛。闻者莫不伤心，见者莫不痛哀。父母妻息，怨咎天地，谓为不护，棺殓衣被，如法遣送，还家啼泣不能自止。

于是世尊愍伤其愚，往问讯之。长者室家大小见佛，悲感作礼，具陈辛苦。佛语长者："止息听法，万物无常，不可久保。生则有死，罪福相追。此儿三处为其哭泣，懊恼断绝，亦复难胜。竟为谁儿，何者为亲？"

于是世尊即说偈言：

命如华果熟，常恐会零落。
已生皆有苦，孰能致不死？
从初乐爱欲，可淫入胞影。
受形命如电，昼夜流难止。
是身为死物，精神无形法。
假令死复生，罪福不败亡。
终始非一世，从爱痴久长。
自作受苦乐，身死神不丧。

长者闻偈，意解忘忧，长跪白佛："此儿宿命，作何罪衅，盛美之寿，而便中夭？唯愿解说本所行罪。"

佛告长者："乃往昔时，有一小儿，持弓箭入神树中戏，边有三人，亦在中看。树上有雀，小儿欲射，三人劝言：'若能中雀者，世称健儿。'小儿意美，引弓射之，中雀，即死堕地，三人共笑，助之欢喜，而各自去。经历生死无数劫中，所在相遭，共会受罪。其三人者：一人有福，今在天上；一人生海中，为化生龙王；一人今日长者身是。此小儿者，前生天上为天作子，命终来下，为长者作子。堕树命绝，即生海中，为化生龙王作子。即以生日，化生金翅鸟[2]王，取而食之。"

"今日三处，懊恼涕哭，宁可言也？以其前世，助其喜故，此三人者，报以涕哭。"

于是世尊即说偈言：

> 识神造三界，善不善五处。
> 阴行而默至，所往如响应。
> 色欲不色有，一切因宿行。
> 如种随本像，自然报如影。

佛说偈已，欲使长者意解，即以道力，视其宿命，皆见天上、龙中之事。长者意解，欣然即起，长跪叉手，白佛言："愿及大小为佛弟子，奉受五戒为优婆塞。"佛即授戒，重为说法，无常之义，大小欢欣，皆得须陀洹道。

## 【注释】

［1］奈树：即油奈树，又称奈李、桃形李，为李子的变种，在我国的福建古田有种植。其花繁盛，有花团锦簇之感。

［2］金翅鸟：古代印度神话传说中的神鸟，为佛教天龙八部之一的护法神，它威力无穷，双翅拨开海水，取龙为食。金翅鸟王也用以比喻佛陀，说佛陀能将众生从苦海中解救出来。

## 【译文】

## 三十七章 生死轮回的喻理

### 七十 善恶有报的比喻故事

从前佛陀在侨萨罗国都舍卫城祇园寺院，为天神、国王和大臣解说精妙的佛法。有一位年长的婆罗门信众，居住在大路旁边，家中有无数财富。他只有一个儿子，刚满二十岁，新娶了媳妇还不满七天，夫妻俩相敬如宾，相谈甚欢。这天妻子对丈夫说："我想到后园赏花游玩，你想一起去吗？"正值阳春三月，夫妻相携一同来到后园中，看见一棵高大的油柰树开满美丽的花朵，妻子想得到这芬芳的鲜花却没能够得着，丈夫知道妻子心中所想，便爬上树为妻子采摘了一枝花。当他想再采一枝，正往高处爬时，踩在了稍细的枝条上，枝条断了结果当即摔死在地上。

全家老少闻讯后一起奔来，看到这情景，悲恸欲绝，哭得死去活来。家里所有的亲戚们也都赶来慰问，都十分悲痛。凡是听到此事的人无不悲伤痛心，凡是看到此事的人无不感伤哀悯。父母和妻子，哭天抢地，怨恨至极，为什么老天不保佑我儿子？他们将死者入殓，按习俗安葬，全家人回到家中，仍然痛苦悲泣不已。

佛陀怜悯他们的愚昧无知，这时来到他们家中慰问。长者全家老少见到佛陀更为悲伤，礼拜佛陀后，就把事情的经过告诉佛陀。佛陀对长者说："你们不要悲伤了，请听我说法，万物无常，不能久存。有生就会有死，罪业和福报如影随形。你的儿子，现在共有三处在为他哭泣，也同样是懊悔万分，伤心欲绝。他究竟是谁的儿子？谁又是他的亲友呢？"

于是佛陀随即用诗句说：

生命如花如果熟，常恐遭逢零落时。
所有已生皆有苦，孰能达致不死境？
初从父母恩爱生，又因淫泆入胎胞。
受形生命如雷电，昼夜流逝难止息。
此身乃为必死物，唯有精神无定形。
假令身死能复生，罪福依然不败亡。
生命终始非一世，痴爱不除永轮回。
自作自受苦与乐，此身虽死神不亡。

年长的人听了诗句后，有所了悟，化解了心中的忧伤，跪拜佛陀说："我儿子的前生，做了什么罪业，如此美好旺盛的生命，为什么却在中途夭折？期望您说明他所造的罪业。"

佛陀告诉长者说："很久以前，有一个小男孩，拿着弓箭来到一个神奇的树林里玩耍，他旁边另外还有三个人，看到树上有一只山雀，小男孩要射杀它，这三个人就对他说：'你要是能射中山雀，我们就可以称你为英雄。'小男孩听了以后很高兴，于是拉弓射箭，射死了山雀，这三个人看到后一起笑了起来，欢喜地为男孩助兴，然后各自离去。以后他们经历了无数生死轮回，经常相遇，一起遭受罪业的果报。这三个人，一个人还有福报，现在还在天界；另一个人往生在海中，化为龙王；还有一个人就是今天的你。这小男孩，前生在天上为天神做儿子，死后来到人间，成为你的儿子。他从树上坠下摔死后，随即投生到大海中，为龙王做儿子。但就在他出生的那天，却被他当年射死的山雀化为的金翅鸟王，赶来吃掉了。"

"今天有三处（天界、海中和你这里），都在懊悔哭啼，这又有什么可说的呢？就是因为你们在前世鼓励他射鸟的缘故，因此前生的这三个人，今天都遭到悲痛哭啼的报应。"

这时佛陀随即用诗句说：

神识出入三界中，善与不善归五处。
瞬息来去无声息，生死往来如响应。
色欲本质非实有，一切皆因宿业成。
犹如种子随本相，善恶果报如身影。

佛陀说完诗句后，为了使年长者开悟，随即以神通法力，让他得以知道他儿子的前生和后世，见到了天界、海中龙宫发生的事。长者心里明白之后，高兴地起身，双手合什跪拜佛陀，对佛陀说：

"我们全家老少愿意成为佛弟子，信奉和持受不杀生、不偷盗、不邪淫、不妄语、不饮酒五戒，成为在家修行的佛教信众。"佛陀于是为他们授戒，又再为他们说法，解说生命无常的教义，全家人都心中欢喜，证得了初果。

【辨析】

这一篇比喻故事是建立在佛教业力果报、因果轮回学说的理论体系之上的，充满了神秘奇幻的想象。

故事以婆罗门长者的儿子上树摘花意外摔死的事件为中心，由佛陀讲述了一个涉及五个对象前生今世的因缘故事，以此来比喻善恶有报，业力不失的义理。故事虽然不长，但五个对象前生今世的身份转换得十分巧妙自如，使人有目不暇接的感受。

首先，故事中的主人公是一位年仅二十，结婚不过七天的年轻男子，他本是为了给妻子摘花，上树时不慎摔死的。但故事根据业力果报之说解释了他的死因，他前生还是一个小男孩的时候，曾用弓箭射死一只山雀，所以他死后先后辗转投生至天界、人间、海中，分别成为神、人、龙的儿子，其顺序是天上、人间、海中，就在他在人间夭折后转生为海中龙子的那一瞬间，被当年他所射死的山雀变成的一只金翅鸟吞食。从佛教三世因果的立场来看，的确是"未作不得，已作不失"，因果报应，丝毫不爽。

其次，就是当年怂恿男孩射用箭杀死山雀的三个旁观者：现在一个在天上，一个在人间，一个在海中，其顺序同样是天上、人间、海中。从构思安排上看，男孩与这三人的命运形成互为对应的关系。这样安排既有联系，又有对比，分别交代，线索清晰。

还有当年被男孩射死的山雀变成的金翅鸟，今生将男孩变成的龙子吞食了。这一结局虽然完成了一命换一命，一报还一报的因果关系。但这种报应还是反映出早期佛教理论上的缺失。因为这样会陷入机械的循环论中，冤冤相报何时了。因此，到大乘佛教时期，便形成了无缘大慈,同体大悲的观念,就有了忍辱、奉献的菩萨行。这样,也就不会纠缠在具体的恩怨和果报上,而是上升到了普度众生这样一个新的思想高度。

# 三十八

# 道 利 品

【题解】

所谓道利，即有利于修行。本篇故事既论说君王治国安民之术，又有对佛弟子言行举止方面的告诫，侧重表达了佛教对国家和社会和谐的认识。

【经文】

## 道利品第三十八

昔有国王治行正法，民慕其化，无有太子，以为愁忧。佛来入国，便出觐尊，听经欢欣，即受五戒，一心奉敬，唯愿有子。昼夜精进，三时不懈。

有一给使，其年十一。常为王使，忠信奉法。不失威仪，谦卑忍辱，精进一心，学诵经偈。知时先起，已办香火，数年之中，精进如是。不以为劳，卒得重病，遂致无常。其神来还，为王作子，乳铺[1]长大至年十五立为太子。

父王命终，袭代为王。憍慢自恣，淫泆欲乐，昼夜耽荒[2]，不理国事。臣僚废朝，民被其患。佛知其行，不会本识，将诸弟子，往到其国。王闻佛来，如先王法，大众奉迎，稽首于地，却坐王位。

佛告王曰："国土人民，群僚百官，悉自如常不？"王曰："为人年幼，未能绥化，皆蒙圣恩，国土无他。"佛告王曰："王今自知本所从来，作何功德，得此王位？"王曰："不审。顽愚不达，不知先世所从来也。"

佛告大王："本以五事，得为国王。何等为五？一者布施，得为国王，万民奉献，宫观殿堂，资财无极。二者兴立寺庙，供养三尊，床榻、帏帐，以是为王，在于正殿，御座理国。三者亲身礼敬三尊及诸长德，以是为王，一切万民，莫不为之作礼。四者忍辱，身三、口四及意无恶，以是为王，一切见者，莫不欢欣。五者学问，常求智慧，以是为王，决断国事，莫不奉用。行此五事，世世为王。"

于是世尊以偈颂曰：

人知奉其上，君父师道士。
信戒施闻慧，终吉所生安。
宿命有福庆，生世为人尊。
以道安天下，奉法莫不从。
王为臣民主，常以慈爱下。
身率以法戒，示之以休咎。
处安不忘危，虑明福转厚。
福德之反报，不问尊以卑。

佛告王曰："王前世时，为大王给使。奉佛以，奉法以净，奉僧以敬，奉亲以孝，奉君以忠。常行一心，精进布施，劳身苦体，初不懈倦。是福追身，得为王子，补王之荣。今者富贵，而反懈怠。夫为国王，当行五事。何谓为五事？一者领理万民，无有枉滥。二者养育将士，随时禀与。三者念修本业，福德无绝。四者当信忠臣，正直之谏，无受谗言，以伤正直。五者节欲贪乐，心不放逸。行此五事，名闻四海，福禄自来。舍此五事，众纲不举，民困则思乱。士劳则势不举，无福鬼神不助，自用失大理。忠臣不敢谏，心逸国不理臣，庶[3]民则怨。若如是者，身失令名，后则无福。"

于是世尊重说偈言：

夫为世间将，修正不阿枉。
调心胜诸恶，如是为法王。
见正能施惠，仁爱好利人。
既利以平均，如是众附亲。

佛说偈已，是时王大欢喜，起住佛前，五体投地忏悔谢佛，即受五戒，佛重说法，得须陀洹道。

昔佛在舍卫国祇树精舍为诸天人、国王大臣、四辈弟子，说无上大法。时舍卫国南有深山，其中常出野象。象有三色，白、青、黑者。国王欲得好名斗大象，辄遣人往，捕取将来，付调象师。三年之中便可乘骑，亦可令斗。

时有一神象，龙之所生，身白如雪，尾赤如丹，两牙如金色，猎师见此非常好象，还白国王："有此大象，其形如是，宜大王乘。"王即募捕象师三十余人，遣令捕此象。人众往到象所，张罥[4]欲捕象。而此神象知诸人意，即便来前，而堕罥中，众人皆来而欲捕之，象便瞋恚，逆蹴[5]跳之，近者即死，远者得走，象逐不置。时山胁有诸年少道人，多力勇健，山中学道大久，未得定意。遥见此象追逐杀人，道人怜愍人故，自恃勇健欲往救之。

佛已遥见，恐此比丘为神象所杀，佛即到边，放大光明。象见佛光，怒止恚解，不复追逐杀人。比丘见佛，迎为作礼。佛为比丘即说偈言：

勿妄娆神象，以招苦痛患。
恶意为自杀，终不至善方。

比丘闻偈，即便稽首，忏悔谢过，内自笃责，深惟为非，即于佛前逮得应真。时捕象人即皆还，稣走[6]者寻还，皆得道迹。

昔佛在罗阅祇耆阇崛山中。时国王瓶沙有一大臣，犯事免退，徙着南山中，去国千里外。由来无人，不熟五谷。大臣到中，泉水流溢，五谷大熟。四方诸国有饥寒者，皆来至此山中，数年之中，便有三四千家，来者给与田地，令得生活。

其中三老诸长宿年共议："国之无君，犹身之无首。"相将至大臣所，举大臣为国王。大臣答长老曰："若以我为王者，当如诸国王之法，左右大臣文武将士，上下朝直发女阗宫，租税谷帛当如民法。"诸国老曰："唯然奉命一随王法。"即立为王，处置群臣文武上下，发调人民筑城作舍，宫殿楼观，民被苦毒，不复堪谐，皆发想念，欲谋图王。诸奸臣辈将王出猎，去城三四十里，于旷野泽中，牵王欲杀。王问左右："何缘杀我？"答曰："民慕丰乐，奉王以礼，民困思乱，破家图国。"王告之言："卿等自为，非我本造，枉杀我者，神祇知之。听我发一愿，死不有恨。"即愿曰："我本开荒出谷养民，来者皆活，富乐无极，自共举我立为国王，依案诸国自共作此，今反杀我。我实无恶于此人民，若我死者，愿作罗刹，还入故身中，当报此怨。"于是绞杀弃尸而去。

三日之后，王神即作罗刹，还入故身中，自名阿罗婆，即起入宫，绞杀新王，并及后宫婇女，左右奸臣，即皆杀之。罗刹瞋恚出宫，尽欲杀人。国中三老，草索自缚，来向罗刹自首："此是奸臣所为，非是细民所可能知，乞丐原恕愿还治国。"曰："我是罗刹，何与人等共从事也？食饮当得人肉，罗刹急性，忿不思难。"三老曰："国是王许，故当如前，食饮所须当相差次。"国老共出，宣令人民皆共探筹，以此为次，家出一小儿，生用作食，食罗刹王。

三四千家正有一户，为佛弟子。居门精进，五戒不犯，随民探筹，得第一筹。有一小儿，当先食鬼王。贤者大小，懊恼啼哭，遥向崛山，为佛作礼，悔过自责。佛以道眼见其辛苦，便自说言："因是小儿，当度无数人。"便独飞往至罗刹门，现变光相照其宫内。罗刹见光疑是异人，即出见佛，便起毒心，欲前噏[7]佛，光刺其目，担山吐火，皆化为尘。至久疲顿，然后降化，请佛入坐，头面作礼。佛为说经，一心听法，即受五戒为优婆塞。

里吏催食，夺儿将来，室家嗥哭，随道而来，观者无数，为之悲哀。吏抱儿撒[8]食，着罗刹前。罗刹即持此小儿，擎食至佛前，长跪白佛言："国人相差次以小儿为食，我今受佛五戒，不复得食此小儿，请以小儿布施佛，为佛作给使。"佛为受之，即说咒愿，罗刹欢喜得须陀洹道。佛以小儿着钵中，撒出宫门，还其父母而告之曰："快养小儿，勿复愁忧。"众人见佛，莫不惊愕，怪是何神？此儿何福而独救之？罗刹所食，夺还父母。于是世尊在于大众中央而说偈言：

　　戒德可恃怙，福报常随己。
　　见法为人长，终远三恶道。
　　戒慎除苦畏，福德三界尊。
　　鬼龙邪毒害，不犯有戒人。

佛说偈已，无央数人见佛光像，乃知至尊三界无比，便皆归化为佛弟子，闻偈欢欣，皆得道迹。

昔佛在波罗奈国鹿野场上，为天人、龙、鬼、国王臣民，不可计众而为说法。时大国王太子将从小国王世子五百余人，往到佛所，为佛作礼，却坐一面而听法。诸太子等，即白佛言："佛道清妙，玄远难及，自古以来颇有国王、太子、大臣、长者之子，舍国吏民，恩爱荣乐，行作沙门者不？"

佛告诸太子："世间国土，荣乐恩爱，如幻、如化、如梦、如响，卒来卒去，不可常保。又国王太子以三事故，不能得道。何谓三事？一者憍恣，不念学问佛经妙义，以济神本。二者贪取，不念布施下贫困厄，群臣将士，所有财宝，不与民共，以修财本。三者不能远离色欲爱乐之事，舍弃牢狱忧烦之恼，行作沙门，灭众苦难，以修身本。是以菩萨所生为王，除此三事，自致得佛。又有三事。何谓为三？一者少壮学问，领理国土，率化民庶，使行十善。二者中以财施，贫穷孤寡，群臣将士与民同欢。三者每计无常，命不久留，宜当出家，行作沙门，断苦因缘，勿更生死。三事不施，独无所得。"

于是世尊而自陈曰："昔我前世作转轮圣王，名曰南王皇帝。七宝导从，宫观浴池，行宫戏园，及群臣太子，夫人、婇女、象马厨宰，各八万四千。有子千人，勇猛精锐，一人当千，飞行虚空，周游四方，自在所为无当前者。其寿八万四千岁，以法治政，不枉人民。尔时圣王欻自念言：'人命短促，无常难保，但当作福，以求道真。念常布施世间人民，所有财物与民共之，已种福德，唯当出家，行作沙门，断绝贪欲乃得灭苦。'王即敕梳头人：'若见头发白，便当启我。'至久数万岁，梳头人启言：'白发已生。'敕令拔之举着案上。王见白发，涕泣命曰：'第一使者忽然复至，今头已白，宜当出家行作沙门，求自然道。'擎发掌中自说偈言：

　　今我上体首，白生为被盗。
　　已有天使召，时正宜出家。

"即召群臣，立太子为王，行作沙门，入山修道。毕人之寿，即生第二天上为天帝释太子。于后领理天下，亦如大王，复敕梳头人：'若见白发，便当启我。'至久复启：'白发已生。'敕令拔之，撒着掌中而说偈言：

　　今我上体首，白生为被盗。
　　已有天使召，时正宜出家。

"复召群臣立太子为王，即行作沙门，入山修道。毕人之寿，复生天上为天帝释。前天帝释，毕天之寿，下生世间，为圣王作太子。此三圣主更为父子，上为天帝，下为圣主，中为太子，各各三十六反，数千万岁，终而复始。行此三事，自致得佛。

"尔时父者，今我身是也；太子者，舍利弗是也；王孙者，阿难是也。更相从生展转为王以化天下，是以特尊，三界无比。"

佛说是时，国王太子并诸太子，皆大欢喜受佛五戒，为优婆塞，得须陀洹道。

【注释】

[1] 餔（bū）：吃。

[2] 耽（dān）荒：沉溺，迷恋，荒废。

[3] 庶：原字为古今皆无的异体字，根据文义，改为此字。

[4] 罥（juàn）：捕捉鸟兽的网；用绳子套；悬挂。本处指捕捉大象的大网。

[5] 逆鳞（lín）：所谓龙有逆鳞，触之必怒。这里指象发怒的情形。

[6] 稣（sū）走：指逃走。

[7] 噏（xī）：同"吸"，吸取。

[8] 撒（qíng）：同"擎"，举。

【译文】

## 三十八章　出家修行有益的喻理

### 七十一　国王前世的比喻故事

从前有一位国王，治理国家公正清明，受到人民敬重，人民也因此服其教化。但这位国王却因没有太子继位而忧心忡忡。当佛陀来到这里传法时，国王便来拜见佛陀并听佛说法，听完之后心中欢喜，便受了五戒，虔诚信奉，希望能生一个儿子。他日日夜夜勤苦修习，毫不懈怠。

国王的一位侍从，侍奉国王已经十一年了，作为国王的使臣，常随其左右。他忠诚信奉佛法，不失威仪，谦逊恭卑，忍辱修学，精勤勇进，日日念诵参悟经文偈语，用心十分专一。每天早上起来，燃香敬佛，连续数年而不以为辛苦。后来，不幸得重病去世，他的神识往生，又归来做了国王的儿子，十五岁时被立为太子。

国王去世后，太子继承王位。但他傲慢自大，骄奢淫逸，日夜沉迷于享乐之中，不理国事，众臣也不上朝，致使朝政荒废，民不聊生。佛陀知道他之所以如此，是因为他没有认识到自己的本来面目，于是就带着弟子们来到这个国家。国王听到佛陀来了，也和当年父王一样，率领大臣前去恭迎礼佛，迎拜之后退坐王位。

佛陀问国王说："您的国家、人民、文武百官，都和以前一样好吗？"国王回答："我年纪尚轻，还不能很好地安抚和教化百姓，承蒙您的恩德，国家没有大事。"佛陀告诉国王说："国王你知道自己原本从哪里来，因为什么功德，登上王位的吗？"国王回答："不知道。我愚昧无知，不知前世从哪里来的。"

佛陀告诉国王："你因为做了五件事，所以转生为国王。哪五件事呢？一是由于布施得以成为国王，百姓拥戴，献出资财无数，建筑富丽堂皇的宫殿。二是兴建寺庙，供养佛、法、僧三尊床榻被帐等，所以成为国王，登上御座，在皇宫大殿处理国家事务。三是亲身礼敬佛、法、僧三尊以及德高望重的长者，所以成为国王，一切民众向你恭敬行礼。四是忍辱宽厚，断除了身之三恶业（杀、盗、淫），口之四恶业（妄语、绮语、恶口、两舌），以及意之恶业，所以成为国王，令人心生欢喜。五是博学多闻，努力增长智慧，所以成为国王，治理天下，颁布政令，臣民无不奉行。你力行这五大功德，就可以世世代代成为国王。"

于是佛陀以诗句赞颂说：

> 人知敬奉其上者，君父师长及沙门。
> 守戒施乐多智慧，终受福报一生安。
> 前世积德有福庆，今生在世为人尊。
> 善施仁德安天下，奉守法则万民从。
> 国王身为臣民主，常以慈爱济天下。
> 躬身践行守法戒，更以吉凶示民众。
> 安不忘危应牢记，远虑明察福转厚。
> 累积福德必有报，不问生前尊与卑。

佛陀告诉国王说："国王你前世的时候，是你父王的一位侍者。信守佛法，净心修道，恭敬僧众，孝敬亲友，忠心事君。一心修行，广行布施，辛苦劳累，从不倦怠。由于福报随身，得以成为王子，继承王位及其荣耀。今天你富贵了，却反而懈怠起来。身为国王，你应做好五件事。哪五件事呢？一是治国安民，没有贪赃枉法。二是养育官兵，随时调遣。三是修习身业，守护不移，福德不绝。四是信任忠臣，接受直言劝谏，勿信谗言，避免伤害贤良。五是节制欲望，不贪图享乐，心不放逸。能够做好这五件事，就可以名扬四海，福禄自然而来。不按此行事，则众纲不张，国政不兴；百姓疾困离乱，臣属劳苦而国势不强；没有福德鬼神不来相助，刚愎自用丧失法度；忠臣不敢直谏，荒废朝政，奸臣作乱，民生怨怒。若是如此，必将身败名裂，死后没有福报。"

于是佛陀又用诗句说：

> 奉劝世间为政者，重德修身不贪枉。
> 调伏心念胜诸恶，才是有为持法王。
> 识见正确能施惠，仁爱喜好助他人。
> 既施恩惠又公正，如此众人附如亲。

佛陀解说诗句后，国王十分欢喜，便到佛陀面前，五体投地顶礼膜拜，表示忏悔，并受五戒，佛陀又重新为他解说佛法，即证得了初果。

## 七十二　佛陀告诫弟子慎行的比喻故事

从前佛陀在舍卫城祇园寺院，为天神、国王、大臣、出家修行和在家修行的男女弟子，解说无上光明广大的佛法。当时舍卫城南部有一座深山，常常有野象出没。野象有白、青、黑三种颜色。国王想得到勇猛善战的大象用以征战，于是就派人前去捕捉，然后交给驯象师进行调教，三年之内便可骑坐出征，也可以使其在战场上厮杀格斗。

当时有一头由龙转生的神奇大象，全身雪白，尾巴火红，两根象牙如同金子一般，猎人看见如此神奇的大象，就回来报告国王说："有一头大象，它的外形非常奇特，特别适合做大王的坐骑。"国王随即招募了三十多位捕象能手，派他们围捕这头大象。于是猎人们来到大象出没的地方，张开大网准备捕捉这头象。这头神象知道猎人的意图，便主动上前，投入大网中，猎人们一起上来想要捕获它，大象立刻发起怒来，蹦跳起来前后冲撞，靠近的人当即被踩死，离得远的人拔腿就逃，大象穷追不舍。这时住在半山腰的一位年轻的出家人，身强力壮，十分勇健，在山中修道已久，还未悟得禅定。远远看见大象追逐猎人要踩死他们，心生怜悯，就凭着自己勇猛矫健的身手前往救人。

佛陀在远方看到后，唯恐这位佛弟子被神象踏死，当即赶到大象旁，放射出灿烂的光芒。神象见到佛光后，怒火顿时熄灭，不再追逐猎人。佛弟子看见佛陀，迎上前去礼拜佛陀。佛陀便以诗句对出家人说：

切勿妄然捕神象，以免招致祸患来。
恶意张网乃自杀，最终不会得吉祥。

佛弟子听了诗句后，便礼拜佛陀表示悔过，深刻反省，认识到自己的错误，当即在佛陀面前证得阿罗汉果位。这时逃远的猎人也都返了回来，都悟得了佛理。

## 七十三　国王成为食人鬼的比喻故事

从前佛陀在摩揭陀国首都王舍城东北侧的灵鹫山中，当时频婆娑罗国王手下有一位大臣，因犯法而被免职，流放到南方的深山中，离国都有一千多里，这里从来无人居住，五谷不生。这位大臣来此之后，见到这里却是山泉喷涌，五谷丰登。周边各国那些饥寒困顿者，都陆续来此山中谋生，几年之间，就有了三四千家。但凡来者，这位大臣都分给他们田地耕种，让他们能够生活。

后来有三位长者共同商议说："国无君王，犹如人有身而无头一样。"于是他们一起来到大臣的住所，推举大臣为国王。大臣回答说："倘若推举我为国王，就应当依照王之法度礼仪，要设立辅佐君王的大臣和文武百官上朝、下朝，并选送侍女进入后宫，颁布田租赋税法令，百姓依法而行。"三位长者回答："按你的提议一切依照国王的法度办理。"随即拥立大臣为国王，设立群臣，调集人民百姓修筑城池，建造宫殿和楼台观所，种种劳民之事使得百姓苦不堪言，心有积怨，进而都想推翻国王的统治。这时想要谋反的奸臣乘国王外出打猎之时，在城外三四十里左右的旷野沼泽中，绑架了国王要杀死他。国王问他们说："为什么要杀我？"回答说："人民希望生活得富足快乐，遵奉法度礼敬国王。然而现在人民生活困顿，家室破败，人心思乱，所以要另立国王。"国王对他们说："这是你们自己的选择，并非我本来的愿望，现在却冤枉地杀我，神明共鉴。让我发一誓愿，就是死了也无恨。"随即发誓说："我原本开垦荒地种植稻谷就是为了养活民众，让远来的人安定下来，过上富裕和快乐的生活。你们推举我为国王，依照他国的法度建立国家，今天反过来要杀我，我没有做任何对不起人民的事，倘若我死了，就一定要做吃人的罗刹鬼，投生到此来报此怨恨。"国王说完，随即被绞死，尸体弃之郊外。

三天之后，国王的神识变成罗刹鬼，附身在原来的躯体中，自称阿罗婆。他回到宫中，杀死了新立的国王和后宫的侍女，把原来的叛臣也都一一杀死。罗刹鬼愤怒地冲出王宫，见人就杀。这时，那三位长者，用绳子把自己捆绑住，来向罗刹鬼请罪说："这都是奸臣所为，不是小老百姓所能知道的，我们乞求宽恕，请你继续治理国家。"罗刹鬼回答说："我现在是罗刹鬼，怎么能和人共事呢？我每天都要吃人肉，罗刹鬼性子急躁，发起怒来不顾一切。"三位长者说："你是国王，应当和从前一样，大家轮流给你供应饭食。"三位长者出宫后，向全体人民宣布，大家一起抽签，然后按照顺序排队，每天由轮到的人家送一个小孩给国王罗刹鬼吃。

这三四千户人家中有一户是信奉佛教的佛弟子，全家精进修行，奉持五戒，和大家一起抽签，抽到了第一位。他家中有一个小孩，按顺序应当先送给罗刹鬼食用。这位贤良的佛弟子全家老少，悲痛欲绝，呜咽哭啼，向着远方的灵鹫山，礼拜佛陀，悔过和自责自己的罪业。佛陀以法眼看到了他们的苦难，便自言自语地说："为了这个小孩，应当救度人们。"便独自飞到罗刹鬼面前，显现出光明身相，放射金光，照亮了整个宫殿。罗刹鬼看见这光亮以为是神人，出来见到佛陀后，便心生恶念，上前就要吸佛陀的血，佛陀立即放出光芒直刺罗刹鬼的眼睛。罗刹鬼又用移山喷火的邪术要烧死佛陀，但都被熄灭，化为灰尘。罗刹鬼最后疲惫不堪，放弃抵抗，即被佛陀降服教化。他请佛陀坐下，向佛陀施礼。佛陀为他说法，他专心聆听法理，即受五戒，成为在家修行的佛弟子。

这时官吏把罗刹鬼的食物——抢夺来的小孩抱来，孩子家人哭号着，一起跟随而来，众多的围观者，也都为他们感到悲哀。官吏举着小孩来到罗刹鬼面前，罗刹鬼随即抱着小孩来到佛陀的面前，跪拜着对佛陀说："国内的人们依次以小孩作为我的食物，我今天已经受了不杀生等五戒，不再吃小孩，请准许我把小孩献给佛陀，做您的小侍者。"佛陀接受了他的请求，并为其祝福，罗刹鬼心中欢喜，证得了初果。佛陀把小孩放在钵中，举出宫门，把孩子还给他的父母，并对他们说："好好抚养孩子，不用忧愁了。"人们看见佛陀，无不感到惊奇，这是何方神圣？这个小孩有什么福德能得到救护呢？怎么能把罗刹鬼口中之食，夺回来还给其父母？于是佛陀面对大家用诗句说：

　　持戒之德可依靠，福德之报随己身。
　　洞见佛法为人长，终究远离三恶道。
　　守戒慎行除诸苦，福报恩德三界尊。
　　鬼龙邪毒不加害，因是人间有戒人。

佛陀解说诗句后，所有的人都看到了佛陀的金光瑞相，才知道佛陀是三界中无可比拟的至尊者，便一同皈依成为佛弟子，听了诗句后欢欣鼓舞，都证得了佛理。

### 七十四　佛陀为太子们讲法的比喻故事

从前佛陀在波罗奈国的鹿野苑，为天神、天龙八部、大力鬼神、国王和大臣们，以及无数的民众解说佛法。这时一位大国的国王和太子率领附属国的国王和太子五百多人，来到佛陀的住所，礼佛听法。各国的太子们告诉佛陀说："佛教义理妙玄高远，难以企及。自古以来，是否有国王、太子、大臣、世家子弟，舍弃他们的地位、臣民，以及妻妾恩爱，荣华富贵，出家修行做佛弟子的呢？"

佛陀告诉太子们："人世间的荣华富贵以及男女恩爱，如幻、如化、如梦境、如声响，忽来忽去，不可长久。国王、太子因为三种原因，不能证得佛果。哪三种呢？一是傲慢自大，不探究学习佛经奥妙的义理以修养心性。二是贪婪吝啬，不愿布施给贫困百姓，大臣和百官，所有财宝不能与人民共享，以使国家富裕。三是不能远离色欲和恩爱享乐，成为出家人，修行人生的根本，灭除苦难，以摆脱堕入地狱的烦恼。所以菩萨转生为国王，如果灭除了这三种情形，自然就可以证得佛果。还有三件事要做，那三件呢？一是年青之时勤学好问，领导和管理国家，身体力行，教化民众，使他们奉行十善。二是以财富布施贫困，救助孤寡，大臣和百官要与民同甘共苦。三是认识人生无常，生命不能长久，应当出家修行，做佛弟子，断除痛苦之因，脱离生死轮回。如果做不到这三事，就会一无所得。"

于是佛陀自述前生说："我在前世做过转轮圣王，名叫南王皇帝。出游时乘坐着金、银、琉璃、砗磲、玛瑙、琥珀、珊瑚七宝装饰的车马，宫殿有洗浴的水池，行宫有游乐的园林，大臣、太子、夫人、侍女、象、马、御厨……各有八万四千之多。还有儿子一千人，勇猛精锐，以一人可以抵挡千人，能飞行虚空，周游四方，自由自在，畅行无阻。他们的寿命有八万四千岁，依法治国，不徇私枉法。当时转轮圣王忽然想到：'人生如此短暂，难保无常索命，应当修福积德，以求人生真谛。常念布施世人，所有财物与民共享，种下了福德的种子，则要出家修行做佛弟子，断绝贪欲，才能灭除世间一切苦恼。'转轮圣王随即告诉每天为他梳头的仆人说：'如果你看见我头上有白发的时候，就要告诉我。'过了几万年之后，一天，梳头的仆人说：'您头上已有白发了。'转轮圣王让仆人拔下白发放在面前的桌子上。转轮圣王看见白发后，悲泣地对自己说：'报告我衰老的第一使者忽然来临了，今天我的头发已经白了，应当出家修行做佛弟子，遵循自然规律。'并把白发拿在手中用诗句说：

今朝看见我头顶，白发已生如遇盗。
生命天使来召唤，此时正是出家时。

"转轮圣王随即召集群臣，立太子为国王，然后出家，入山修行，直到寿终，随即往生到第二重天界，为帝释天王之子，领导和治理天下。后来如同转轮圣王一样，新王也吩咐梳头的仆人说：'如果看见我头上有白发的时候，就要告诉我。'过了很久之后，梳头的仆人报告说：'您头上已生白发了。'国王让把白发拔下，然后拿在手中用诗句说：

今朝看见我头顶，白发已生如遇盗。
生命天使来召唤，此时正是出家时。

"国王随即又召集大臣，立太子为国王，自己出家，到山中修行，直到寿终，又往生到第二重天界，为帝释天王。以前的帝释天王，享完天上的寿命后，往生到人世间，成为转轮圣王的太子。这三位圣主交替为父子，在天上为帝释天王，在下界为转轮圣王，在两者之间的为太子，各自往返三十六次，长达几千万年，周而复始。能做到这三件事，自己就能证得佛果。

"那时当父亲的南王皇帝，就是今天的我；太子，就是今天的舍利弗；南王皇帝的孙子，就是今天的阿难。我们辗转往生为国王以教化天下，因而特别尊贵，在欲界、色界、无色界三界中无可比拟。"

佛陀解说这一段因缘时，国王、太子以及各附属国的太子们都皆大欢喜，接受了五戒，成为在家修行的佛弟子，证得了初果。

【辨析】

本篇一共由四个比喻故事构成，围绕着同一个中心：出家修行是最高尚的人生选择。故事的立意都在于劝导人们出家修行，成为佛弟子，认为只有这样，才能世世代代为人间帝王，死后才能往生为无可比拟的三界至尊，这体现了佛教以出离世间修行为旨趣。然而佛教的出世，并不回避现实，其理想境界的实现是以改造自身、改造现实为前提的，所以，本篇中的故事就关涉世间生活，其中也有对世俗社会中国王的诱导和劝诫，这种诱导采用的方式却是极为巧妙的，它是通过一个个前生今世的比喻故事，潜移默化，渐次渡渠过道，泄入彼岸世界的汪洋之中，带有明显的早期佛教的特征。

第一个故事写的是一位地位卑贱的侍者往生成为国王的故事。这位侍者之所以能得这一善果，则是因为他为人处世奉行了"布施、建庙、礼佛、忍辱、修慧"这五项原则，借以开示国王，向其传授治国之术、为王之道。说明君王要想获得民心，保住江山必须坚持实行"仁政、裕民、勤政、纳谏、节欲"五项政策。任何国家，若能遵守以上的王法政道而不违背，则国家会繁荣稳定。这里把信仰的目标和治理国家的现实相结合，形成了互为因果，彼此支撑的关系，既宣扬了佛教教义，又把信仰和现实完全融会，表现出佛陀高度的智慧，以及对治理国家的独到深刻的见解。

第二个故事是对出家修行者的告诫。故事情节不过是：国王派人捕捉神象，神象发怒伤人，佛弟子即出手相助，佛陀知道这位佛弟子的修行尚未得道以及缺乏驯服大象的经验，仅靠蛮力是无法制服大象的，反而会为其所伤，于是前来度化救助，使人们避免了受伤害。从而告诫出家人，不要逞强好胜，忘乎所以，哪怕是出于好心，救人性命的事情。情节虽然简单，但所寄寓的理趣却十分丰富。"猎师"建议国王捕捉"神象"来当坐骑，比喻小人的谄媚；国王招募"捕象师"，比喻当权者的贪婪和耀武扬威；猎师的"张罝"，比喻世俗之人的阴险算计；神象的坦然入网，比喻大道不虑小技的从容；"神象"发怒伤人，暗喻自然界中有许多并不为人所知的事物；出家人的出手相救，暗喻好心不一定会得到预想的结果，不要自以为是去做自己力所不能及的事；佛陀的救助则暗喻"佛法无边"；"神象"见到佛光"不复追逐"，则告诫人们，只有了解自然的神奇，尊重自然规律，才能免于伤害，和谐相处。

此外，故事中对"龙象"的描绘十分奇妙，充满了想象力："神象，龙之所生，身白如雪，尾赤如丹，两牙如金色。"金牙、白身、红尾，凸显了"龙象"的外形特征和鲜明色彩，给人以深刻印象。而"逆躏跳之"一句，又暗含"龙有逆鳞，触之必怒"的典故，写出了龙与象两者兼具的习性和特征。

第三个故事旨在以信佛得以免除痛苦的喻理教化世人。故事中的三位长老，比喻一切善良的百姓；大臣成为国王之后对人民的剥削和压迫，比喻王权的根本性质就是压迫人民；国王和罗刹鬼身份的转换，隐喻国王和吃人的鬼怪本质相同，一丘之貉；佛陀出手解救孩子，则暗喻王权的"吃人"、"害人"，佛教的"救人"，两相对照，孰善孰恶，不言自明。将人间的各种"可怖"和佛陀的"可亲"，在这看似不经意的讲述中和盘托出。

第四个故事通过佛陀向太子们说法，来表现佛及佛弟子至高无上的喻理。叙述方式与第一篇故事相同。先讲述了太子不能得道的三种原因，即"傲慢、贪婪、爱欲"，进而又以"持戒、布施、出家"三方面的内容，阐述了佛教的立场。故事打破了时间和空间的界限，把过去、现在、未来联系在一起；又把三世王即国王、王子、王孙和出家修行的因缘结合起来，把天帝、天帝的太子、国王与佛陀、舍利弗、阿难相对应，再次突出了佛及弟子为三界至尊的地位。

这个故事新颖独特的构思在于：在微不足道的一根白发上做文章。以国王发现头上的一根白发，从这索命的使者，意识到生命的无常，感受到不可抗拒的自然力量，收到以小见大，见微知著的效果，以此引入对佛教教义的体悟，极具说服力。正所谓：一发牵动国家事，一语惊动万世心；岁月无常人无奈，不到老时不知情。这种从一叶而知秋，从青萍之末的微风感受狂风巨浪的描写手法，令人赞叹不已。

# 三十九

# 吉 祥 品

【题解】

"吉祥"一词,在我国民间使用广泛,本为预示好运的祥瑞之兆,后成为人们常用的祝福语,从而赋予其祛灾祈福、河清海晏、民康物阜等多重含义。吉祥也为佛教词语,因释迦牟尼成道时即坐于吉祥草上,由此引申为吉庆、嘉庆之义。常与"如意"一词搭配,表示诸事吉利顺遂,好运而来。本篇故事借修习苦行的耆那教信众皈依佛陀的故事,表现了信奉佛理最吉祥的喻理。

【经文】

## 吉祥品第三十九

昔佛在罗阅祇耆阇崛山中,为天人、龙、鬼转三乘法轮[1]。时山南恒水岸边有尼揵梵志,先出耆旧[2],博达多知。德向五通。明识古今,所养门徒有五百人,教化指授。皆悉通达天文地理,星宿人情,无不瞻察。观略内外,吉凶祸福,丰俭出没,皆包知之。

梵志弟子,先佛所行,应当得道。欲自相将,至水岸边,屏坐论语，自共相问："世间诸国人民所行，以何等事为世吉祥？"徒等不了，往到师所，为师作礼，叉手白言："弟子等学久，所学已达。不闻诸国，以何为吉祥？"尼揵告曰："善哉问也。阎浮利地[3]有十六大国，八万四千小国。诸国各有吉祥，或金、或银，水精[4]、琉璃，明月神珠，象、马车舆、玉女珊瑚、珂贝[5]、妓乐，凤凰、孔雀。或以日月星辰，宝瓶、四华[6]，梵志、道士。此是诸国，之所好喜，吉祥瑞应。若当见是，称善无量，此是瑞应，国之吉祥。"

诸弟子曰："宁可更有殊特吉祥，于身有益、终生天上？"尼揵答曰："先师以来，未有过此，书籍不载。"诸弟子曰："近闻释种出家为道，端坐六年，降魔得佛，三达无碍，试共往问，所知博采，何如大师？"

师徒弟子五百余人，经涉山路，往到佛所，为佛作礼，坐梵志位。叉手长跪，白佛世尊曰："诸国吉祥所好如此，不审更有胜是者不？"

佛告梵志："如卿所论，世间之事，顺则吉祥，反则凶祸，不能令人济神度苦。如我所闻，吉祥之法，行者得福，永离三界，自致泥洹。"

于是世尊而作颂曰：

佛尊过诸天，如来常现义。
有梵志道士，来问何吉祥？
于是佛愍伤，为说真有要。
已信乐正法，是为最吉祥。
亦不从天人，希望求侥幸。
亦不祷神祠，是为最吉祥。
友贤择善居，常先为福德。
敕身承贞正，是为最吉祥。
去恶从就善，避酒知自节。

不淫于女色，是为最吉祥。
多闻如戒行，法律精进学。
修己无所争，是为最吉祥。
居孝事父母，治家养妻子。
不为空乏行，是为最吉祥。
不慢不自大，知足念反覆。
以时诵习经，是为最吉祥。
所闻常欲忍，乐欲见沙门。
每讲辄听受，是为最吉祥。
持斋修梵行，常欲见贤明。
依附明智者，是为最吉祥。
已信有道德，正意向无疑。
欲脱三恶道，是为最吉祥。
等心行布施，奉诸得道者
亦敬诸天人，是为最吉祥。
常欲离贪淫，遇痴瞋恚意。
能习成道见，是为最吉祥。
若以弃非务，能勤修道用。
常事于可事，是为最吉祥。
一切为天下，建立大慈意。
修人安众生，是为最吉祥。
智者居世间，常习吉祥行。
自致成慧见，是为最吉祥。

梵志师徒闻佛说偈，欣然意解，甚大欢喜。前白佛言："甚妙世尊，世所希有，由来迷惑未及阒明。唯愿世尊，矜愍济度，愿身自归佛法三尊，得作沙门，冀在下行。"佛言："大善，善来比丘。"即成沙门，内思安般，逮得应真。听者无数，皆得法眼。

**【注释】**

[1] 三乘法轮：一般称声闻、缘觉、菩萨为三乘。轮，为佛教词汇，在藏传佛教中又称金轮。在古代印度，轮既是农具，也是兵器。佛教借以比喻佛法无边。法轮，喻词，即正法之轮，意为佛陀说法，圆通无碍，如轮运转，能摧破众生一切烦恼。

[2] 耆（qí）旧：耆，指六十岁以上的人，耆旧，德高望重的人。

[3] 阎浮利地：佛教世界观中的须弥山四大洲之南洲，盛产阎浮树，故称。也泛指五谷丰登，人丁兴旺，人所居住的世界。

[4] 水精：即水晶，是一种无色透明的结晶石英，是珍贵的矿石。

[5] 珂（kē）贝：珂，玉名。珂贝，法螺，佛教法器，又称法赢、宝螺、金刚螺、螺贝等。

[6] 四华：佛教指白、青、红、黄四种颜色的莲花。

**【译文】**

## 三十九章　人生如意吉祥的喻理

### 七十五　耆那教徒皈依佛陀的比喻故事

从前佛陀在摩揭陀国首都王舍城东北侧的灵鹫山中，为天神、天龙八部、大力鬼神讲解声闻、缘觉、菩萨三种修法与境界的差别。当时在灵鹫山南的恒河岸边有个耆那教的修行者，出身高贵，德高望重，又博学多闻，具有宿命通，天眼通，天耳通，他心通，身如意通五种神通，明识通达，纵贯古今，所养门徒有五百人，经过他的传授和教化，不仅都能通晓天文地理，而且了解和洞悉人情世故等世俗学问。通过观察自身和外界的变化，预知吉凶祸福，丰年灾年等原因和规律。

耆那教弟子，早于佛陀出家修行，应当证得道果。有一天，他们来到恒河岸边，坐在一起，共同讨论："世间各国人民所奉行的，以什么事为最吉祥呢？"他们不能取得一致意见，就一起来到师父的住所，向师父行礼，双手合什说："弟子们修学很久了，所学的已经都掌握了，但仍不知道各国人民所行之事，以何者为最吉祥？"师父尼揵子告诉他们说："你们问得很好。恒河流域有十六个大国，八万四千个小国。各国都有自己的吉祥物，有的是金子、银子、水晶、琉璃、明月神珠，以及象车、马车、美女、珊瑚、法螺、歌舞、凤凰、孔雀，有的是日月星辰、宝瓶、四色莲花，以及修行者、悟得法理的人。这就是各国人民所喜好的不同的祥瑞之物，如果你们见到这些一定要称赞，因为这是他们的吉祥物，是一个国家祥瑞的象征。"

弟子们说："难道就没有更特殊的吉祥事物，对人自身有益，死后魂识得以往生到天界的吗？"师父尼揵子回答说："我从未听到过，书籍中也没有记载。"弟子们说："最近听说释迦族有一人出家，修了六年苦行后，降服心魔，证得佛果，获得了通达宿命、天眼、漏尽（断除了烦恼）的无碍智慧，我们一起去问一下，看他的知识是否更广博，师父您看可以吗？"

于是，尼揵子和弟子五百多人，跋山涉水，来到佛陀的住所，向佛陀行礼，然后双手合什跪拜，请教佛陀说："各国的吉祥事物各有不同，不知道还有没有更殊胜的？"

佛陀告诉修行者们："正如你们所讨论的，世间的情事，和顺的则为吉祥，反之则为凶祸，但这仍不能使人的精神脱离苦难，得度生死。就我所知，最为吉祥者，就是修行佛理而得到福报，永远脱离欲界、色界、无色界，达到涅槃境界。"

于是佛陀用诗句吟诵道：

佛陀位尊过诸天，如来能解出世义。

修行外道出家人，来问何为最吉祥？
佛陀心中生慈悯，为之广说世真谛。
信守正道乐正法，就是世间最吉祥。
不从诸天不靠神，不求侥幸得升天。
不祈祠祀不拜神，就是世间最吉祥。
选择益友行善道，善积福德常先为。
持守戒律从正道，就是世间最吉祥。
远离邪恶追从善，力戒饮酒知节制。
不贪女色修静心，就是世间最吉祥。
博学多闻守戒行，佛法戒律精进学。
修身律己无所争，就是世间最吉祥。
居家以孝事父母，持家以俭养妻子。
不说空话多践行，就是世间最吉祥。
不再傲慢与自大，知足才能常快乐。
随时诵习佛经典，就是世间最吉祥。
所闻非愿要忍辱，乐于亲近出家人。
每讲法理乐听受，就是世间最吉祥。
持斋修行清净道，常思亲近贤明者。
结交明达睿智者，就是世间最吉祥。
已信佛法有道德，正心向善终无疑。
欲脱轮回三恶道，就是世间最吉祥。
平等之心行布施，供奉世间得道者。
亦知敬奉诸天人，就是世间最吉祥。
常思舍离诸贪淫，遇有愚痴瞋恚意。
能以正见来对治，就是世间最吉祥。
如能捐弃无益事，能以勤奋来修道。
常行当下可行事，就是世间最吉祥。
一切皆为天下谋，立起世间大悲心。

修养仁德安众生，就是世间最吉祥。
　　智慧之人居世间，常常践习吉祥行。
　　自我求得佛智慧，就是世间最吉祥。

　　耆那教的师徒们听了佛陀解说的诗句后，心中的疑惑消除，十分欢喜。上前向佛陀说："真是神奇美妙啊！佛陀的教义为世间罕见，我们成就以来是如此迷惑和无知，现在期望佛陀能够慈悲救度，我们愿意皈依佛、法、僧三尊，作为佛弟子，跟随您修行。"佛陀说："太好了！来吧，弟子们！"于是他们当下成为出家的佛弟子，摄心调息，内思止观，证得阿罗汉果位。无数听佛讲法的人，都悟得了佛理。

　　法句比喻经第四卷完

## 【辨析】

　　这篇比喻故事中佛陀说法的对象是耆那教信众。耆那教在印度古代历史上曾产生过重要影响，并一直延续到今天，现在印度尚有数以百万计的耆那教信众。耆那教认为世界是由极微的原子构成的，其观点虽属于唯物主义的"原子论"，但他们同时又认为灵魂是与物质同样存在的，灵魂只有脱离了物质的污染和诱惑，才能得到解脱，而要解脱就要出家修习苦行。这样就形成了耆那教灵魂和物质并存的"二谛说"，后来又发展成为"七谛说"、"九谛说"。耆那教还认为，只要肉体存在，就有欲望，只有无欲即死亡，才能真正解脱。相传其创始人大雄的十一位弟子，为获得最高解脱，在证悟后有九人都绝食自尽。因此只信灵魂不信神灵，苦行修炼为耆那教的突出特征。对灵魂解脱的坚信，反映了其信仰的坚定性；其以苦为乐的修行方式和生活方式，也具有一定认识意义和伦理价值。由于耆那教与佛教在某些方面的相似性和共同性，以及双方的激烈论辩、互为借鉴，学界也曾有人称为其"姊妹教"，但事实上却有着很大的不同。这篇故事就是彼此论争、互动往来的一个实例，为我们了解两教的关系和彼此教义的差异提供了很好的历史资料。

故事开头可以看出耆那教修行者已经达到了相当的高度，具备了宿命、天眼、天耳、他心、身如意五种神通。然而佛教认为，六神通中，如果仅获得前五通，虽然已具有各种神变之力，但这是凡俗之人和各派修学者以及异类鬼神皆可获得的，仍是凡境，而第六通漏尽通则是无碍自在的、超人间的神通，唯有圣者才能达到。所谓漏尽，是指断尽人间一切烦恼。所以说佛教的修行目的，并不是为了开发神通，而是为了成就智慧，了知宇宙与人生的真谛，以达到解脱生死的境界。

在本篇故事中耆那教信徒关心和探讨的问题是：什么是世间最吉祥的事？由弟子发问，耆那教大师的回答解说是各个国家、各个教派由于学说教义的不同，对"最吉祥"的认识和追求也就各不相同，都应当予以尊重。这是依据耆那教的根本教义做出的解释，但这显然还不能让弟子满意，他们想继续寻找答案："有没有更殊胜更美妙的吉祥，能够有益于自身、从而使得死后灵魂往生到天界？"灵魂升天正是他们孜孜以求的，于是才有了转而向佛陀请教的情节。佛陀的回答是："世间的情事，和顺的则为吉祥，反之则为凶祸，但这仍不能使人的精神脱离苦难，得度生死。就我所知，最为吉祥者，就是修行佛理而得到福报，永远脱离三界，达到涅槃境界。"即世间所谓的吉祥如意，不过是事事顺心适意而已，并非佛教所追求的摆脱众苦，不再轮回，彻底解脱的境界。两相比较就可看出，耆那教和佛教追求的解脱不在一个层面上，两者显然在信仰上还存在着明显的差异：耆那教信徒心中所追求的是精神的"存在"，是一种灵魂的"有"；而佛教所追求的是"空"，寂灭澄明的境界。佛陀的回答表明了他对解脱的深刻见解和对佛教教义的高度自信。

本篇故事正是通过对比映衬、欲抑先扬的手法，围绕什么是最吉祥的事物来展开讨论的。用我们今天的话来说，其实讨论的问题就是什么是世界上最幸福的事？故事以耆那教师徒之间的问答做铺垫引出了佛教对这一问题的认识。佛陀先以散文句式，明确地回答了对方的提问，用词简洁，语气坚定，态度鲜明，然后一连用了六十四句偈语来详尽阐述，两两相对，四句一组，共有十六组，内容涉及佛教教义的许多方面，体现了内蕴的丰富性和说理的逻辑性。通过佛教义理的充分宣说，耆那教信徒自然而然地判断出优劣、高低。同时，佛陀的语言极富特色，如同长江大河奔涌而出，气势磅礴，通俗流畅，而且感性和理性相结合，收到了很好的效果。最后耆那教信徒不得不为佛陀的教导所折服而皈依了佛陀，这也充分显示了信奉佛陀的教理就是世间最吉祥的喻理。《法句譬喻经》的特色也在这里得到了最为淋漓尽致的体现。

此外，本篇故事采用的是步步深入、逐层展开的论说方法，从人的物质需求过渡到精神追求，再进一步上升到为信仰而献身，即出家修行来不断向前推进，使读者有很强的参与感，并能引发深入的思考。因为面对物质利益和精神信仰不同的人生取向，每个人都可以从中找到自己心仪的"最吉祥"的事物。因此，本篇故事虽然是针对出家修行者的信仰和追求而言的，但比喻意蕴的涵盖范围却极其广阔，人们可以从中生发出许多类似的问题，诸如：什么事物是最美好的？什么是最有价值的人生？什么是最崇高的理想？凡此种种，恐怕是每位读者都需要认真思考的。

# 后　记

本书是笔者承担的教育部社会科学基金项目"佛教比喻经典注译、评介、辨析与研究"的研究成果之一，为《佛教比喻经典丛书》中的第五本。能从事"佛教比喻经典注译、评介、辨析与研究"的工作，是我多年以来的心愿。完成这一任务，对我来讲是一种"加持"和"增上"的殊胜因缘。

当夜阑人静，窗外子夜的星光，已经被校园外依然闪烁的霓虹灯和电子大屏幕的灯光掩去的时候，也往往是我们工作开展最顺利，并渐入佳境的时候。在又一个长安的深秋，又一个"残菊飘零满地金"的季节，如期杀青《法句譬喻经注译与辨析》一稿，也使我们又一次从心底泛起阵阵"轻安喜乐"的惬意，在写作的过程中，那种时不我待的感受常常在督促着我们。

本书在出版时，曾得到师兄、陕西省社会科学院宗教研究所王亚荣研究员，同年学长、中国社会科学院学部委员、宗教研究所魏道儒研究员，师弟、西北大学佛教研究所所长李利安教授的热情鼓励，在此谨致谢意。

感谢中国社会科学出版社同仁们的热情帮助；衷心地感谢黄燕生学长的举荐并做了许多前期的出版工作，提出了很好的建议；策划胡靖先生、编辑林福国先生为本书的出版提出了许多宝贵的修改意见，做了许多工作。值本书付梓之际，谨致诚挚的敬意。衷心地期望本书能得到读者的喜爱。

荆三隆记于 2012 年 12 月

**怡然书斋**